学研の
ヒューマンケア
ブックス

JN035881

障害がある子どもの

時計・お金の基礎学習

宮城武久 著
つばき教育研究所

時計を読む
お金を数える
絵の向きや位置を理解する

Gakken

はじめに

この本は、時計とお金の学習と、絵の構成の学習について書いてあります。時計やお金の内容は、保護者の希望がとても多いものです。

時計やお金の学習で考えなければならないことは、時計やお金の学習の内容に応じた算数の理解の力が必要だということです。

時計やお金の学習の内容に応じて、算数の理解の力に配慮しながら進めるとよいでしょう。

時計の学習

時計の学習は、「何時」や「何時半」の読みから始めることが多く見られます。

針の位置を見て、その時間の読みを覚えていく学習です。

そして、10分、20分、30分……、次に、5分、15分、25分……と、学習を進めていくことが多いようです。

この本では、1分から60分までを一緒に読みながら、読みの定着と理解を図るようにしています。

長針と短針を見ながら、1分から60分までの読みの学習を行うことが、この本の最大の特徴です。

1分、2分、3分……57分、58分、59分、60分と、読みの学習をしっかり行うことが、正しく時計の針を読めるようになることにつながります。

お金の学習

1円玉、10円玉、100円玉、あるいは5円玉、50円玉、500円玉など、硬貨を出して、「これは何円玉ですか」と聞く学習から入ることが多く見られます。そして、なかなか硬貨の名称を言えないという話もよく耳にします。

この本では、硬貨を呈示して、「何円玉か」と聞くことはしません。

１円玉を呈示して「１円、２円、３円……」、10円玉を呈示して「10円、20円、30円……」、100円玉を呈示して「100円、200円、300円……」と一緒に言うようにします。
「何円か」を一緒に言うことを通して名称を覚え、理解するように学習を進めます。
硬貨をよく見て「何円か」を一緒に言うことを通して正しく「何円か」を言えるようになり、名称を覚え、「何円か」を理解するようにしていきます。
「何円か」を聞くのではなく、一緒に言うことを通して理解できるようにすることが、この本の特徴です。
この本に書いてあるお金の数え方のステップに従って、少しずつレベルアップして学習します。そして、お金を見て「何円か」言えるようになり、言われた金額をつくることができるように学習を進めます。

絵の構成の学習

いくつかの切片を合わせて、１つの絵を構成する学習です。
２つの切片から始めて、３つ、４つ……と切片を増やして学習している様子をよく見ます。しかし、絵を構成する切片は、２つか３つで十分であると考えています。
切片を正対の向きで呈示して、正しく入れることができるようになったら、90度回転させた向きで呈示して、できるようにします。それができるようになったら、180度回転させた向きで呈示して、できるようにします。
絵の構成の学習では、切片の数を増やすことよりも、向きを変えて呈示した切片を、よく考えて正しい向きで構成する力を養う力を育てることが最も大切です。位置や方向がわかることは、子どもが落ち着いて行動する力を養うことにつながります。

時計やお金の学習、絵の構成の学習の進展につれて、子どもの生活がより豊かになることでしょう。
この学習を通して、１人でも多くの子どもが実生活で活用できるようになることを願っています。

つばき教育研究所理事長　宮城武久

contents

障害がある子どもの
時計・お金の
基礎学習

時計を読む
お金を数える
絵の向きや位置を理解する

第2章 お金の学習

第3章 絵の構成の学習

第1章 時計の学習

時計の学習

「時計が読めるようになってほしい」という話を、保護者や学校の先生からよく聞きます。

それは、いずれ「時計を見て行動できるようになってほしい」、「見通しを持って生活できるようになってほしい」という願いに通じているように思います。

時計の学習には、「時計が読める」ということと、「日常生活の中で、時刻や時間がわかって、行動できる」ということの、２つの内容があります。

ところで、時計の学習には、子どもにとって難しい要素がいくつも含まれています。

長い針が時計の「１」を指しているときは「５分」と読み、「２」を指しているときは「10分」と読む…ということを理解するのは難しいことです。

また、例えば「２時50分」のときに、短い針は「２」より「３」に近いのに「３時」とは読まず、「２時」と読むことも、難しいことです。

針がつくっている形だけで時計の読みを覚えても、時刻や時間の概念はなかなか育たないでしょう。

時計の仕組みを丁寧に教えることが必要です。

時刻や時間がわかって行動できるようにするためには、日常生活の中で、時計を見て時間を意識するような働きかけをすることが大切です。

例えば、朝家を出るとき、給食が始まるとき、好きなテレビが始まるときなど、子どもの日常生活に関連した時を通して、時刻や時間の理解を図るようにします。

時計の学習は、一般的に、はじめに、短い針と長い針を「○時ちょうど」と「○時半」の形につくり、読み方を教えることが多いです。

次に、「10分ごと」、「５分ごと」の読み方へと進め、そして、５分より細かい「分」の読み方に入ることが多いようです。

しかし、「○時ちょうど」と「○時半」が読めても、その先がなかなか読めるようにならない、という声をよく聞きます。

＊以下、この本では、「○時ちょうど」を「正時」、「○時半（30分）」を「半時」と表します。

時計の学習では、長針と短針を用いることから、長い針と短い針の見分けがつくこと、すなわち「長い」「短い」の概念を理解していることが必要です。

また、時刻を１分ごとに読むためには、少なくとも60までの数を理解していることが必要です。

さらに、「何時間何分後」や、「全部で何時間何分」など、計算して時刻や時間の値を求めることができるためには、２桁、３桁の繰り上がり、繰り下がりの計算ができる力があることが望ましいです。

この章では、時計を見て時刻が読める（時刻がわかる）、時刻や時間の簡単な計算ができるようになるための、時計の学習の方法について述べていきます。

＊ここでは、「時計」とは、特に説明がない限り「アナログ時計」を指します。

1 時計の学習に入るために

時計の学習に入るにあたって、以下のことを理解するようにします。

(1) 時計の針には、短針と長針があり、短針は「時」を、長針は「分」を指していること

(2) 長針が動くと、それにつれて短針が動くこと

教材 長針と短針が連動して動く模型の時計

・文字盤に大きく1から12までの数字が書いてあり、その外側に目盛の線がかいてあるもの。

＊時計によって、「分」の数字がかいてあるものとないものがあります。子どもの実態に応じて、適切なものを用意しましょう。

・直径15〜20センチ程度の大きさが扱いやすいです。

・秒針はない方がよいです。

・長針と短針は、色が違っていた方がわかりやすいです。

＊指導者が見本として用いるものと、子どもが操作するものと、同じものを2つ用意します。

方法とことばかけ

POINT 学習は、対面して行うことが原則

学習は、いつも子どもと指導者が対面して行います。
時計の針の操作も、対面した位置で行います。
指示しているところを子どもが見ているかどうか、常に視線を把握することが大切です。

(1) 時計の針には、短針と長針があり、短針は「時」を、長針は「分」を指していることを知る

「時」を知る

①時計を1つ呈示します。
②短針を「1」、長針を「12」のところに合わせます。
③短針に指で触れながら、「これは、短い針です」「短い針は『何時』を指すよ」と言います。
④「短い針が『1』のところにあるから、これを『1時』と言うよ」と言います。
⑤「一緒に言ってみましょう」と言い、一緒に「1時」と言います。
⑥「上手に言えたね」とほめます。
⑦「見ててね」と言いながら短針をゆっくり動かし、「2」のところで止めます。
⑧「短い針が『2』のところにあるから、これを『2時』と言うよ」と言います。
⑨「一緒に言ってみましょう」と言い、一緒に「2時」と言います。
⑩「上手に言えたね」とほめます。
⑪以下、同様に3時も行います。

1時、2時、3時をつくって読み、短い針が「時」を指すことを知るようにします。

「分」を知る

①時計を１つ呈示します。
②短針と長針を「12」のところに合わせます。
③長針に指で触れながら、「これは、長い針です」「長い針は『何分』を指すよ」と言います。
④「見ててね」と言って、長針を１目盛動かします。
⑤「長い針が１つ動いたね。これを『１分』と言うよ」と言います。
⑥「一緒に言ってみましょう」と言い、一緒に「１分」と言います。
⑦「上手に言えたね」とほめます。
⑧「見ててね」と言いながら長針をもう１目盛ゆっくり動かします。
⑨「長い針がもう１つ動いたね。これを『２分』と言うよ」と言います。
⑩「一緒に言ってみましょう」と言い、一緒に「２分」と言います。
⑪「上手に言えたね」とほめます。
⑫以下、同様に３分も行います。

１分、２分、３分をつくって読み、長い針が「分」を指すことを知るようにします。

（2）長針が動くと、それにつれて短針が動くことを知る

①時計を１つ呈示します。
②短針と長針を「12」のところに合わせます。
③「今、短い針も長い針も12のところにあります。長い針を動かすよ。見ててね」と言います。
④長針を12からゆっくり６まで動かしてみせます。
⑤短い針を指さししながら、「短い針が動いたね」と言います。
⑥「もう一度、長い針を動かすよ」と言って、長針を６からゆっくり12まで動かしてみせます。
⑦短い針を指さししながら、「短い針が『12』から『１』まで動いたね」と言います。
⑧「長い針がぐるっと一回りしたら、短い針が『１』まで動いたね。よく見てたね」とほめます。
⑨同様に、長針を動かしながら、短針が「２まで、３まで……12まで」動くところを見せ、長針が一回りすると、短針が大きい数字の１目盛ずつ進むことを学習します。

2 正時の学習

はじめに「正時」の読み方を学習します。できるようになったら「正時」をつくる学習を行います。

長針がいつでも「12」にあり、短針が数字をぴったり指しているのでわかりやすいです。

時計に慣れるための学習でもあります。

教材　「1 時計の学習に入るために」（９ページ）の教材と同様の模型の時計

方法とことばかけ

（1）読む

①時計を１つ呈示します。短針と長針を「12」のところに合わせておきます。

②「短い針が12のところにあるね。長い針も12のところにあるね。これは、『12時』です。『12時』と一緒に言ってみましょう」と言います。

③一緒に「12時」と言います。

④「長い針を動かすよ。よく見ててね」と言います。

⑤指導者が、長針をゆっくり一回りさせて「12」まで動かします。

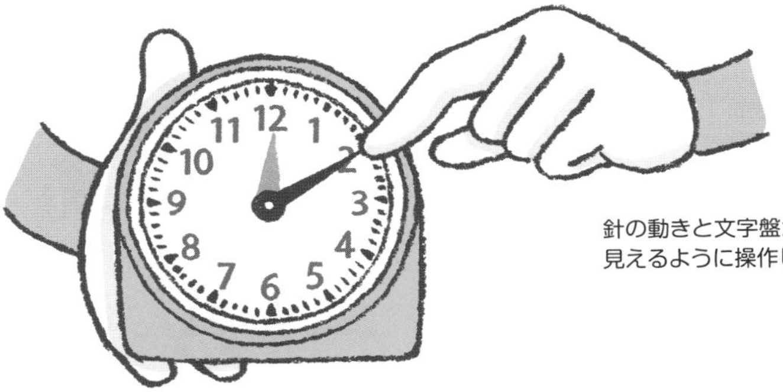

針の動きと文字盤がよく見えるように操作します。

⑥長針を指さしして「長い針がまた『12』に来たよ」、短針を指さしして「短い針が動いて『１』のところに来たよ。これを『１時』と言うよ」と言います。

＊子どもが、短針と、短針が指している数字を見ていることが大切です。見ないときは「ここ、見て」と言って視線を誘導します。

⑦「『１時』と一緒に言ってみましょう」と言って一緒に「１時」と言います。

⑧「上手に言えたね」とほめます。

> **POINT　読み方を教えることが大切**
>
> 初めて時計の学習を行う場合、「何時？」と聞かれても、子どもは答えられません。
> 指導者が「これは『１時』と言うよ」と言って教えるようにします。
> まだ理解していない子どもに「何時？」と聞くと、子どもは適当な答えを言ったり、学習意欲をなくしたりします。指導者が言った時刻を聞いて、真似をして言うことで、子どもは次第に読み方を覚えるようになってきます。

⑨同様にして、「２時、３時、４時……12時」を読む学習を行います。

＊１時から12時まで順番に学習してできるようになったら、正時の時刻をランダムに呈示して、読む学習を行います。
子どもが迷ったりわからなかったりするときは、待たずに先に言うようにします。
それが、学習の定着のポイントです。

（2）つくる

子どもは、右利きとして説明します。

Step 1 ：見本を見てつくる

①子どもから見て左側に指導者用の時計を、子どもから見て右側に子ども用の時計を呈示します。どちらの時計も、針は、短針・長針とも「12」に合わせておきます。
②指導者用の時計を指さしして「短い針が12のところにあるね。長い針も12のところにあるね。これは、『12時』です。『12時』と一緒に言ってみましょう」と言います。
③一緒に「12時」と言います。
④子ども用の時計を指さしして「短い針が12のところにあるね。長い針も12のところにあるね。これも、『12時』です。『12時』と一緒に言ってみましょう」と言います。
⑤一緒に「12時」と言います。

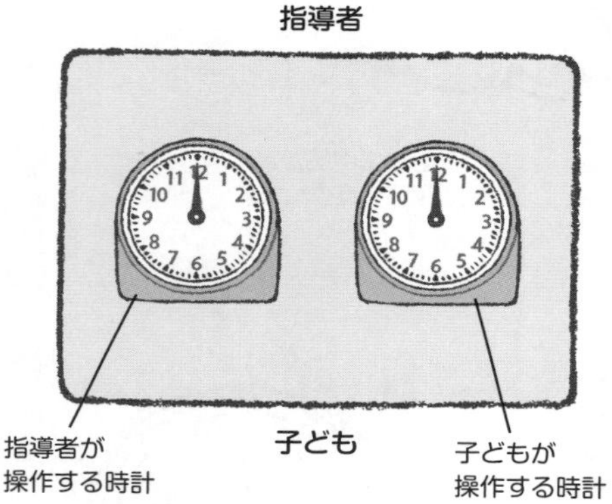

⑥「先生が、長い針を動かして、『１時』をつくるよ。よく見ててね」と言います。
⑦指導者が、長針をゆっくり１周回します。短針を指さしして「短い針が１のところに来たね。長い針は12のところにあるね。『１時』ができたよ」と言います。
＊子どもが、長針と短針を見ていることが大切です。見ないときは「ここ、見て」と言って視線を誘導します。
⑧「『１時』と一緒に言ってみましょう」と言って一緒に「１時」と言います。
⑨「上手に言えたね」とほめます。
⑩「〇〇さんも、先生と同じように長い針を動かして、『１時』をつくりましょう」と言います。
⑪子どもが、長針をゆっくり１周回します。

POINT　間違えさせないことが大切

はじめのうちは、援助して一緒に針を動かすようにします。そして、長針が「12」を過ぎないように、「12」の直前で「ストップ」とことばかけします。
子どもが一人で行って間違った時刻をつくってから直すのでは、定着しません。間違えさせないことが大切です。援助して正しい時刻をつくるようにします。

⑫子ども用の時計の短針を指さしして「短い針が1のところに来たね。長い針は12のところにあるね。『1時』ができたね。『1時』と一緒に言ってみましょう」と言います。
⑬一緒に「1時」と言います。
⑭「よくできました」とほめます。
⑮同様にして、見本を見ながら「2時、3時、4時……12時」をつくる学習を行います。

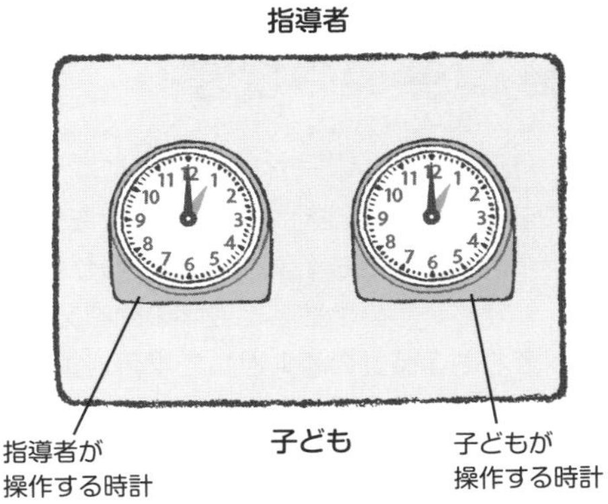

Step 2：子どもが一人でつくる

①子ども用の時計を呈示します。針は、短針・長針とも「12」に合わせておきます。
②「短い針が12のところにあるね。長い針も12のところにあるね。これは、『12時』です。『12時』と言ってみましょう」と言います。
③子どもが「12時」と言います。
④「長い針を動かして、1時をつくってください」と言います。
⑤子どもが、長針を1周回します。

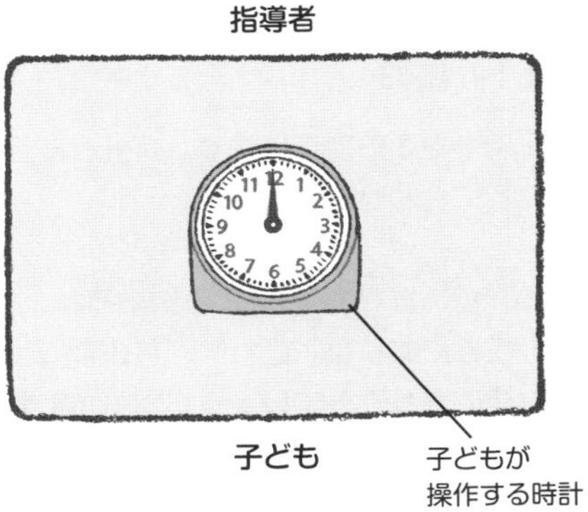

POINT 間違えさせないことが大切

はじめのうちは、援助して一緒に針を動かすようにします。そして、長針が「12」を過ぎないように、「12」の直前で「ストップ」とことばかけします。
子どもが一人で行って間違った時刻をつくってから直すのでは、定着しません。間違えさせないことが大切です。援助して正しい時刻をつくるようにします。

⑥子ども用の時計の短針を指さしして「短い針が1のところに来たね。長い針は12のところにあるね。『1時』ができたね。『1時』と言ってみましょう」と言います。
⑦子どもが「1時」と言います。
⑧「よくできました」とほめます。
⑨同様にして、「2時、3時、4時……12時」をつくる学習を行います。

＊1時から12時まで順番に学習してできるようになったら、正時の時刻をランダムに「○時をつくってください」と言って、その時刻をつくる学習を行います。
子どもが迷ったりわからなかったりするときは、待たずに援助して正しい時刻をつくるようにします。
それが、学習の定着のポイントです。

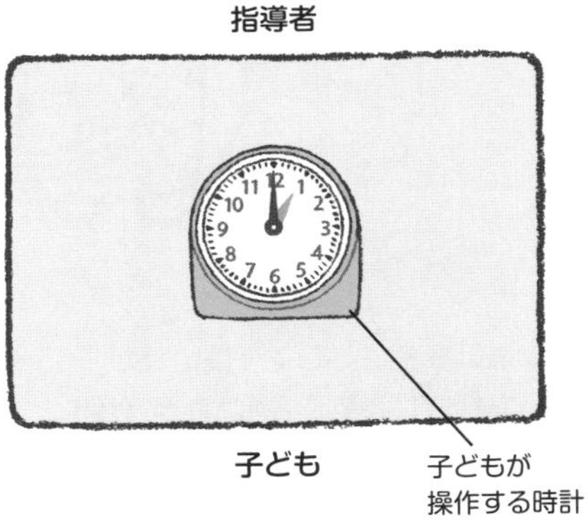

3 半時の学習

「正時」が一人でつくれるようになったら、「半時」の読み方を学習します。それができるようになったら「半時」をつくる学習を行います。

長針がいつでも「6」にあり、わかりやすいです。

しかし、短針は数字と数字の間にあるので、正時より難しいです。

これも、時計の導入として学習します。

教材　「1 時計の学習に入るために」（9ページ）の教材と同様の模型の時計

方法とことばかけ

（1）読む

①時計を1つ呈示します。短針と長針を「12」のところに合わせておきます。

②「短い針が12のところにあるね。長い針も12のところにあるね。これは、『12時』です。『12時』と一緒に言ってみましょう」と言います。

③一緒に「12時」と言います。

④「長い針を動かすよ。よく見ててね」と言います。

⑤指導者が、長針を「6」までゆっくり動かします。

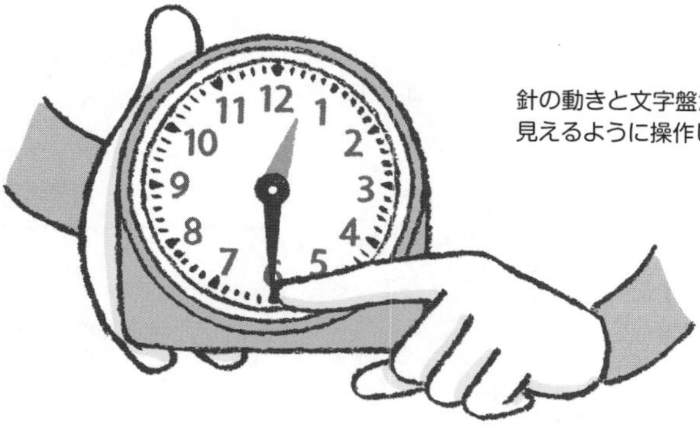

針の動きと文字盤がよく見えるように操作します。

⑥長針を指さしして「長い針が『6』に来たよ」、短針を指さしして、「短い針が『12』と『1』のあいだに来たよ。これを『12時半』と言うよ」と言います。

＊子どもが、長針と短針を見ていることが大切です。見ないときは「ここ、見て」と言って視線を誘導します。

⑦「『12時半』と一緒に言ってみましょう」と言って一緒に「12時半」と言います。

⑧「上手に言えたね」とほめます。

⑨「『12時半』のことを、『12時30分』とも言います。『12時30分』と一緒に言ってみましょう」と言って、一緒に「12時30分」と言います。

＊「12時30分」と言うことで、この後に学習する「分」の学習につながるようにします。

⑩「上手に言えたね」とほめます。

POINT 読み方を教えることが大切

初めて時計の学習を行う場合、「何時半？」と聞かれても、子どもは答えられません。
指導者が「これは『12時半』と言うよ」と言って教えるようにします。
まだ理解していない子どもに「何時半？」と聞くと、子どもは適当な答えを言ったり、学習意欲をなくしたりします。指導者が言った時刻を聞いて、子どもは次第に読み方を理解するようになってきます。

⑪同様にして、「1時半、2時半、3時半……11時半」を読む学習を行います。

＊12時半から11時半まで順番に学習してできるようになったら、半時の時刻をランダムに呈示して、読む学習を行います。
子どもが迷ったりわからなかったりするときは、待たずに先に言うようにします。
それが、学習の定着のポイントです。

（2）つくる

子どもは、右利きとして説明します。

Step 1：見本を見てつくる

①子どもから見て左に指導者用の時計を、子どもから見て右に子ども用の時計を呈示します。どちらの時計も、針は、短針・長針とも「12」に合わせておきます。

②指導者用の時計を指さしして「短い針が12のところにあるね。長い針も12のところにあるね。これは、『12時』です。『12時』と一緒に言ってみましょう」と言います。

③一緒に「12時」と言います。

④子ども用の時計を指さしして「短い針が12のところにあるね。長い針も12のところにあるね。これも、『12時』です。『12時』と一緒に言ってみましょう」と言います。

⑤一緒に「12時」と言います。

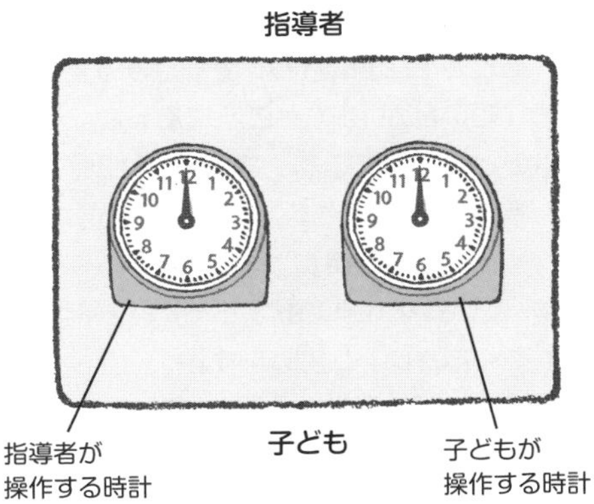

⑥先生が、長い針を動かして、『12時半』をつくるよ。よく見ててね」と言います。

⑦指導者が、長針をゆっくり「６」まで動かします。長針を指さしして「長い針が『６』に来たよ」、短針を指さしして、「短い針が『12』と『１』のあいだに来たよ」、「『12時半』ができました」と言います。

＊子どもが、長針と短針を見ていることが大切です。見ないときは「ここ、見て」と言って視線を誘導します。

⑧「『12時半』と一緒に言ってみましょう」と言って、一緒に「12時半」と言います。

⑨「上手に言えたね」とほめます。

⑩「〇〇さんも、先生と同じように長い針を動かして、『12時半』をつくりましょう」と言います。

⑪子どもが、長針をゆっくり「６」まで動かします。

POINT　間違えさせないことが大切

はじめのうちは、援助して一緒に針を動かすようにします。そして、長針が「６」を過ぎないように、「６」の直前で「ストップ」とことばかけします。
子どもが一人で行って間違った時刻をつくってから直すのでは、定着しません。間違えさせないことが大切です。援助して正しい時刻をつくるようにします。

⑫子ども用の時計の長針を指さしして、「長い針が『６』に来たね」、短針を指さしして、「短い針が『12』と『１』のあいだに来たね」、「『12時半』ができたね」と言います。

⑬「『12時半』と一緒に言ってみましょう」と言い、一緒に「12時半」と言います。

⑭「よくできました」とほめます。

⑮同様にして、見本を見ながら「１時半、２時半、３時半……11時半」をつくる学習を行います。

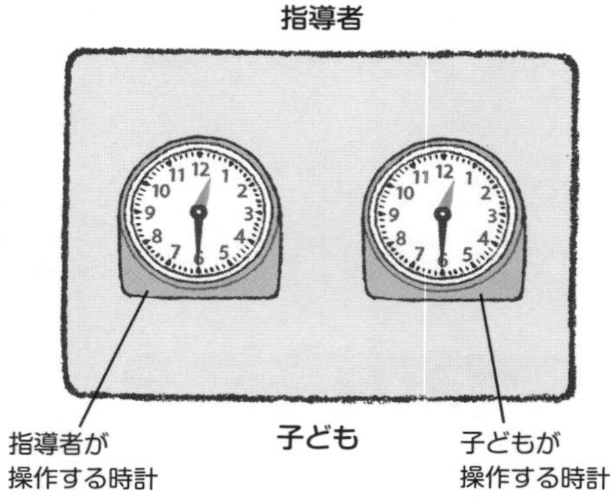

Step 2：子どもが一人でつくる

①子ども用の時計を呈示します。針は、短針・長針とも「12」に合わせておきます。

②「短い針が12のところにあるね。長い針も12のところにあるね。これは、『12時』です。『12時』と言ってみましょう」と言います。

③子どもが「12時」と言います。

④「長い針を６まで動かして、『12時半』をつくってください」と言います。

⑤子どもが、長針を「６」まで動かします。

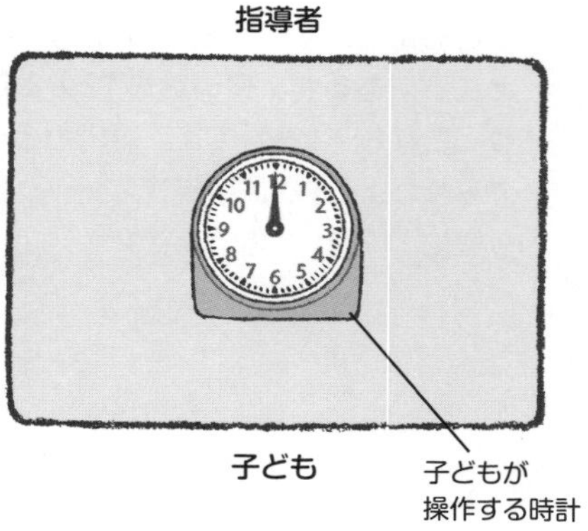

POINT 間違えさせないことが大切

はじめのうちは、援助して一緒に針を動かすようにします。そして、長針が「6」を過ぎないように、「6」の直前で「ストップ」とことばかけします。
子どもが一人で行って間違った時刻をつくってから直すのでは、定着しません。間違えさせないことが大切です。援助して正しい時刻をつくるようにします。

⑥「『12時半』と言ってみましょう」と言い、子どもが「12時半」と言います。
⑦「よくできました」とほめます。
⑧同様にして、「１時半、２時半、３時半……11時半」をつくる学習を行います。

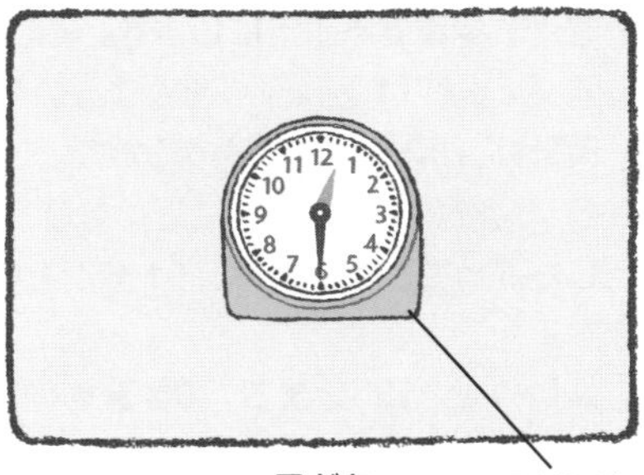

＊12時半から11時半まで順番に学習してできるようになったら、半時の時刻をランダムに「○時半をつくってください」と言って、その時刻をつくる学習を行います。

ランダムに半時の時刻をつくる学習

Step 1：正時をつくってから半時をつくる

例：１時半をつくる
①時計の針を12時に合わせておきます。
②「１時をつくってください」と言い、子どもが長針を動かして１時をつくります。
③「１時半をつくってください」と言い、子どもが長針を動かして１時半をつくります。

Step 2：はじめから半時をつくる

例：１時半をつくる
①時計の針を12時に合わせておきます。
②「１時半をつくってください」と言い、子どもが長針を動かして１時半をつくります。
※子どもが迷ったりわからなかったりしているときは、待たずに援助して時刻をつくるようにします。待たないで援助して正しい時刻をつくる方が、早く定着するようになります。

4　1分ごとに読む学習

「半時」が一人でつくれるようになったら、「1分ごと」の読み方を学習します。

「正時」と「半時」が読めたりつくれたりしても、まだ、時計の「針の形」を見て読んだりつくったりしている段階です。

ここからは、「時計の仕組み」を理解しながら、分単位で時計を読んだりつくったりする学習に入ります。教材の時計を使って、「分」の目盛に合わせて長針を動かしながら、「分」の読みを十分学習するようにします。そして、次第に「何時」を表すための大きな数字の「1」が「5分」、「2」が「10分」……を表すということを理解していくようにします。

時計は「30分」までは、短針が、時刻を読む数字に近いのですが、「30分」を過ぎたところから、短針が、次の数字に近くなり、難しくなります。

したがって、ここでは、「1分ごとの学習」を「30分まで」と「60分まで」とに分けて学習します。

はじめに、「30分まで」の学習を行います。

教材　「**1 時計の学習に入るために**」（9ページ）の教材と同様の模型の時計

方法とことばかけ

（1）30分まで

Step 1：1分ごとに目盛を見て数字を言う

①時計を1つ呈示します。短針と長針を「12」のところに合わせておきます。
②「短い針が12のところにあるね、長い針も12のところにあるね。これは、『12時』です。『12時』と一緒に言ってみましょう」と言います。
③一緒に「12時」と言います。

④「長い針を動かすよ。よく見ててね」と言います。
⑤指導者が、長針を1目盛ゆっくり動かします。
⑥長針を指さしして「長い針が1動いたね。『1』と一緒に言ってみましょう」と言い、一緒に「1」と言います。

⑦もう1目盛長針を動かします。指導者が先に「2」と言います。そして子どもと一緒に「2」と言います。
⑧「よくできました」とほめます。
⑨以下、30まで同様に行います。

POINT 言うことよりも見ていることが大切

数字の唱え方を暗記している子どもは、針を見ないで「1、2、3……」と言ってしまいがちです。
「言える」ことよりも、「目盛と針をよく見ている」ことが大切です。
見ないで言っていては、理解できるようになりません。
見ていないときは「ここ見て」と言って目盛と針を見るように促しましょう。

POINT 「何時」を表す数字を長針が指したときの読み方

文字盤の「何時」を表す数字を長針が指したとき、子どもがその数字を言ってしまうことがよくあります。
例えば12時5分のとき、長針が指している1という数字を見て「1」と言ってしまうなどです。
子どもが「1」と言う前に、「長い針が数字の1のところにあるね。でも、4の次の目盛だから、これは5だよ」とことばかけします。
そして指導者が先に「5」と言うようにします。
間違えさせないことが大切です。

Step 2 ： 1分ごとに「分」をつけて読む

①時計を1つ呈示します。短針と長針を「12」のところに合わせておきます。
②「短い針が12のところにあるね、長い針も12のところにあるね。これは、『12時』です。『12時』と一緒に言ってみましょう」と言います。
③一緒に「12時」と言います。

④「長い針を動かすよ。よく見ててね」と言います。
⑤指導者が、長針を1目盛ゆっくり動かします。
⑥長針を指さしして「長い針が1動いたね。これを『1分』と言うよ。『1分』と一緒に言ってみましょう」と言い、一緒に「1分」と言います。

⑦もう1目盛長針を動かします。指導者が先に「2分」と言います。そして、子どもと一緒に「2分」と言います。
⑧「よくできました」とほめます。
⑨以下、30分まで同様に行います。

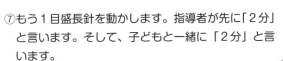

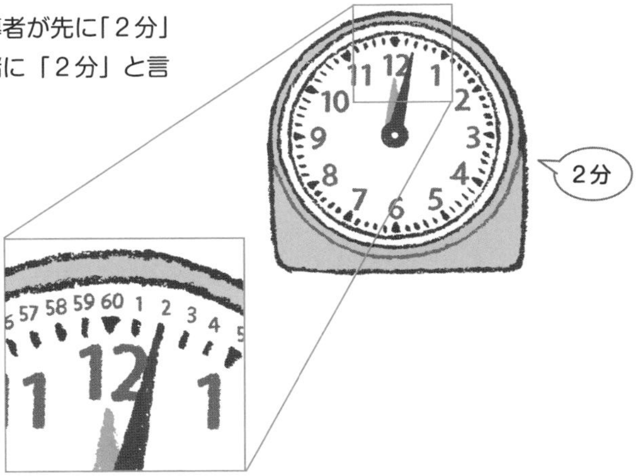

2分のときの拡大図

POINT　指導者が先に言うことが大切

「分」の読み方は、数によって「ふん」になったり「ぷん」になったりします（一般的には促音や撥音の後は「ぷん」になります）。
数字の読みも、例えば「6分」の場合、「ろくふん」とは言わず、「ろっぷん」というように変化します。
子どもは、このような言い方に慣れていません。
指導者が必ず先に言い、子どもが真似をして言うようにします。
そうすることによって、「分」がつく読み方に慣れるようになります。

POINT　「何時」を表す数字を長針が指したときの読み方

文字盤の「何時」を表す数字を長針が指したとき、子どもがその数字を言ってしまうことがよくあります。
例えば12時5分のとき、長針が指している1という数字を見て「1分」と言ってしまうなどです。
子どもが「1分」と言う前に、「長い針が数字の1のところにあるね。でも、4分の次の目盛だから、これは5分だよ」とことばかけします。
そして指導者が先に「5分」と言うようにします。
間違えさせないことが大切です。

Step 3：1分ごとに「時、分」をつけて読む

①時計を1つ呈示します。短針と長針を「12」のところに合わせておきます。
②「短い針が12のところにあるね、長い針も12のところにあるね。これは、『12時』です。『12時』と一緒に言ってみましょう」と言います。
③一緒に「12時」と言います。

④「長い針を動かすよ。よく見ててね」と言います。
⑤指導者が、長針を1目盛ゆっくり動かします。
⑥長針を指さしして「長い針が1動いたね。これは、『12時1分』と言います。『12時1分』と一緒に言ってみましょう」と言い、一緒に「12時1分」と言います。

⑦もう1目盛長針を動かします。指導者が先に「12時2分」と言います。そして、子どもと一緒に「12時2分」と言います。
⑧「よくできました」とほめます。

⑨以下、12時30分まで同様に行います。
⑩続けて、1時1分～1時30分、2時1分～2時30分……11時1分～11時30分と読む学習を行います。子どもの実態に応じて、いくつかを選んで行ってもよいでしょう。

(2) 60分まで

Step 1：1分ごとに目盛を見て数字を言う

①時計を1つ呈示します。短針と長針を「12時30分」のところに合わせておきます。
②「短い針が12と1のあいだにあるね。長い針は、6のところにあるね。これは、『12時半』です。『12時30分』とも言うよ。『12時30分』と一緒に言ってみましょう」と言います。
③一緒に「12時30分」と言います。

④「長い針を動かすよ。よく見ててね」と言います。
⑤指導者が、長針を1目盛ゆっくり動かします。
⑥長針を指さしして「長い針が30から1動いたから31だね。『31』と一緒に言ってみましょう」と言い、一緒に「31」と言います。
⑦もう1目盛長針を動かします。指導者が先に「32」と言います。そして子どもと一緒に「32」と言います。
⑧「よくできました」とほめます。
⑨以下、60まで同様に行います。

POINT 言うことよりも見ていることが大切

数字の唱え方を暗記している子どもは、針を見ないで「31、32、33……」と言ってしまいがちです。
「言える」ことよりも、「目盛と針をよく見ている」ことが大切です。
見ないで言っていては、理解できるようになりません。
見ていないときは「ここ見て」と言って目盛と針を見るように促しましょう。

POINT 「何時」を表す数字を長針が指したときの読み方

文字盤の「何時」を表す数字を長針が指したとき、子どもがその数字を言ってしまうことがよくあります。
例えば12時35分のとき、長針が指している7という数字を見て「7」と言ってしまうなどです。
子どもが「7」と言う前に、「長い針が数字の7のところにあるね。でも、34の次の目盛だから、これは35だよ」とことばかけします。
そして指導者が先に「35」と言うようにします。
間違えさせないことが大切です。

Step 2：1分ごとに「分」をつけて読む

①時計を１つ呈示します。短針と長針を「12時30分」のところに合わせておきます。
②「短い針が12と１のあいだにあるね。長い針は、6のところにあるね。これは、『12時半』です。『12時30分』とも言うよ。『12時30分』と一緒に言ってみましょう」と言います。
③一緒に「12時30分」と言います。

④「長い針を動かすよ。よく見ててね」と言います。
⑤指導者が、長針を１目盛ゆっくり動かします。
⑥長針を指さしして「長い針が30から１動いたね。これを『31分（ぷん）』と言います。『31分』と一緒に言ってみましょう」と言い、一緒に「31分」と言います。

⑦もう１目盛長針を動かします。指導者が先に「32分」と言います。そして、子どもと一緒に、「32分」と言います。
⑧「よくできました」とほめます。
⑨以下、60分まで同様に行います。

POINT 「何時」を表す数字を長針が指したときの読み方

文字盤の「何時」を表す数字を長針が指したとき、子どもがその数字を言ってしまうことがよくあります。
例えば12時35分のとき、長針が指している７という数字を見て「７分」と言ってしまうなどです。
子どもが「７分」と言う前に、「長い針が数字の７のところにあるね。でも、34分の次の目盛だから、これは35分だよ」とことばかけします。
そして指導者が先に「35分」と言うようにします。
間違えさせないことが大切です。

Step 3：1分ごとに「時、分」をつけて読む

①時計を１つ呈示します。短針と長針を「12時30分」のところに合わせておきます。
②「短い針が12と１のあいだにあるね。長い針は、6のところにあるね。これは、『12時半』です。『12時30分』とも言うよ。『12時30分』と一緒に言ってみましょう」と言います。
③一緒に「12時30分」と言います。

④「長い針を動かすよ。よく見ててね」と言います。
⑤指導者が、長針を１目盛ゆっくり動かします。
⑥短針を指さしして、「短い針が12と１のあいだにあるね。『12時』と読みます」と言います。
⑦長針を指さしして「長い針が30から１動いたね。『12時31分』と言います。『12時31分』と一緒に言ってみましょう」と言い、一緒に「12時31分」と言います。

⑧もう１目盛長針を動かします。指導者が先に「12時32分」と言います。そして、子どもと一緒に「12時32分」と言います。
⑨「よくできました」とほめます。
⑩以下、12時59分まで同様に行います。
⑪長針を１目盛動かし、12のところを指すようにします。短針は１のところを指しています。「短い針が１を指しているね。長い針は12を指しているね」「これを１時と言います」「『１時』と一緒に言ってみましょう」と言い、一緒に「１時」と言います。
⑫続けて、１時31分～２時、２時31分～３時……11時31分～12時と読む学習を行います。子どもの実態に応じて、いくつかを選んで行ってもよいでしょう。

＊60までの学習は、31（分）から行ってもよいし、１（分）から行ってもよいです。

POINT「何時何分すぎ」の読み方について

１分ごとに時刻が読めるようになったところで、「何時何分すぎ」の読み方に触れておきます。
次のように行います。

例：12時５分
①時計を呈示し、12時５分の時刻をつくります。
②「これは、12時５分です。一緒に言ってみましょう」とことばかけします。
③一緒に「12時５分」と言います。
④「これを、『12時５分すぎ』とも言うよ。一緒に言ってみましょう」とことばかけします。
⑤一緒に「12時５分すぎ」と言います。
⑥「よくできました」とほめます。

いろいろな時刻を呈示して、同様に行うとよいでしょう。

＊「何時何分」を順番に学習して読めるようになったら、時刻をランダムに呈示して、読む学習を行います。

ランダムに「何時何分」を読む学習

Step 1：長針が文字盤の5分刻みの数字を指している時刻を読む

例：12時15分

①時計の針を12時に合わせておきます。
②長針を動かして見せながら、12時15分をつくります。
③「何時何分ですか」と聞きます。
④子どもが「12時15分」と答えます。
⑤同様に、12時30分、45分、20分など、ランダムな時刻を呈示して行います。

Step 2：長針が1分〜5分の目盛を指している時刻を読む

例：10時3分

①時計の針を10時に合わせておきます。
②長針を動かして見せながら、10時3分をつくります。
③「何時何分ですか」と聞きます。
④子どもが「10時3分」と答えます。
⑤同様に、1分〜5分の中で、ランダムな時刻を呈示して行います。

Step 3：長針が1分〜10分の目盛を指している時刻を読む

Step 2 と同様に、長針が1分〜10分の目盛を指している時刻をランダムに読む学習を行います。

Step 4：長針が1分〜30分の目盛を指している時刻を読む

Step 2 と同様に、長針が1分〜30分の目盛を指している時刻をランダムに読む学習を行います。

Step 5：長針が30分〜45分の目盛を指している時刻を読む

例：3時42分

①時計の針を3時に合わせておきます。
②長針を動かすのを見せながら、3時42分をつくります。
③「何時何分ですか」と聞きます。
④子どもが「3時42分」と答えます。

＊長針が6を超えたところから、短針が少しずつ次の時刻の数字に近づくので、正しい時刻を読むことが難しくなります。
この例の場合、「4時42分」と読んでしまう子どもが多くいます。
短針と4の数字の位置の目盛を指さしして、「短い針は、まだ4の目盛に来ていないね。だから、まだ3時だよ」とことばかけします。
子どもが「4時42分」と言う前に、指導者が「3時42分」と言うようにします。
間違えさせないことが大切です。

⑤同様に、31分〜45分の中で、ランダムな時刻を呈示して行います。

Step 6：長針が45分〜59分の目盛を指している時刻を読む

Step 5 と同様に、長針が45分〜59分の目盛を指している時刻をランダムに読む学習を行います。

＊子どもが迷ったりわからなかったりしているときは、待たずに先に時刻を言うようにします。待たないで先に正しい時刻を言うほうが、早く定着するようになります。

「60分は1時間」

1分ごとに時刻が読めるようになったところで、「60分は1時間」ということを説明します。次のようにします。

①時計を呈示し、12時の時刻をつくります。
②長針を1目盛ずつ動かしながら、一緒に「1分、2分、3分……60分」と読みます。
③長針を指さしして、「長い針が60動いて、12のところに来たよ」、短針を指さしして、「短い針は1のところに来たよ」「短い針が12から1まで動いたよ」「長い針が一回りすると、短い針が12から1まで動きました」「これを1時間というよ」「60分は1時間だよ」と言います。
④同様にして、1時から2時まで、2時から3時まで……というように行います。

5 1分ごとにつくる学習

1分ごとに時刻が読めるようになったら、1分ごとに時刻をつくる学習を行います。30分を過ぎたところから、短針が次の時刻の数字に近くなるという難しさがあります。したがって、ここでも、「30分まで」と「60分まで」とに分けて学習します。

はじめは見本を見てつくります。できるようになったら、言われた時刻を一人でつくります。

子どもは、右利きとして説明します。

教材　「1 時計の学習に入るために」（9ページ）の教材と同様の模型の時計

方法とことばかけ

(1) 30分まで

Step 1：見本を見てつくる

①子どもから見て左側に指導者用の時計を、子どもから見て右側に子ども用の時計を呈示します。どちらの時計も、針は、短針・長針とも「12」に合わせておきます。
②指導者用の時計を指さしして「短い針が12のところにあるね。長い針も12のところにあるね。これは、『12時』です。『12時』と一緒に言ってみましょう」と言います。
③一緒に「12時」と言います。
④子ども用の時計を指さしして「これも、『12時』です。『12時』と一緒に言ってみましょう」と言います。
⑤一緒に「12時」と言います。

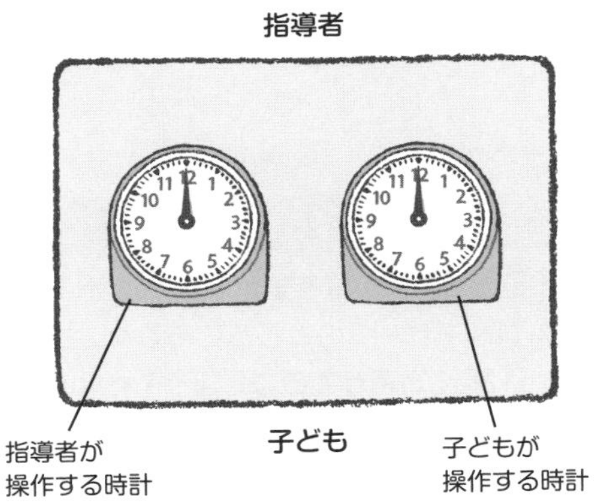

⑥「先生が、長い針を動かして、『12時１分』をつくるよ。よく見ててね」と言います。
⑦指導者が、長針をゆっくり１目盛動かします。短針を指さしして、「短い針が12と１のあいだにあるね」、長針を指さしして「長い針が１動いたよ」、「『12時１分』ができました」と言います。
＊子どもが、短針と長針を見ていることが大切です。見ないときは「ここ、見て」と言って視線を誘導します。
⑧「『12時１分』と一緒に言ってみましょう」と言って一緒に「12時１分」と言います。
⑨「〇〇さんも、先生と同じように長い針を動かして、『12時１分』をつくりましょう」と言います。
⑩子どもが、長針をゆっくり１目盛動かします。
⑪子ども用の時計の短針を指さしして、「短い針が12と１のあいだにあるね」、長針を指さしして、「長い針が１動いたね」、「『12時１分』ができたね」と言います。
⑫『12時１分』と一緒に言ってみましょう」と言い、一緒に「12時１分」と言います。
⑬「よくできました」とほめます。

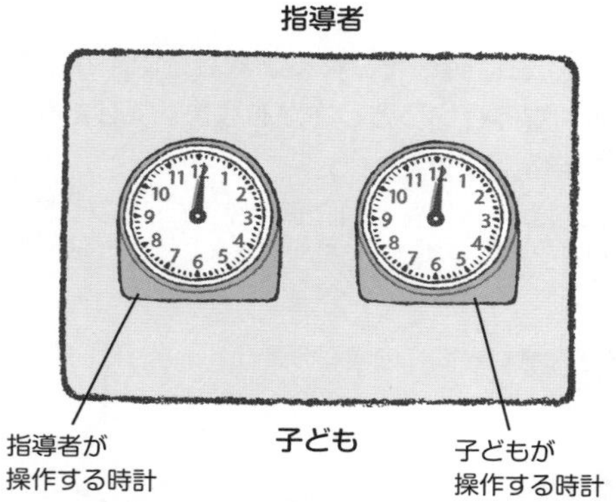

⑭同様にして、見本を見ながら「12時２分、12時３分……12時30分」をつくる学習を行います。

POINT　間違えさせないことが大切

はじめのうちは、援助して一緒に針を動かすようにします。そして、長針が１目盛動いたところで止まるよう、しっかり援助して「ストップ」とことばかけします。
子どもが一人で行って「１」の目盛を過ぎてから直すのでは定着しません。間違えさせないことが大切です。援助して正しい時刻をつくるようにします。

Step 2：子どもが一人でつくる

①子ども用の時計を呈示します。針は、短針・長針とも「12」に合わせておきます。
②「短い針が12のところにあるね。長い針も12のところにあるね。これは、『12時』です。『12時』と言ってみましょう」と言います。
③子どもが「12時」と言います。
④「長い針を１動かして、『12時１分』をつくってください」と言います。

⑤子どもが、長針を１目盛動かします。
⑥子ども用の時計の短針を指さしして、「短い針が12と１のあいだにあるね」、長針を指さしして、「長い針が１動いたね」、「『12時１分』ができたね」と言います。
⑦「『12時１分』と一緒に言ってみましょう」と言い、一緒に「12時１分」と言います。
⑧「よくできました」とほめます。

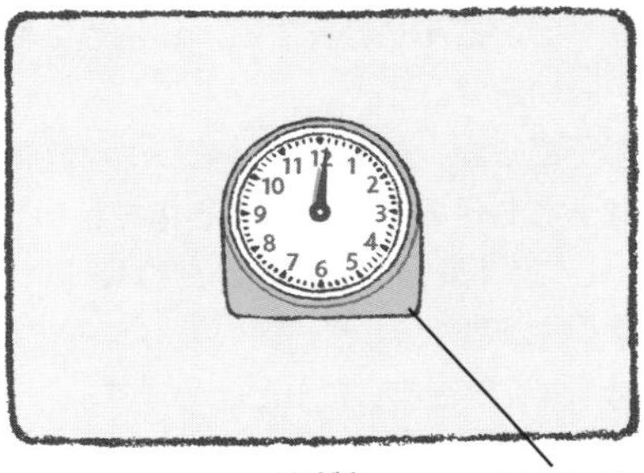

⑨同様にして、「12時２分、12時３分……12時30分」をつくる学習を行います。

POINT　間違えさせないことが大切
はじめのうちは、援助して一緒に針を動かすようにします。そして、長針が１目盛動いたところで止まるよう、しっかり援助して「ストップ」とことばかけします。
「１」の目盛を過ぎてから直すのでは定着しません。間違えさせないことが大切です。援助して正しい時刻をつくるようにします。

（2）60分まで

Step 1：見本を見てつくる

①子どもから見て左側に指導者用の時計を、子どもから見て右側に子ども用の時計を呈示します。どちらの時計も、短針と長針を「12時30分」のところに合わせておきます。
②「短い針が12と１のあいだにあるね。長い針は、６のところにあるね。これは、『12時半』です。『12時30分』とも言うよ。『12時30分』と一緒に言ってみましょう」と言います。
③一緒に「12時30分」と言います。
④子ども用の時計を指さしして「これも、『12時30分』です。『12時30分』と一緒に言ってみましょう」と言います。
⑤一緒に「12時30分」と言います。

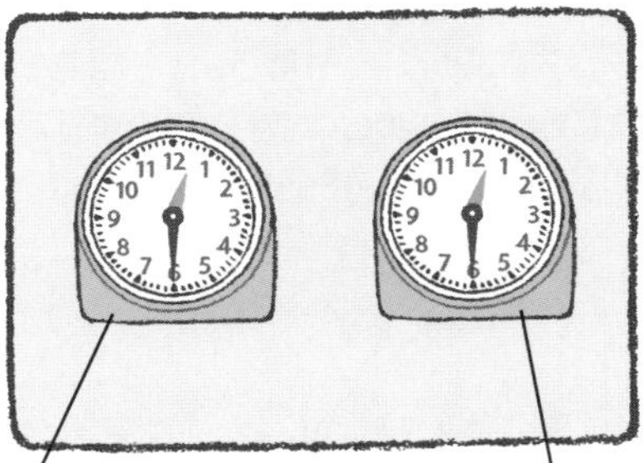

⑥「先生が、長い針を動かして、『12時31分』をつくるよ。よく見ててね」と言います。
⑦指導者が、長針をゆっくり１目盛動かします。短針を指さしして、「短い針が12と１のあいだにあるね」、長針を指さしして、「長い針が１動いたよ」、「『12時31分』ができました」と言います。
＊子どもが、短針と長針を見ていることが大切です。見ないときは「ここ、見て」と言って視線を誘導します。
⑧「『12時31分』と一緒に言ってみましょう」と言って、一緒に「12時31分」と言います。

⑨「○○さんも、先生と同じように長い針を１動かして、『12時31分』をつくりましょう」と言います。
⑩子どもが、長針をゆっくり１目盛動かします。
⑪子ども用の時計の短針を指さしして、「短い針が12と１のあいだにあるね」、長針を指さしして、「長い針が１動いたね」、「『12時31分』ができたね」と言います。
⑫「『12時31分』と一緒に言ってみましょう」と言い、一緒に「12時31分」と言います。
⑬「よくできました」とほめます。
⑭同様にして、見本を見ながら「12時32分、12時33分……12時59分」をつくる学習を行います。
⑮長針を１目盛動かし、12のところを指すようにします。短針は１のところを指しています。「短い針が１を指しているね。長い針は12を指しているね」「これは『１時』です」「『１時』と一緒に言ってみましょう」と言い、一緒に「１時」と言います。
⑯続けて、１時31分～２時、２時31分～３時……11時31分～12時をつくる学習を行います。子どもの実態に応じて、いくつかを選んで行ってもよいでしょう。

POINT 間違えさせないことが大切

はじめのうちは、援助して一緒に針を動かすようにします。そして、長針が１目盛動いたところで止まるよう、しっかり援助して「ストップ」とことばかけします。
子どもが一人で行って「31」の目盛を過ぎてから直すのでは定着しません。間違えさせないことが大切です。援助して正しい時刻をつくるようにします。

Step 2：子どもが一人でつくる

①子ども用の時計を呈示します。短針と長針を「12時30分」のところに合わせておきます。
②「短い針が12と１のあいだにあるね。長い針は、６のところにあるね。これは、『12時半』です。『12時30分』とも言うよ。『12時30分』と一緒に言ってみましょう」と言います。
③子どもが「12時30分」と言います。

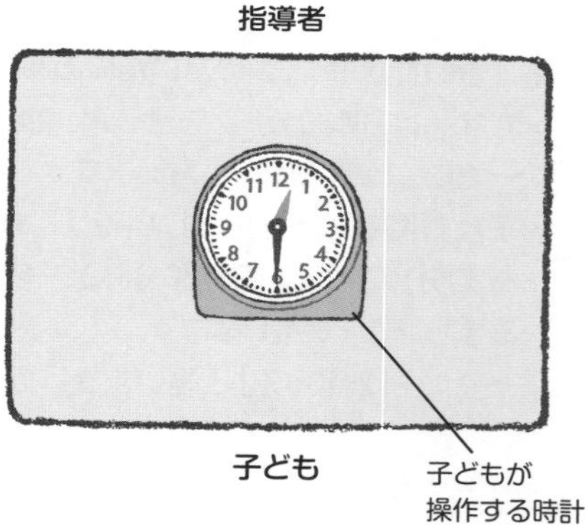

④「長い針を１動かして、『12時31分』をつくってください」と言います。
⑤子どもが、長針を１目盛動かします。
⑥子ども用の時計の短針を指さしして、「短い針が12と１のあいだにあるね」、長針を指さしして、「長い針が１動いたね」、「『12時31分』ができたね」と言います。
⑦「『12時31分』と一緒に言ってみましょう」と言い、一緒に「12時31分」と言います。
⑧「よくできました」とほめます。
⑨同様にして、「12時32分、12時33分……１時」をつくる学習を行います。

⑩続けて、1時31分〜2時、2時31分〜3時……11時31分〜12時をつくる学習を行います。子どもの実態に応じて、いくつかを選んで行ってもよいでしょう。

＊60までの学習は、31（分）から行ってもよいし、1（分）から行ってもよいです。
＊はじめのうちは、時刻を順番につくるようにし、できるようになったら、時刻をランダムにつくるようにします。

POINT 間違えさせないことが大切

はじめのうちは、援助して一緒に針を動かすようにします。そして、長針が1目盛動いたところで止まるよう、しっかり援助して「ストップ」とことばかけします。
「31」の目盛を過ぎてから直すのでは定着しません。間違えさせないことが大切です。援助して正しい時刻をつくるようにします。

6 何分前の学習

日常生活では、「何時何分」だけでなく、「何時何分前」という言い方もします。

例：「今、何時ですか」
「12時5分前です」

「何分前」は、長針が指している目盛を左回りに読まなければならず、これまで学習してきた目盛の読み方と違う読み方をするので、難しいです。

「何時何分」を読んだりつくったりすることができるようになったら、「正時の何分前」の学習をしておきます。

教材 「1 時計の学習に入るために」（9ページ）の教材と同様の模型の時計

方法とことばかけ

①時計を1つ呈示します。短針を「2時59分」のところに合わせておきます。
②「短い針が2と3のあいだにあるね、長い針は小さい数字の59のところにあるね。これは、何時何分ですか」と言います。
③子どもが「2時59分」と答えます。
＊子どもが迷ったりわからなかったりしているときは、待たずに短針と長針、時計盤の目盛を指さししながら、「短い針が2と3の間にあるから、2時」「長い針は、小さい数字の59のところにあるから、59分」と言い、「これは、2時59分です」と一緒に言うようにします。
④「よく見ててね」と言い、指導者が時計の針を動かし、「3時」をつくります。
⑤「これは、何時ですか」と言います。
⑥子どもが「3時」と答えます。

⑦「先生が長い針を反対回りに動かすから、一緒に数えてください」と言います。
⑧一緒に「1」と数えながら、指導者が長針を1目盛反対回りに動かします。
⑨「長い針を、反対回りに1動かしたよ」と言います。
「これを、『3時1分前』と言います。一緒に言ってみましょう」と言います。
⑩一緒に「3時1分前」と言います。
⑪「『2時59分』のことを、『3時1分前』とも言います」「『2時59分』と『3時1分前』は、おなじです」と言います。
⑫「よくできました」とほめます。
⑬同様にして、「何時何分前」(正時の何分前)の読みの学習をします。

Step 1：1分前から5分前までを順番に学習する

一緒に目盛を数えて、一緒に「何時何分前」と言います。

Step 2：1分前から10分前までを順番に学習する

一緒に目盛を数えて、一緒に「何時何分前」と言います。

Step 3：1分前から5分前までを順番に学習する

一緒に目盛を数えて、「何時何分前？」と聞き、子どもが答えます。

Step 4：1分前から10分前までを順番に学習する

一緒に目盛を数えて、「何時何分前？」と聞き、子どもが答えます。

Step 5 ランダムな時刻をつくり、「何時何分前？」と聞き、子どもが答えます。

＊「何時何分前」をつくる学習を行ってもよいでしょう。

POINT 日常生活の中に、時計を見る習慣を取り入れましょう

学習の中で、時計の時刻が読めたりつくれるようになったりしたことが、日常生活の時刻と結びついていくことが大切です。
日常生活と時刻との関係が、自然にわかっていく子どももいますが、なかなか結びついていかない子どももいます。
生活の中で、朝家を出るとき、ごはんを食べるとき、テレビを見るとき、お風呂に入るとき、夜寝るときなどの節目ごとに、子どもと一緒に時計を見て、「今○時○分だね」や「もうすぐ○時だね。○時になったら、ごはんだよ」などと話すようにしましょう。
そうすることによって、日常生活と時刻との関係が、次第に理解できるようになります。

午前・午後の学習

「午前何時何分」「午後何時何分」という言い方もここで学習しておくとよいでしょう。
次のように学習します。

(1)午前の学習

①12時を指した時計を呈示します。

②「これは、夜中の12時です。夜中の12時のことを『午前０時』とも言います」と言います。
③「先生が針を動かすから、見ててね」と言い、１時間ずつ針を動かしていきます
④「これは、夜中の１時、これは夜中の２時……」「５時、そろそろ朝になります」、「７時、そろそろ○○さんが起きる時間ですね」「８時、学校に行く時間です」などとことばかけしながら、12時まで針を動かします。
⑤「これは、昼の12時です。夜中の12時から昼の12時までを『午前』と言います。一緒に言ってみましょう」と言います。
⑥子どもが一緒に「午前」と言います。

（2）午後の学習

①12時を指した時計を呈示します。
②「これは、昼の12時です」と言います。
③「先生が針を動かすから、見ててね」と言い、１時間ずつ針を動かしていきます。
④「これは、１時、これは２時……まだ学校にいる時間ですね」「４時、そろそろ帰る時間です」、「７時、晩御飯の時間かな」「10時、そろそろ寝る時間ですね」などとことばかけしながら、12時まで針を動かします。
⑤「これは、夜中の12時です。昼の12時から夜中の12時までを『午後』と言います。一緒に言ってみましょう」と言います。
⑥子どもが一緒に「午後」と言います。

「午前」「午後」の言い方に慣れていない子どもは、すぐに「午前」と「午後」を理解することが難しいでしょう。
日常生活の中で、「午前」や「午後」を使って話しかけることによって、次第に午前と午後が感覚的にわかるようになります。
「まだ、午前10時だね」「午後３時になったら、おやつにしましょう」など、子どもの生活に結びつけて、一緒に時計を見ながらたくさん話しかけましょう。

13時から24時の学習

午後１時のことを13時、午後２時を14時……午後11時を23時という読み方も少しずつ学習するとよいです。
この学習は、１日を24時間と理解する上でも有効です。
次のように学習するとよいでしょう。

①12時を指した時計を呈示します。
②「これは、昼の12時です」「午後の時刻の、別の読み方の勉強をします」と言います。
③「先生が読むから、一緒に言ってください」と言い、１時間ずつ針を動かしていきます。
④短針が１の目盛に来たとき「13時」、２の目盛に来たとき「14時」……11の目盛に来たとき「23時」、12の目盛に来たとき「24時」と言い、子どもが真似をして言います。
⑤「よくできました」とほめます。
⑥「１日は、24時間です」と言って教えます。

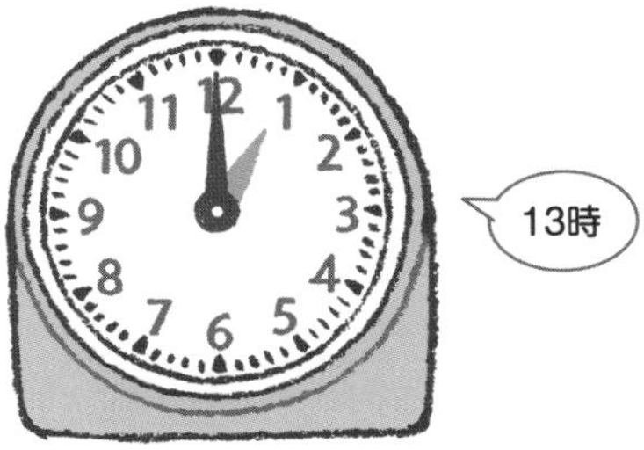

プリントで時計を読む学習

模型の時計で時刻が読めるようになったら、下のような時計のイラストを呈示して、「何時ですか」または「何時何分ですか」という学習をするのもよいでしょう。

（例）

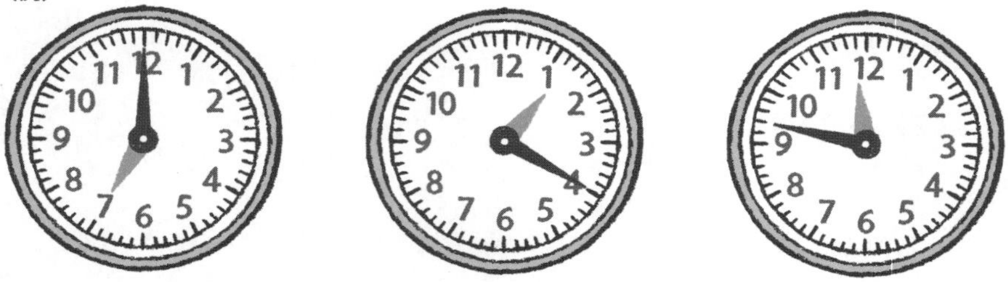

（　　）時　　（　　）時（　　）分　　（　　）時（　　）分

7 時計を見て経過した時間を考える

模型の時計やイラストの時計を見て時刻が読めるようになったら、２つのイラストの時計を見て、経過した時間を考える学習を行います。

最近は、デジタル時計が増え、アナログ時計を読む機会が減っています。デジタルの時計を読むだけでは、時刻が読めても、時間を感覚的にとらえられるようにはなりません。

日常生活の中で、アナログ時計を読む機会を増やし、アナログ時計に慣れることが大切です。

教 材　問題文、異なった時刻をさしている２つの時計のイラスト、答えを書く欄があるプリント

方法とことばかけ

例題１

①問題のプリントを呈示します。

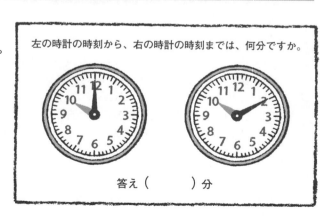

左の時計の時刻から、右の時計の時刻までは、何分ですか。

答え（　　　）分

②「指さししながら問題を読みましょう」と言います。
③子どもが指さししながら問題を読みます。
④「左の時計の時刻は、何時ですか」と言います。
⑤子どもが、「10時」と答えます。
⑥「そうだね」「右の時計の時刻は、何時何分ですか」と言います。
⑦子どもが「10時10分」と答えます。
⑧「そうだね」「『左の時計の時刻から、右の時計の時刻までは、何分ですか』を考えてみましょう」と言います。
⑨「長い針を見てみましょう。長い針が12から２まで動いていますね。12から２までは何分ですか」と言います。
⑩子どもが「10分」と答えます。
＊子どもがすぐに答えられない場合は、一緒に１分ずつ目盛を数えて答えを出します。
また、「12から１までは５分、２までは10分だね」と５とびの数え方をここで学習するとよいでしょう。
⑪「そうだね、よくできました」「答えを書いてください」と言います。
⑫子どもが（　　）の中に「10」と書きます。
⑬「答えを読んでください」と言います。
⑭子どもが「こたえ　10分」と言います。
⑮「よくできました」と言って丸をつけます。

例題２

①問題のプリントを呈示します。

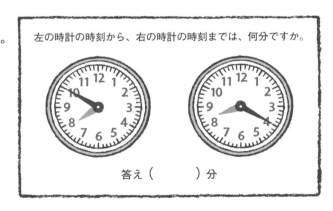

左の時計の時刻から、右の時計の時刻までは、何分ですか。

答え（　　　　）分

②「指さししながら問題を読みましょう」と言います。
③子どもが指さししながら問題を読みます。
④「左の時計の時刻は、何時何分ですか」と言います。
⑤子どもが、「７時50分」と答えます。
⑥「そうだね」「右の時計の時刻は、何時何分ですか」と言います。
⑦子どもが「８時20分」と答えます。
⑧「そうだね」「『左の時計の時刻から、右の時計の時刻までは、何分ですか』を考えてみましょう」と言います。
⑨「長い針を見てみましょう。長い針が10から４まで動いていますね。10から12までは何分ですか」と言います。

⑩子どもが「10分」と答えます。

＊子どもがすぐに答えられない場合は、一緒に1分ずつ目盛を数えて答えを出します。
また、「10から11までは5分、12までは10分だね」と5とびの数え方をここで学習するとよいでしょう。

⑪「そうだね」「12から4までは何分ですか」と言います。

⑫子どもが「20分」と答えます。

＊子どもがすぐに答えられない場合は、一緒に1分ずつ目盛を数えて答えを出します。また、「12から1までは5分、2までは10分、3までは15分、4までは20分だね」と5とびの数え方をここで学習するとよいでしょう。

⑬「そうだね」「10分と20分をたすと何分ですか」と言います。

⑭子どもが「30分」と答えます。

⑮「そうだね、よくできました」「答えを書いてください」と言います。

⑯子どもが（　　）の中に「30」と書きます。

⑰「答えを読んでください」と言います。

⑱子どもが「こたえ　30分」と言います。

⑲「よくできました」と言って丸をつけます。

例題2の考え方について

A：長針を12の目盛で区切って考える方法（上記）

B：長針を12の目盛で区切らず、続けて考える方法

50分から20分まで1分ずつ目盛を数えて答えを出します。
または、「10から11までは5分、12までは10分、1までは15分、2までは20分、3までは25分、4までは30分だね」と5とびの数え方をして答えを出します。

A、Bどちらか、子どもがわかりやすい方法で学習するとよいでしょう。

8 時間・時刻の計算

ここでは、日常生活に必要な、時間・時刻の計算の学習を行います。

時間と分の関係

まず、「何時間何分＝何分」と「何分＝何時間何分」を学習します。

(1) 何時間何分＝何分

「4 1分ごとに読む学習」（18ページ）のところで、「60分は1時間」の学習をしました。それを踏まえて学習します。

教材

- 「1 時計の学習に入るために」（9ページ）の教材と同様の模型の時計
- 筆算の枠を書いた用紙（以降、「筆算の用紙」と表します）

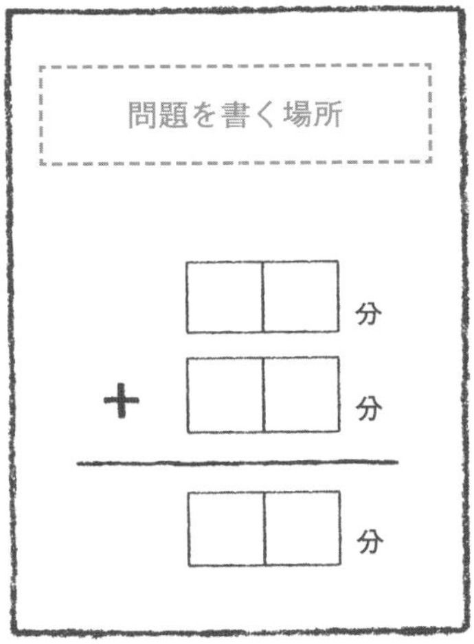

方法とことばかけ

例題 1時間20分＝□分

①「1時間20分＝□分」の式と、筆算のマス目がかいてある用紙を呈示します。
②「指さししながら問題を読みましょう」と言って、指さししながら一緒に読みます。
③「1時間は、何分ですか？」と聞きます。
④子どもが「60分」と答えます。
＊子どもが答えられない場合は、待たずにすぐに「60分」と言って教えます。
⑤「そうだね。よくできました」と言います。
⑥指導者が筆算の被加数の「□□分」のところを指さしして「ここに60と書いてください」と言い、子どもが書きます。
⑦「あと20分だから、60分に20分をたします」と言います。
⑧指導者が加数の「□□分」のところを指さしして「ここに20と書いてください」と言い、子どもが書きます。
⑨「計算しましょう。『分』の1の位から計算します」と言います。

⑩指導者が１の位のところを指さしして「１の位の計算は何ですか？」と聞きます。
⑪子どもが「０＋０」と言います。
⑫「そうだね」「１の位の答えは何ですか？」と聞きます。
⑬子どもが「０」と答えます。
⑭「そうだね。書いてください」と言い、子どもが１の位の答えのマス目に「０」と書きます。
⑮指導者が10の位のところを指さしして「10の位の計算は何ですか？」と聞きます。
⑯子どもが「６＋２」と言います。
⑰「そうだね」「10の位の答えは何ですか？」と聞きます。
⑱子どもが「８」と答えます。
⑲「そうだね。書いてください」と言い、子どもが10の位の答えのマス目に「８」と書きます。
⑳「答えを読んでください」と言い、子どもが答えを読みます。「80分」
＊ここでは、子どもが、２桁＋２桁の繰り上がりのあるたし算ができると想定としていますが、間違えさせないように、適切に指さしやことばかけをします。
（筆算の学習方法については、学研教育みらい『障害がある子どもの数の基礎学習』を参照してください）

㉑「そうだね、よくできました」と言います。
㉒「ここ（横書きの式の □ の中）に80と書いてください」と言い、子どもが横書きの式の □ の中に「80」と書きます。
㉓「指さししながら、横書きの式を読みましょう」と言って、指さししながら一緒に「１時間20分＝80分」と読みます。
㉔「とてもよくできました」と言って、丸をつけます。

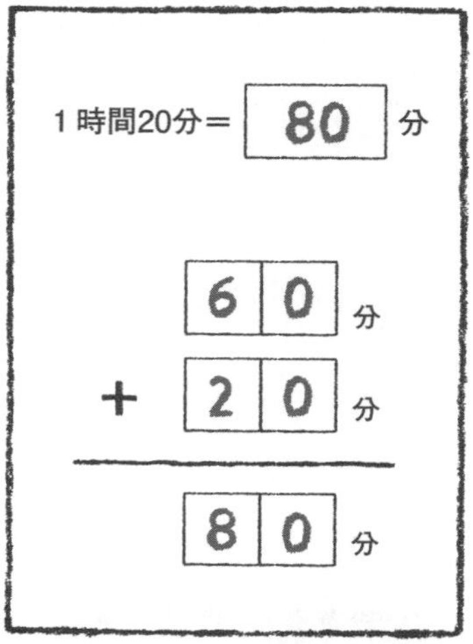

計算の後で、実際に時計を操作すると、理解が深まります。
はじめのうちは、時計の操作も行うとよいでしょう。
時計を操作する学習の方法は、次のとおりです。

①12時をさした時計を呈示します。
②「これは12時です」「ここから、１時間20分、針を動かします。よく見ててね」と言います。
③長針を１の目盛まで動かして「５分」、２の目盛まで動かして「10分」、３の目盛まで動かして「15分」……12の目盛まで動かして「60分。短い針が１のところまで動いたから、１時間だね」と言います。
④「あと20分動かすよ」と言い、長針を１の目盛まで動かして「１時間５分。65分だね」、２の目盛まで動かして「１時間10分、70分だね」、３の目盛まで動かして「１時間15分、75分だね」、４の目盛まで動かして「１時間20分。80分だね」と言います。
⑤「一緒に『１時間20分は、80分』と言ってみましょう」と言い、一緒に「１時間20分は、80分」と言います。

同様にして、「何時間何分＝何分」の学習を行います。
筆算の枠を書いた用紙は、３桁が必要な場合は、枠を増やします。

（2）何分＝何時間何分

教 材

・「1 時計の学習に入るために」（9ページ）の教材と同様の模型の時計
・筆算の枠を書いた用紙

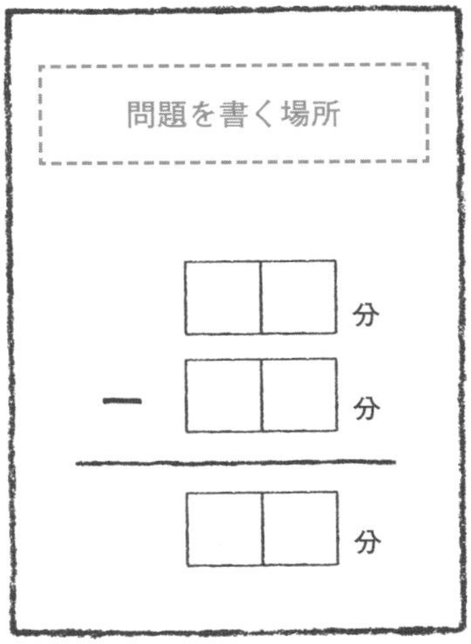

方法とことばかけ

例題 70 分＝□時間□分

①「70分＝□時間□分」の式と、筆算のマス目がかいてある用紙を呈示します。
②「指さししながら問題を読みましょう」と言って、指さししながら一緒に読みます。
③「1時間は、何分ですか？」と聞きます。
④子どもが「60分」と答えます。
＊子どもが答えられない場合は、待たずにすぐに「60分」と言って教えます。
⑤「そうだね。よくできました」と言います。
⑥指導者が筆算の被減数の「□□分」のところを指さしして「ここに70と書いてください」と言い、子どもが書きます。
⑦「1時間は60分だから、70分から60分をひくと、70分は1時間と何分かを出すことができます」と言います。
⑧指導者が減数の「□□分」のところを指さしして「ここに60と書いてください」と言い、子どもが書きます。
⑨「計算しましょう。『分』の1の位から計算します」と言います。
⑩指導者が1の位のところを指さしして「1の位の計算は何ですか？」と聞きます。
⑪子どもが「0－0」と言います。
⑫「そうだね」「1の位の答えは何ですか？」と聞きます。
⑬子どもが「0」と答えます。
⑭「そうだね。書いてください」と言い、子どもが1の位の答えのマス目に「0」と書きます。
⑮指導者が10の位のところを指さしして「10の位の計算は何ですか？」と聞きます。
⑯子どもが「7－6」と言います。
⑰「そうだね」「10の位の答えは何ですか？」と聞きます。

⑱子どもが「１」と答えます。

⑲「そうだね。書いてください」と言い、子どもが10の位の答えのマス目に「１」と書きます。

⑳「答えを読んでください」と言い、子どもが答えを読みます。「10分」

＊ここでは、子どもが、２桁－２桁の繰り下がりのあるひき算ができると想定としていますが、間違えさせないように、適切に指さしやことばかけをします。
（筆算の学習方法については、学研教育みらい『障害がある子どもの数の基礎学習』を参照してください）

㉑「そうだね、よくできました」「70分は、『60分と10分』です」「60分は１時間だから、『１時間と10分』と同じです」と言います。

㉒「ここ（横書きの式の □ の中）に１と10と書いてください」と言います。

㉓「指さししながら、横書きの式を読みましょう」と言って、指さししながら一緒に「70分＝１時間10分」と読みます。

㉔「とてもよくできました」と言って、丸をつけます。

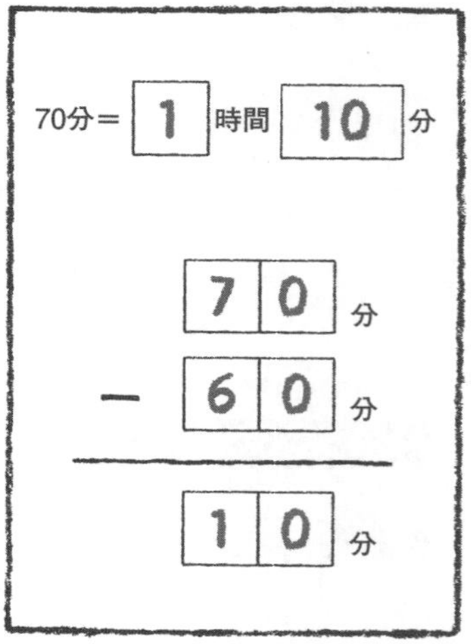

計算の後で、実際に時計を操作すると、理解が深まります。
はじめのうちは、時計の操作も行うとよいでしょう。
時計を操作する学習の方法は、次のとおりです。

①12時をさした時計を呈示します。

②「これは12時です」「ここから、70分、針を動かします。よく見ててね」と言います。

③長針を１の目盛まで動かして「５分」、２の目盛まで動かして「10分」、３の目盛まで動かして「15分」……12の目盛まで動かして「60分。短い針が１のところまで動いたから１時間だね」と言います。

④「70分だから、あと10分動かすよ」と言い、長針を１の目盛まで動かして「65分。１時間５分だね」、２の目盛まで動かして「70分。１時間10分だね」と言います。

⑤「一緒に『70分は、１時間10分』と言ってみましょう」と言い、一緒に「70分は、１時間10分」と言います。

同様にして、「何分＝何時間何分」の学習を行います。
筆算の枠を書いた用紙は、３桁が必要な場合は、枠を増やします。

POINT 「どこからスタートしても１時間」の理解

時計の針が正時をさしているところから、次の正時までが１時間であるということがわかっても、例えば、２時40分から３時40分までが１時間であるということを理解していない子どももいます。
長針をどこからスタートさせても、一回りして長針が同じ目盛に戻ってくると60分であること、それは１時間であることを、時計の針を動かしながら学習するとよいでしょう。

時間の計算

(1) たし算

教材
・「1 時計の学習に入るために」(9ページ) の教材と同様の模型の時計
・問題を書いた用紙。下に「式」「答え」と書いておきます。(下図左参照)
・筆算の枠を書いた用紙 (下図右参照)

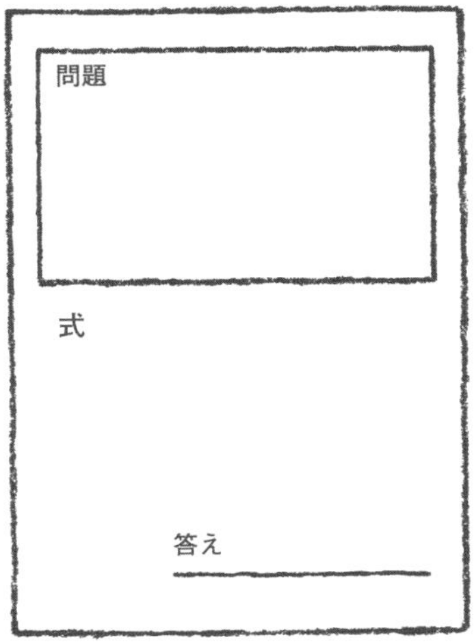

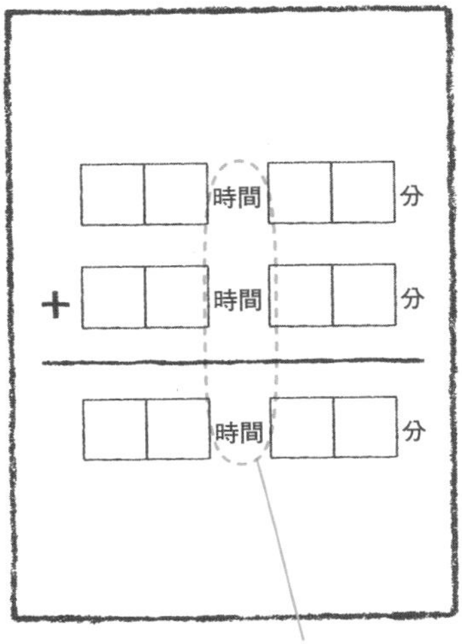

問題によって「時」と「時間」を使い分けるようにします。

方法とことばかけ

たし算　例題1

> 国語の宿題を20分、算数の宿題を15分しました。
> 国語と算数の宿題にかかった時間は、あわせて何分ですか。

式を立てる

①問題を書いた用紙を呈示し、子どもが指さししながら問題をゆっくり読みます。
②「国語の宿題をした時間は何分ですか？」と聞きます。
③子どもが「20分」と答えます。
④「そうだね」「算数の宿題をした時間は何分ですか？」と聞きます。
⑤子どもが「15分」と答えます。
⑥「そうだね」「『国語と算数の宿題にかかった時間は、あわせて何分ですか』だから、なに算ですか？」と聞きます。
⑦子どもが「たし算」と答えます。
＊子どもが迷ったりわからなかったりするときは、待たずに「たし算です」と言って教えます。間違えさせないようにすることが大切です。

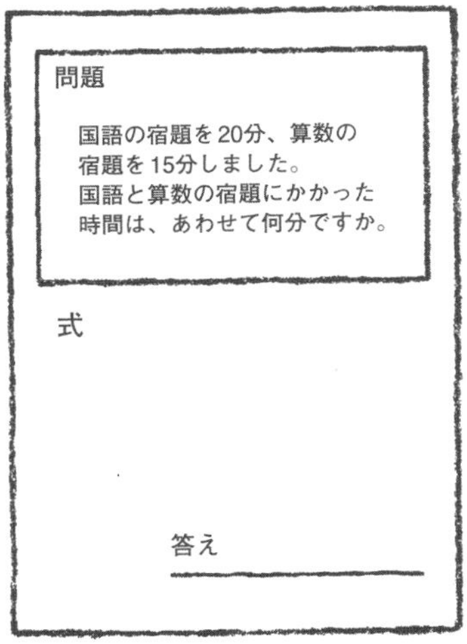

⑧「式を言いましょう。『分』をつけて言ってください」と言います。
⑨子どもが「20分＋15分」と言います。
⑩「そうだね。では、書いてみましょう」と言って、式を書く場所を指さしします。
⑪子どもが「20分＋15分＝」と書きます。
⑫「読んでみましょう」と言って、子どもが指さししながら読みます。

筆算の式で計算する

①「筆算の式に書きましょう」と言います。
②指導者が被加数の「□□分」のところを指さしして「ここに20と書いてください」、加数の「□□分」のところを指さしして「ここに15と書いてください」と言い、子どもが書きます。
③「計算しましょう」「1の位の計算は何ですか？」と聞きます。
④子どもが「0＋5」と言います。
⑤「そうだね」「1の位の答えは何ですか？」と聞きます。
⑥子どもが「5」と答えます。
⑦「そうだね。書いてください」と言い、子どもが「分」の1の位の答えのマス目に「5」と書きます。
⑧10の位の計算も、1の位の計算と同様に行います。

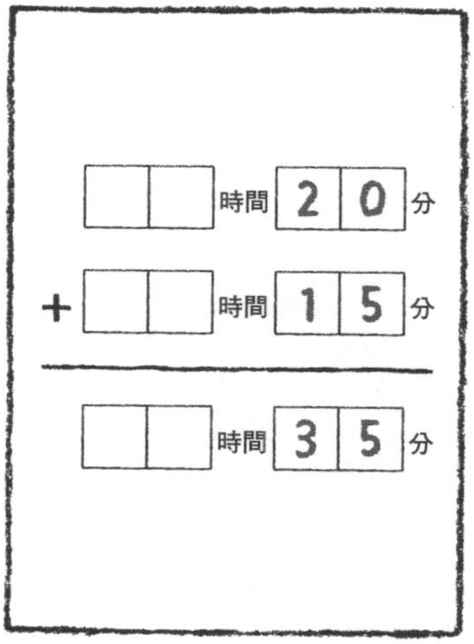

時間 2 0 分
＋ 時間 1 5 分
時間 3 5 分

答え

①「答えを読んでください」と言います。
②子どもが「35分」と言います。
③「そうだね。横書きの式に計算の答えを書きましょう」と言います。
④子どもが横書きの式に「35分」と書きます。
⑤「そうだね」「式の下に答えを書きましょう」「何分ですかと聞かれているから、『分』をつけて答えます」と言います。
⑥子どもが［答え］のところに「35分」と書きます。
⑦「そうだね。式と答えを続けて読みましょう」と言います。
⑧子どもが式と答えを続けて読みます。
「20分＋15分＝35分　答え35分」
⑨「よくできました」と言ってほめます。

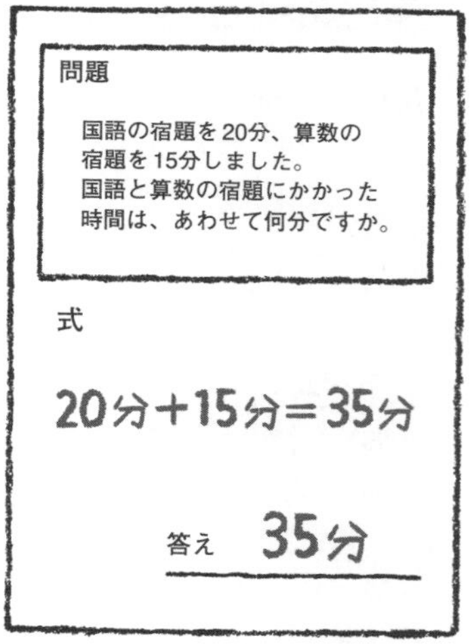

問題
国語の宿題を20分、算数の宿題を15分しました。
国語と算数の宿題にかかった時間は、あわせて何分ですか。
式
20分＋15分＝35分
答え 35分

模型の時計の針を動かす

①模型の時計を12時に合わせておきます。

②「これは12時です」「国語の宿題を20分したから、ここから、20分、針を動かします。よく見ててね」と言います。
③長針を1の目盛まで動かして「5分」、2の目盛まで動かして「10分」、3の目盛まで動かして「15分」、4の目盛まで動かして「20分」と言います。
④「算数の宿題を15分したから、ここから15分、針を動かすよ」と言い、長針を5の目盛まで動かして「5分。あわせて25分だね」、6の目盛まで動かして「10分。あわせて30分だね」、7の目盛まで動かして「15分。あわせて35分だね」と言います。
⑤「20分と15分、あわせて35分です」と言います。
＊先に模型の時計を動かしてから式を立てた方がわかりやすい子どもがいます。
その場合は、先に模型の時計の針を動かす学習をしてから式を立てるとよいでしょう。

たし算　例題2

> 友だちと、公園で1時間、家で30分遊びました。
> 友だちと遊んだ時間は、あわせて何時間何分ですか。

式を立てる

①問題を書いた用紙を呈示し、子どもが指さししながら問題をゆっくり読みます。
②「友達と公園で遊んだのは何時間ですか？」と聞きます。
③子どもが「1時間」と答えます。
④「そうだね」「家で遊んだのは何分ですか？」と聞きます。
⑤子どもが「30分」と答えます。
⑥「そうだね」「『友達と遊んだ時間は、あわせて何時間何分ですか』だから、なに算ですか？」と聞きます。
⑦子どもが「たし算」と答えます。
＊子どもが迷ったりわからなかったりするときは、待たずに「たし算です」と言って教えます。間違えさせないようにすることが大切です。
⑧「式を言いましょう。『時間』と『分』をつけて言ってください」と言います。
⑨子どもが「1時間＋30分」と言います。
⑩「そうだね。では、書いてみましょう」と言って、式を書く場所を指さしします。
⑪子どもが「1時間＋30分＝」と書きます。
⑫「読んでみましょう」と言って、子どもが指さししながら読みます。

筆算の式で計算する

①「筆算の式に書きましょう」と言います。
②指導者が被加数の「□□時間」のところを指さしして「ここに1と書いてください」、「□□分」のところを指さしして「ここに0、0と書いてください」と言います。加数の「□□分」のところを指さしして「ここに30と書いてください」と言います。子どもが書きます。

③「計算しましょう。『分』の１の位から計算します」と言います。
④「『分』の１の位の計算は何ですか？」と聞きます。
⑤子どもが「０＋０」と言います。
⑥「そうだね」「『分』１の位の答えは何ですか？」と聞きます。
⑦子どもが「０」と答えます。
⑧「そうだね。書いてください」と言い、子どもが「分」の１の位の答えのマス目に「０」と書きます。
⑨「分」の10の位の計算も同様に行います。
⑩「時間」の計算も、「分」と同様に行います。

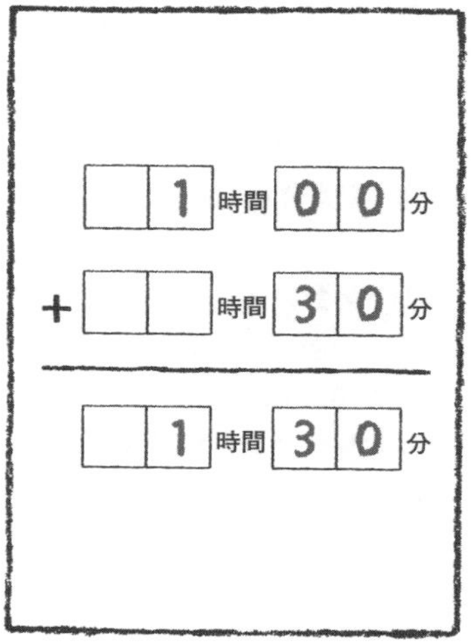
1 時間 0 0 分
+ 時間 3 0 分
1 時間 3 0 分

答え

①「答えを読んでください」と言います。
②子どもが「１時間30分」と言います。
③「そうだね。横書きの式に計算の答えを書きましょう」と言います。
④子どもが横書きの式に「１時間30分」と書きます。
⑤「そうだね。式の下に答えを書きましょう」と言います。
⑥子どもが［答え］のところに「１時間30分」と書きます。
⑦「そうだね。式と答えを続けて読みましょう」と言います。
⑧子どもが式と答えを続けて読みます。
「１時間＋30分＝１時間30分　答え１時間30分」
⑨「よくできました」と言ってほめます。

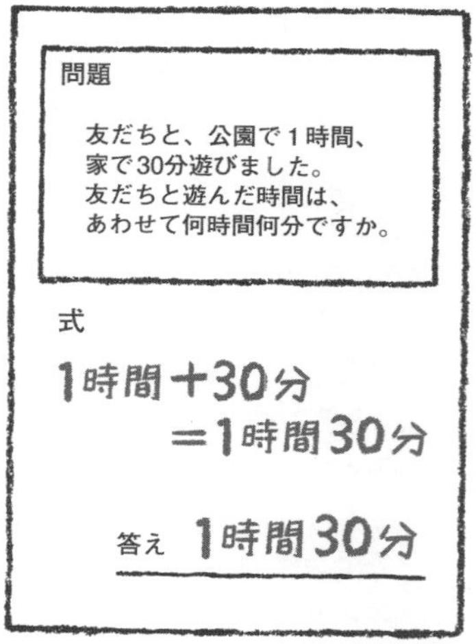
問題
友だちと、公園で１時間、
家で30分遊びました。
友だちと遊んだ時間は、
あわせて何時間何分ですか。
式
1時間＋30分
＝1時間30分
答え　1時間30分

模型の時計の針を動かす

①模型の時計を12時に合わせておきます。
②「これは12時です」「公園で１時間遊んだから、ここから、１時間、針を動かすよ」と言って、長針を12の目盛から１周回します。「短い針が１のところまで動いたから、１時間だね」と言います。
③「家で30分遊んだから、ここから、30分、針を動かすよ」と言い、長針を６の目盛まで動かして「30分」と言います。
＊この方法でわからない場合は、長針を１の目盛まで動かして「５分」、２の目盛まで動かして「10分」、３の目盛まで動かして「15分」……６の目盛まで動かして「30分」と学習するとよいでしょう。
④「１時間と30分、あわせて１時間30分だね」と言います。

たし算　例題3

> おばあちゃんの家に行くのに、電車に50分、
> バスに25分乗りました。
> 乗り物に乗っていた時間は、あわせて何時間何分ですか。

式を立てる

①問題を書いた用紙を呈示し、子どもが指さししながら問題をゆっくり読みます。
②「電車に乗ったのは何分ですか？」と聞きます。
③子どもが「50分」と答えます。
④「そうだね」「バスに乗ったのは何分ですか？」と聞きます。
⑤子どもが「25分」と答えます。
⑥「そうだね」「『乗り物に乗っていた時間は、あわせて何時間何分ですか』だから、なに算ですか？」と聞きます。
⑦子どもが「たし算」と答えます。
＊子どもが迷ったりわからなかったりするときは、待たずに「たし算です」と言って教えます。間違えさせないようにすることが大切です。
⑧「式を言いましょう。『分』をつけて言ってください」と言います。
⑨子どもが「50分＋25分」と言います。
⑩「そうだね。では、書いてみましょう」と言って、式を書く場所を指さしします。
⑪子どもが「50分＋25分＝」と書きます。
⑫「読んでみましょう」と言って、子どもが指さししながら読みます。

筆算の式で計算する

①「筆算の式に書きましょう」と言います。
②指導者が被加数の「□□分」のところを指さしして「ここに50と書いてください」、加数の「□□分」のところを指さしして「ここに25と書いてください」と言い、子どもが書きます。
③「計算しましょう。1の位から計算します」と言います。
④「1の位の計算は何ですか？」と聞きます。
⑤子どもが「0＋5」と言います。
⑥「そうだね」「1の位の答えは何ですか？」と聞きます。
⑦子どもが「5」と答えます。
⑧「そうだね。書いてください」と言い、子どもが「分」の1の位の答えのマス目に「5」と書きます。
⑨「10の位の計算は何ですか？」と聞きます。
⑩子どもが「5＋2」と答えます。
⑪「そうだね」「5＋2は？」と聞きます。
⑫子どもが「7」と答えます。
⑬「そうだね」「70分の中に1時間があるので、『時間』に1繰り上がります」「1時間は60分だから、7－6＝1だね」「10の位の答えは？」と言います。

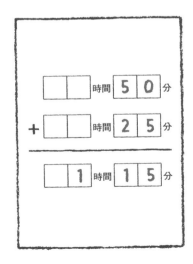

	□	□	時間	5	0	分
＋	□	□	時間	2	5	分
	□	1	時間	1	5	分

⑭子どもが「１」と答えます。

⑮「そうだね。書いてください」と言い、子どもが「分」の10の位の答えのマス目に「１」と書きます。

⑯「時間の１の位に１繰り上がったので、時間の１の位の答えのところに『１』と書いてください」と言います。

＊通常の繰り上がりのたし算とは違い、60分で１繰り上がることを教えます。

⑰子どもが「時間」の１の位の答えのマス目に「１」と書きます。

答え

①「答えを読んでください」と言います。

②子どもが「１時間15分」と言います。

③「そうだね。横書きの式に計算の答えを書きましょう」と言います。

④子どもが横書きの式に「１時間15分」と書きます。

⑤「そうだね。式の下に答えを書きましょう」と言います。

⑥子どもが答えのところに「１時間15分」と書きます。

⑦「そうだね。式と答えを続けて読みましょう」と言います。

⑧子どもが式と答えを続けて読みます。
「50分＋25分＝１時間15分　答え１時間15分」

⑨「よくできました」と言ってほめます。

問題
おばあちゃんの家に行くのに、
電車に50分、バスに25分
乗りました。
乗り物に乗っていた時間は、
あわせて何時間何分ですか。

式
50分＋25分
＝1時間15分

答え　1時間15分

模型の時計の針を動かす

①模型の時計を12時に合わせておきます。

②「これは12時です」「電車に50分乗ったから、ここから、50分、針を動かすよ」と言います。

③長針を２の目盛まで動かして「10分」、４の目盛まで動かして「20分」……10の目盛まで動かして「50分」と言います。

④「バスに25分乗ったから、ここから、25分、針を動かすよ」と言います。

⑤長針を10の目盛から12の目盛まで動かして「10分。あわせて60分だね。60分は１時間だから、ここで１時間です」、２の目盛まで動かして「20分。１時間10分だね」、「あと５分だから、３の目盛まで動かすよ」と言って、３の目盛まで動かして「25分。あわせて１時間15分だね」と言います。

⑥「50分と25分、あわせて１時間15分です」と言います。

（2）ひき算

教材
- 「1 時計の学習に入るために」（9ページ）の教材と同様の模型の時計
- 問題を書いた用紙。下に「式」「答え」と書いておきます。（下図左参照）
- 筆算の枠を書いた用紙（下図右参照）

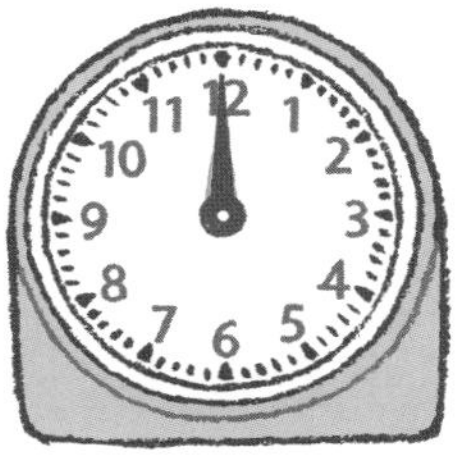

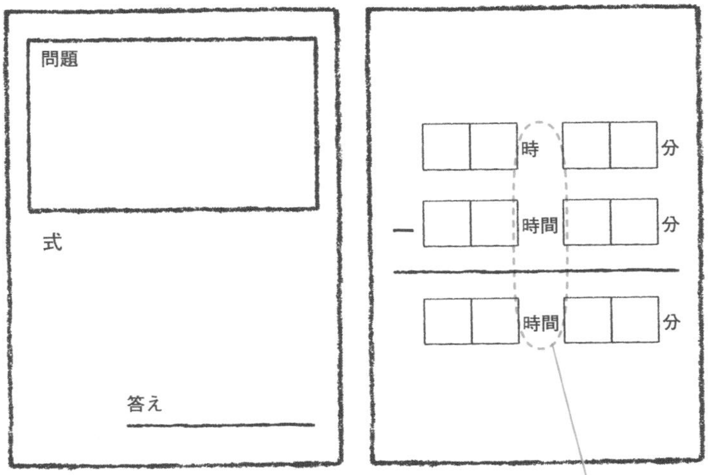

問題によって「時」と「時間」を使い分けるようにします。

方法とことばかけ

ひき算　例題1

> 大そうじを始めたのが1時で、終わったのが3時でした。
> 大そうじにかかった時間は、何時間ですか。

式を立てる

①問題を書いた用紙を呈示し、子どもが指さししながら問題をゆっくり読みます。
②「終わったのは何時ですか？」と聞きます。
③子どもが「3時」と答えます。
④「そうだね」「大そうじを始めたのは、何時ですか？」と聞きます。
⑤子どもが「1時」と答えます。
⑥「そうだね」「『大そうじにかかった時間』を聞いているから、なに算ですか？」と聞きます。
⑦子どもが「ひき算」と答えます。
＊子どもが迷ったりわからなかったりするときは、待たずに「ひき算です」と言って教えます。間違えさせないようにすることが大切です。
⑧「式を言いましょう。終わった時刻から、始めた時刻を引きます。『時』をつけて式を言ってください」と言います。

⑨子どもが「3時－1時」と言います。

＊初めてひき算に入ったので、難しいです。子どもが迷ったりわからなかったりするときは、待たずに「3時－1時です」と言って教えます。間違えさせないようにすることが大切です。

⑩「そうだね。では、書いてみましょう」と言って、式を書く場所を指さしします。

⑪子どもが「3時－1時＝」と書きます。

⑫「読んでみましょう」と言って、子どもが指さししながら読みます。

筆算の式で計算する

①「筆算の式に書きましょう」と言います。

②指導者が被減数の「□□時」のところを指さしして「ここに3と書いてください」、「□□分」のところを指さしして「ここに0、0と書いてください」、減数の「□□時」のところを指さしして「ここに1と書いてください」、「□□分」のところを指さしして「ここに0、0と書いてください」と言い、子どもが書きます。

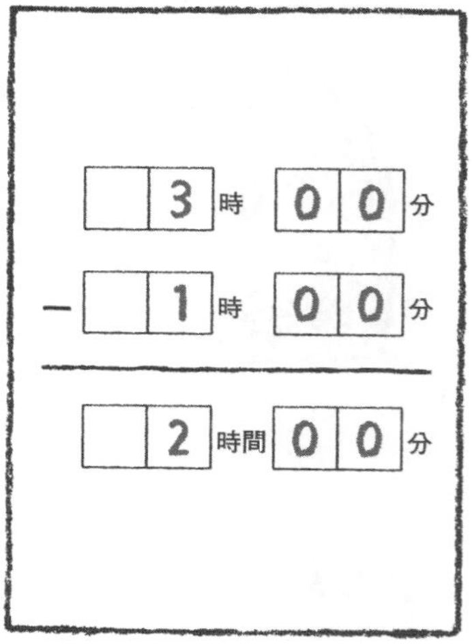

3 時 0 0 分
－ 1 時 0 0 分
2 時間 0 0 分

③「計算しましょう。『分』の1の位から計算します」と言います。

④被減数の「分」のところを指さしして「『分』の1の位の計算は何ですか？」と聞きます。

⑤子どもが「0－0」と言います。

⑥「そうだね」「『分』の1の位の答えは何ですか？」と聞きます。

⑦子どもが「0」と答えます。

⑧「そうだね。書いてください」と言い、子どもが「分」の1の位の答えのマス目に「0」と書きます。

⑨「分」の10の位の計算も同様に行います。

⑩「時」の1の位の計算も、「分」と同様に行います。

答え

①「答えを読んでください」と言います。

②子どもが「2時間」と言います。

③「そうだね。横書きの式に計算の答えを書きましょう。『時間』をつけて書いてください」と言います。

④子どもが横書きの式に「2時間」と書きます。

⑤「そうだね。式の下に答えを書きましょう」と言います。

⑥子どもが答えのところに「2時間」と書きます。

⑦「そうだね。式と答えを続けて読みましょう」と言います。

⑧子どもが式と答えを続けて読みます。

「3時－1時＝2時間　答え2時間」

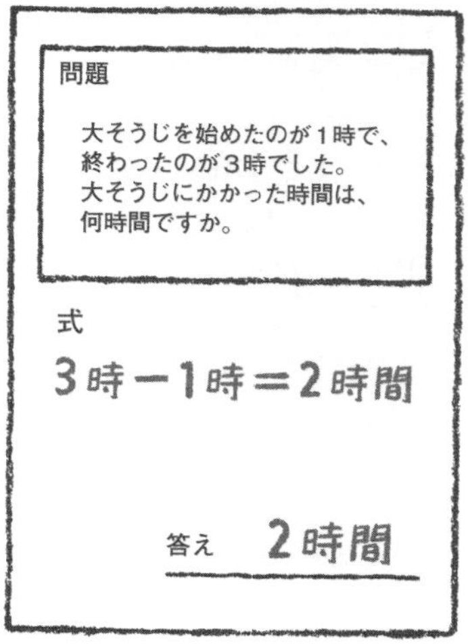

問題
大そうじを始めたのが1時で、
終わったのが3時でした。
大そうじにかかった時間は、
何時間ですか。
式
3時－1時＝2時間
答え 2時間

⑨「よくできました」と言ってほめます。

＊時間の計算のひき算では、この例題のように、式の単位と答えの単位が違うことがあります。子どもが混乱しないように「ここは、『時』をつけるよ」「ここは、『時間』をつけるよ」と先に教えるようにしましょう。

模型の時計の針を動かす

①模型の時計を１時に合わせておきます。
②「これは、１時です。大掃除を始めた時間だね」と言います。
③「終わったのが３時だから、ここから３時まで動かすよ」と言って、長針を１周回して「今、２時だね、これで１時間」、もう１周回して「３時になったね、これで２時間です」と言います。

ひき算　例題２

> 今は８時です。８時10分に家を出て学校に行きます。
> 家を出るまでに、あと何分ありますか。

式を立てる

①問題を書いた用紙を呈示し、子どもが指さししながら問題をゆっくり読みます。
②「家を出て学校へ行くのは何時何分ですか？」と聞きます。
③子どもが「８時10分」と答えます。
④「そうだね」「今は、何時ですか？」と聞きます。
⑤子どもが「８時」と答えます。
⑥「そうだね」「『家を出るまでの時間』を聞いているから、なに算ですか？」と聞きます。
⑦子どもが「ひき算」と答えます。

＊子どもが迷ったりわからなかったりするときは、待たずに「ひき算です」と言って教えます。間違えさせないようにすることが大切です。

⑧「式を言いましょう。家を出る時刻から、今の時刻を引きます。『時』をつけて式を言ってください」と言います。
⑨子どもが「８時10分－８時」と言います。
⑩「そうだね。では、書いてみましょう」と言って、式を書く場所を指さしします。
⑪子どもが「８時10分－８時＝」と書きます。
⑫「読んでみましょう」と言って、子どもが指さししながら読みます。

筆算の式で計算する

①「筆算の式に書きましょう」と言います。

②指導者が被減数の「□□時」のところを指さしして「ここに８と書いてください」、「□□分」のところを指さしして「ここに10と書いてください」、減数の「□□時」のところを指さしして「ここに８時と書いてください」、「□□分」のところを指さしして「ここに０、０と書いてください」と言い、子どもが書きます。

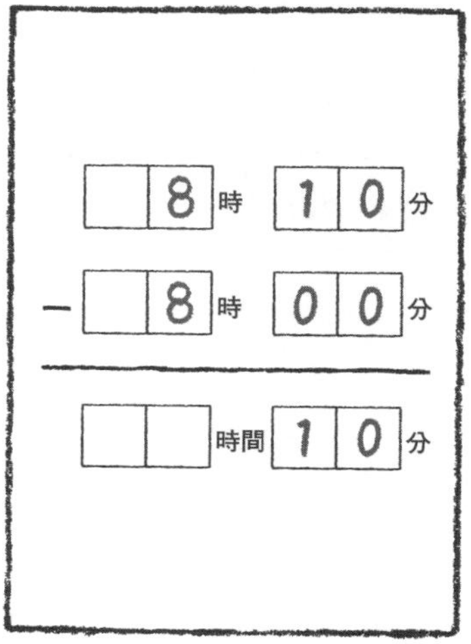

8 時 10 分
− 8 時 00 分
時間 10 分

③「計算しましょう。『分』の１の位から計算します」と言います。

④被減数の「分」のところを指さしして「『分』の１の位の計算は何ですか？」と聞きます。

⑤子どもが「０－０」と言います。

⑥「そうだね」「『分』の１の位の答えは何ですか？」と聞きます。

⑦子どもが「０」と答えます。

⑧「そうだね。書いてください」と言い、子どもが「分」の１の位の答えのマス目に「０」と書きます。

⑨「分」の10の位の計算も同様に行います。

⑩「時」の１の位の計算も、「分」と同様に行います。

答え

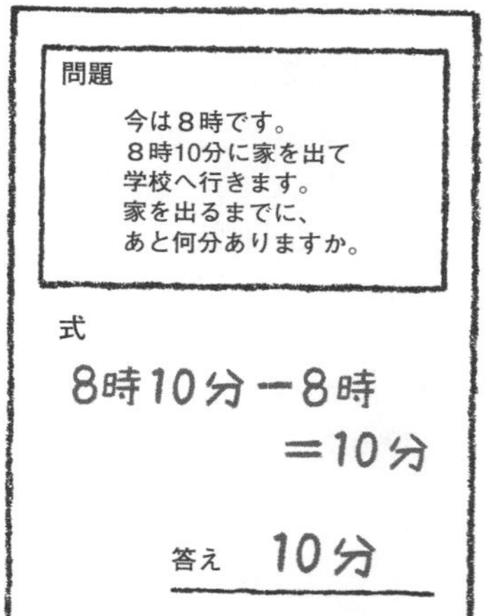

問題
今は８時です。
８時10分に家を出て
学校へ行きます。
家を出るまでに、
あと何分ありますか。
式
8時10分－8時
＝10分
答え 10分

①「答えを読んでください」と言います。

②子どもが「10分」と言います。

③「そうだね。横書きの式に計算の答えを書きましょう。『分』をつけて書いてください」と言います。

④子どもが横書きの式に「10分」と書きます。

⑤「そうだね。式の下に答えを書きましょう」と言います。

⑥子どもが答えのところに「10分」と書きます。

⑦「そうだね。式と答えを続けて読みましょう」と言います。

⑧子どもが式と答えを続けて読みます。
「８時10分－８時＝10分　答え10分」

⑨「よくできました」と言ってほめます。

模型の時計の針を動かす

①模型の時計を８時に合わせて呈示します。

②「これは何時ですか？」と聞きます。

③子どもが「８時」と答えます。

④「そうだね。８時だね」と言います。

⑤「家を出るのが８時10分だから、長い針を２まで動かすよ」と言って、長針を２まで動かします。「８時10分だね。８時から、10分たちました」と言います。

ひき算　例題３

散歩に出発したのが３時50分でした。散歩から帰ってきたのは４時15分です。散歩をしていたのは、何分ですか。

式を立てる

①問題を書いた用紙を呈示し、子どもが指さししながら問題をゆっくり読みます。
②「散歩から帰ってきたのは何時何分ですか？」と聞きます。
③子どもが「４時15分」と答えます。
④「そうだね」「散歩に出発したのは、何時何分ですか？」と聞きます。
⑤子どもが「３時50分」と答えます。
⑥「そうだね」「『散歩をしていた時間』を聞いているから、なに算ですか？」と聞きます。
⑦子どもが「ひき算」と答えます。
＊子どもが迷ったりわからなかったりするときは、待たずに「ひき算です」と言って教えます。間違えさせないようにすることが大切です。
⑧「式を言いましょう。帰ってきた時刻から、出発した時刻を引きます。『時』と『分』をつけて式を言ってください」と言います。
⑨子どもが「４時15分－３時50分」と言います。
⑩「そうだね。では、書いてみましょう」と言って、式を書く場所を指さしします。
⑪子どもが「４時15分－３時50分＝」と書きます。
⑫「読んでみましょう」と言って、子どもが指さししながら読みます。

筆算の式で計算する

①「筆算の式に書きましょう」と言います。
②指導者が被減数の「□□時」のところを指さしして「ここに４と書いてください」、「□□分」のところを指さしして「ここに15と書いてください」、減数の「□□時」のところを指さしして「ここに３と書いてください」、「□□分」のところを指さしして「ここに50と書いてください」と言い、子どもが書きます。
③「計算しましょう。『分』の１の位から計算します」と言います。
④被減数の「分」のところを指さしして「『分』の１の位の計算は何ですか？」と聞きます。
⑤子どもが「５－０」と言います。
⑥「そうだね」「『分』の1の位の答えは何ですか？」と聞きます。
⑦子どもが「５」と答えます。
⑧「そうだね。書いてください」と言い、子どもが「分」の１の位の答えのマス目に「５」と書きます。
⑨「『分』の10の位の計算は何ですか？」と聞きます。
⑩子どもが「１－５」と答えます。

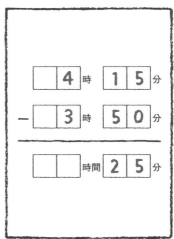

		4	時	1	5	分
－		3	時	5	0	分
			時間	2	5	分

⑪「そうだね」「1から5がひけないので、『時』から、『分』の10の位に1持ってきます。1時間は60分だから、『分』のところに来たら10の位は6になります」と言います。
＊通常の繰り下がりのひき算とは違い、1繰り下がると60分になることを教えます。
⑫被減数の「分」の10の位を指さしして「6＋1は？」と聞きます。
⑬子どもが「7」と答えます。
⑭「そうだね」「7－5は？」と聞きます。
⑮子どもが「2」と答えます。
⑯「そうだね」「『分』の10の位の答えは？」と聞きます。
⑰子どもが「2」と答えます。
⑱「そうだね。書きましょう」と言い、子どもが「分」の10の位の答えのマス目に「2」と書きます。
⑲被減数の「時」のところを指さしして「『分』に1繰り下がったから、残りは？」と言います。
⑳子どもが「3」と答えます。
㉑「そうだね」「3－3は？」と言います。
㉒子どもが「0」と答えます。
㉓「そうだね」「これは書きません」と言います。

答え

①「答えを読んでください」と言います。
②子どもが「25分」と言います。
③「そうだね」「横書きの式に計算の答えを書きましょう。『分』をつけて書いてください」と言います。
④子どもが横書きの式に「25分」と書きます。
⑤「そうだね」「式の下に答えを書きましょう」と言います。
⑥子どもが答えのところに「25分」と書きます。
⑦「そうだね」「式と答えを続けて読みましょう」と言います。
⑧子どもが式と答えを続けて読みます。
「4時15分－3時50分＝25分　答え25分」
⑨「よくできました」と言ってほめます。

問題
散歩に出発したのが
3時50分でした。
散歩から帰ってきたのは
4時15分です。
散歩をしていたのは、何分ですか。

式
4時15分－3時50分
＝25分

答え　25分

模型の時計の針を動かす

①模型の時計を3時50分に合わせて呈示します。
②「これは、何時何分ですか？」と聞きます。
③子どもが「3時50分」と答えます。
④「そうだね、3時50分。家を出た時間だね」
⑤「帰ってきたのが4時15分だから、ここから長い針を3まで動かして、4時15分をつくるよ」と言います。
⑥長針を11の目盛まで動かして「5分」、12の目盛まで動かして「10分」、1の目盛まで動かして「15分」、2の目盛まで動かして「20分」、3の目盛まで動かして「25分です」と言います。

時刻の計算

（1）たし算

教材　・「1 時計の学習に入るために」（9ページ）の教材と同様の模型の時計
・問題を書いた用紙。下に「式」「答え」と書いておきます。（下図左参照）
・筆算の枠を書いた用紙（下図右参照）

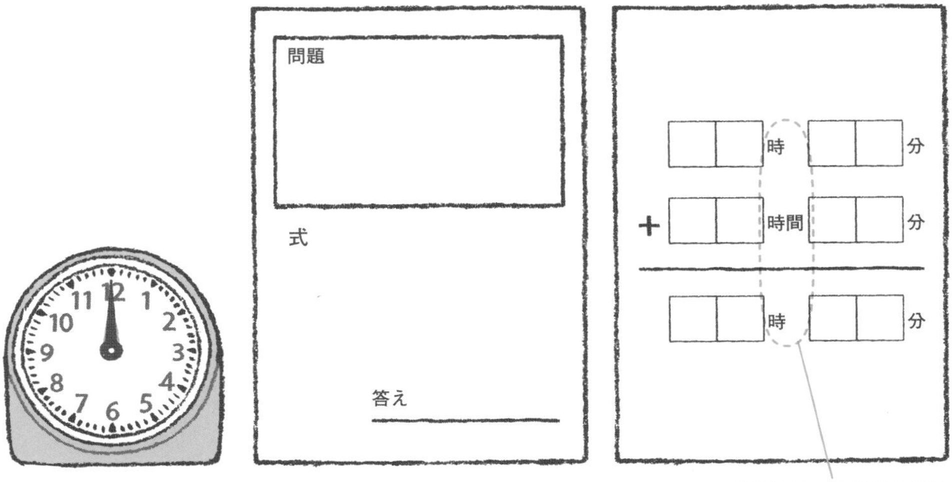

問題によって「時」と「時間」を使い分けるようにします。

方法とことばかけ

たし算　例題1

> 宿題を４時10分から始めました。20分かかりました。
> 宿題が終わったのは、何時何分ですか。

式を立てる

①問題を書いた用紙を呈示し、子どもが指さししながら問題をゆっくり読みます。
②「宿題を始めたのは何時何分ですか」と聞きます。
③子どもが「４時10分」と答えます。
④「そうだね」「宿題に何分かかりましたか」と聞きます。
⑤子どもが「20分」と答えます。
⑥「そうだね」「『４時10分から20分たった時刻』を聞いているから、何算ですか？」と聞きます。
⑦子どもが「たし算」と答えます。

＊子どもが迷ったりわからなかったりするときは、待たずに「たし算です」と言って教えます。間違えさせないようにすることが大切です。

⑧「式を言いましょう。『時』と『分』をつけて言ってください」と言います。
⑨子どもが「４時10分＋20分」と言います。
⑩「そうだね」「では、書いてみましょう」と言って、式を書く場所を指さしします。
⑪子どもが「４時10分＋20分＝」と書きます。
⑫「読んでみましょう」と言って、子どもが指さししながら読みます。

筆算の式で計算する

①「筆算の式に書きましょう」と言います。
②指導者が被加数の「□□時」のところを指さしして「ここに４と書いてください」、「□□分」のところを指さしして「ここに10と書いてください」、加数の「□□分」のところを指さしして「ここに20と書いてください」と言い、子どもが書きます。
③「計算しましょう。『分』の１の位から計算します」と言います。
④「１の位の計算は何ですか？」と聞きます。
⑤子どもが「０＋０」と言います。
⑥「そうだね」「１の位の答えは何ですか？」と聞きます。
⑦子どもが「０」と答えます。
⑧「そうだね。書いてください」と言い、子どもが「分」の１の位の答えのマス目に「０」と書きます。
⑨「10の位の計算は何ですか？」と聞きます。
⑩子どもが「１＋２」と答えます。
⑪「そうだね」「１＋２は？」と聞きます。
⑫子どもが「３」と答えます。
⑬「そうだね。書いてください」と言い、子どもが「分」の10の位の答えのマス目に「３」と書きます。
⑭「時」の計算も、「分」と同様に行います。

答え

①「答えを読んでください」と言います。
②子どもが「４時30分」と言います。
③「そうだね」「横書きの式に計算の答えを書きましょう」と言います。
④子どもが横書きの式に「４時30分」と書きます。
⑤「そうだね」「式の下に答えを書きましょう」と言います。
⑥子どもが答えのところに「４時30分」と書きます。
⑦「そうだね。式と答えを続けて読みましょう」と言います。
⑧子どもが式と答えを続けて読みます。「４時10分＋20分＝４時30分　答え４時30分」
⑨「よくできました」と言ってほめます。

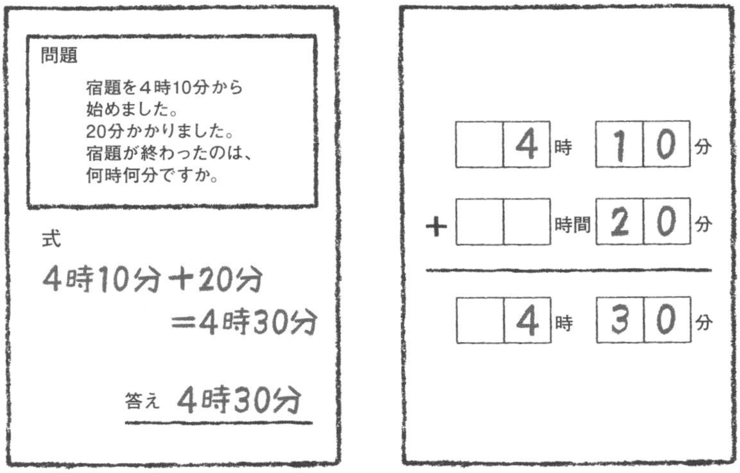
問題
宿題を4時10分から
始めました。
20分かかりました。
宿題が終わったのは、
何時何分ですか。
式
4時10分＋20分
＝4時30分
答え 4時30分
4 時 1 0 分
＋ 時間 2 0 分
4 時 3 0 分

模型の時計の針を動かす

①模型の時計を４時10分に合わせておきます。
②「これは、何時何分ですか？」と聞きます。
③子どもが「４時10分」と答えます。
④「そうだね」「４時10分の20分後だから、ここから、長い針を20分、動かすよ」と言い、長針を６の目盛まで動かして「20分」と言います。
＊この方法でわからない場合は、長針を３の目盛まで動かして「５分」、４の目盛まで動かして「10分」……６の目盛まで動かして「20分」と学習するとよいでしょう。
⑤「何時何分になりましたか？」と聞きます。
⑥子どもが「４時30分」と答えます。
⑦「そうだね。計算と同じになったね」と言います。

たし算　例題２

２時半の30分後（あと）は、何時ですか。

式を立てる

①問題を書いた用紙を呈示し、子どもが指さししながら問題をゆっくり読みます。
②「『２時半の30分後（あと）の時刻』だから、何算ですか？」と聞きます。
③子どもが「たし算」と答えます。
＊子どもが迷ったりわからなかったりするときは、待たずに「たし算です」と言って教えます。間違えさせないようにすることが大切です。
④「『２時半』は、２時何分ですか？」と聞きます。
⑤子どもが「２時30分です」と答えます。
⑥「そうだね。計算するときは、２時30分に直して考えましょう」と言います。

⑦「式を言いましょう。『時』と『分』をつけて言ってください」と言います。
⑧子どもが「２時30分＋30分」と言います。
⑨「そうだね。では、書いてみましょう」と言って、式を書く場所を指さしします。
⑩子どもが「２時30分＋30分＝」と書きます。
⑪「読んでみましょう」と言って、子どもが指さししながら読みます。

筆算の式で計算する

①「筆算の式に書きましょう」と言います。
②指導者が被加数の「□□時」のところを指さしして「ここに２と書いてください」、「□□分」のところを指さしして「ここに30と書いてください」、加数の「□□分」のところを指さしして「ここに30と書いてください」と言い、子どもが書きます。
③「計算しましょう。『分』の１の位から計算します」と言います。
④「１の位の計算は何ですか？」と聞きます。
⑤子どもが「０＋０」と言います。
⑥「そうだね」「１の位の答えは何ですか？」と聞きます。
⑦子どもが「０」と答えます。
⑧「そうだね。書いてください」と言い、子どもが「分」の１の位の答えのマス目に「０」と書きます。
⑨「10の位の計算は何ですか？」と聞きます。
⑩子どもが「３＋３」と答えます。
⑪「そうだね」「３＋３は？」と聞きます。
⑫子どもが「６」と答えます。
⑬「そうだね」「60分は１時間だから、『時』に１繰り上がります」「６－６＝０だね」「10の位の答えは？」と言います。
＊通常の繰り上がりのたし算とは違い、60分で１繰り上がることを教えます。
⑭子どもが「０」と答えます。
⑮「そうだね。書いてください」と言い、子どもが「分」の10の位の答えのマス目に「０」と書きます。
⑯「『時』の１の位に１繰り上がったので、１＋２は？」と聞きます。
⑰子どもが「３」と答えます。
⑱「そうだね。『時』の１の位の答えのところに『３』と書いてください」と言います。
⑲子どもが『時』の１の位の答えのマス目に「３」と書きます。

答え

①「答えを読んでください」と言います。
②子どもが「３時」と言います。
③「そうだね。『00分』は、読まなくていいね」「横書きの式に計算の答えを書きましょう」と言います。
④子どもが横書きの式に「３時」と書きます。
⑤「そうだね。式の下に答えを書きましょう」と言います。
⑥子どもが答えのところに「３時」と書きます。

⑦「そうだね。式と答えを続けて読みましょう」と言います。
⑧子どもが式と答えを続けて読みます。「２時30分＋30分＝３時　答え３時」
⑨「よくできました」と言ってほめます。

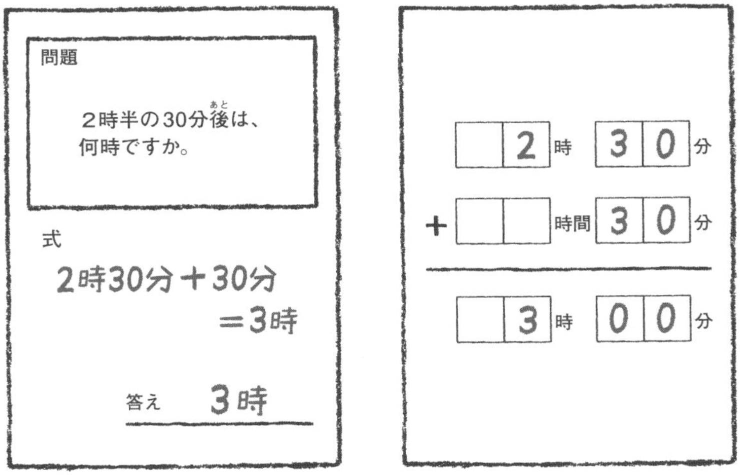

問題
２時半の30分後(あと)は、
何時ですか。
式
2時30分＋30分
＝3時
答え　3時
2 時 3 0 分
＋ 時間 3 0 分
3 時 0 0 分

模型の時計の針を動かす

①模型の時計を２時半に合わせておきます。
②「これは、何時何分ですか？」と聞きます。
③子どもが「２時30分」と答えます。
④「そうだね」「２時30分の30分後だから、ここから、長い針を30分、動かすよ」と言い、長針を12の目盛まで動かして「30分」と言います。
＊この方法でわからない場合は、長針を８の目盛まで動かして「10分」、10の目盛まで動かして「20分」、12の目盛まで動かして「30分」と学習するとよいでしょう。
⑥「何時になりましたか？」と聞きます。
⑦子どもが「３時」と答えます。
⑧「そうだね。計算と同じになったね」と言います。

たし算　例題３

サッカーの練習を１時45分に始めました。
１時間30分練習しました。
サッカーの練習が終わったのは、何時何分ですか。

式を立てる

①問題を書いた用紙を呈示し、子どもが指さししながら問題をゆっくり読みます。
②「サッカーの練習を始めたのは、何時何分ですか」と聞きます。
③子どもが「１時45分」と答えます。

④「そうだね」「何時間何分練習しましたか」と聞きます。
⑤子どもが「１時間30分」と答えます。
⑥「そうだね」「『サッカーの練習が終わった時刻』を聞いているから、何算ですか？」と聞きます。
⑦子どもが「たし算」と答えます。
＊子どもが迷ったりわからなかったりするときは、待たずに「たし算です」と言って教えます。間違えさせないようにすることが大切です。
⑧「式を言いましょう」と言います。
⑨子どもが「１時45分＋１時間30分」と言います。
⑩「そうだね。では、書いてみましょう」と言って、式を書く場所を指さしします。
⑪子どもが「１時45分＋１時間30分＝」と書きます。
⑫「読んでみましょう」と言って、子どもが指さししながら読みます。

筆算の式で計算する

①「筆算の式に書きましょう」と言います。
②指導者が被加数の「□□時」のところを指さしして「ここに１と書いてください」、「□□分」のところを指さしして「ここに45と書いてください」、加数の「□□時間」のところを指さしして「ここに１と書いてください」加数の「□□分」のところを指さしして「ここに30と書いてください」と言い、子どもが書きます。
③「計算しましょう。『分』の１の位から計算します」と言います。
④「１の位の計算は何ですか？」と聞きます。
⑤子どもが「５＋０」と言います。
⑥「そうだね」「１の位の答えは何ですか？」と聞きます。
⑦子どもが「５」と答えます。
⑧「そうだね。書いてください」と言い、子どもが「分」の１の位の答えのマス目に「５」と書きます。
⑨「10の位の計算は何ですか？」と聞きます。
⑩子どもが「４＋３」と答えます。
⑪「そうだね」「４＋３は？」と聞きます。
⑫子どもが「７」と答えます。
⑬「そうだね」「70分の中に１時間があるので、『時』に１繰り上がります」「１時間は60分だから、７－６＝１だね」「10の位の答えは？」と言います。
⑭子どもが「１」と答えます。
⑮「そうだね。書いてください」と言い、子どもが「分」の10の位の答えのマス目に「１」と書きます。
＊通常の繰り上がりのたし算とは違い、60分で１繰り上がることを教えます。
⑯「『時』の１の位に１繰り上がったので、１＋１は？」と聞きます。
⑰子どもが「２」と答えます。
⑱「そうだね」「２＋１は？」
⑲子どもが「３」と答えます。
⑳「そうだね。『時』の１の位の答えのところに『３』と書いてください」と言います。
㉑子どもが「時」の１の位の答えのマス目に「３」と書きます。

答え

①「答えを読んでください」と言います。
②子どもが「３時15分」と言います。
③「そうだね。横書きの式に計算の答えを書きましょう」と言います。
④子どもが横書きの式に「３時15分」と書きます。
⑤「そうだね。式の下に答えを書きましょう」と言います。
⑥子どもが答えのところに「３時15分」と書きます。
⑦「そうだね。式と答えを続けて読みましょう」と言います。
⑧子どもが式と答えを続けて読みます。「１時45分＋１時間30分＝３時15分　答え３時15分」
⑨「よくできました」と言ってほめます。

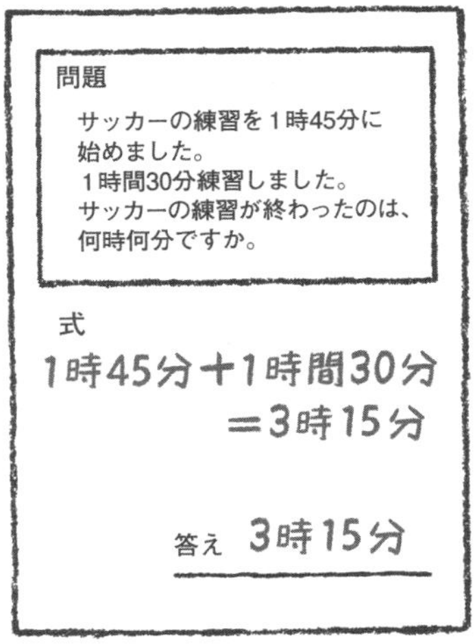
問題
サッカーの練習を１時45分に始めました。
１時間30分練習しました。
サッカーの練習が終わったのは、何時何分ですか。
式
1時45分＋1時間30分
＝3時15分
答え　3時15分

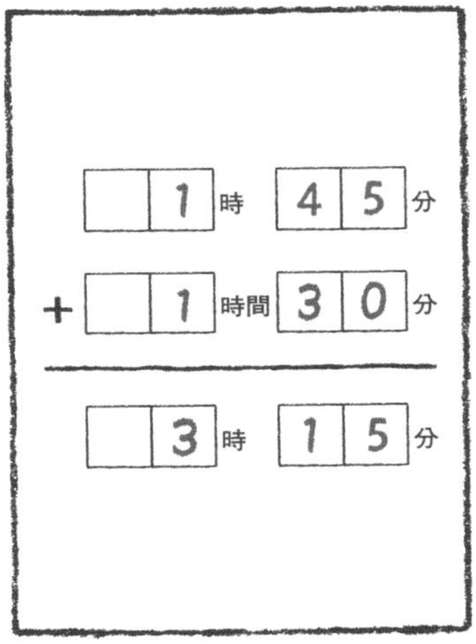
1 時 4 5 分
＋ 1 時間 3 0 分
3 時 1 5 分

模型の時計の針を動かす

①模型の時計を１時45分に合わせておきます。
②「これは、何時何分ですか？」と聞きます。
③子どもが「１時45分」と答えます。
④「そうだね」「１時45分の１時間30分後だから、ここから、長い針を１時間30分、動かすよ」「まず、１時間動かします」と言い、長針を９の目盛から一回りさせ「これで１時間」と言います。
⑤「あと30分動かします」と言い、長針を３の目盛まで動かして「これで30分」と言います。

＊この方法でわからない場合は、長針を11の目盛まで動かして「10分」、１の目盛まで動かして「20分」、３の目盛まで動かして「30分」と学習するとよいでしょう。

⑤「何時何分になりましたか？」と聞きます。
⑥子どもが「３時15分」と答えます。
⑦「そうだね。計算と同じになったね」と言います。

（2）ひき算

教 材　・「1 時計の学習に入るために」（9ページ）の教材と同様の模型の時計
・問題を書いた用紙。下に「式」「答え」と書いておきます。（下図左参照）
・筆算の枠を書いた用紙（下図右参照）

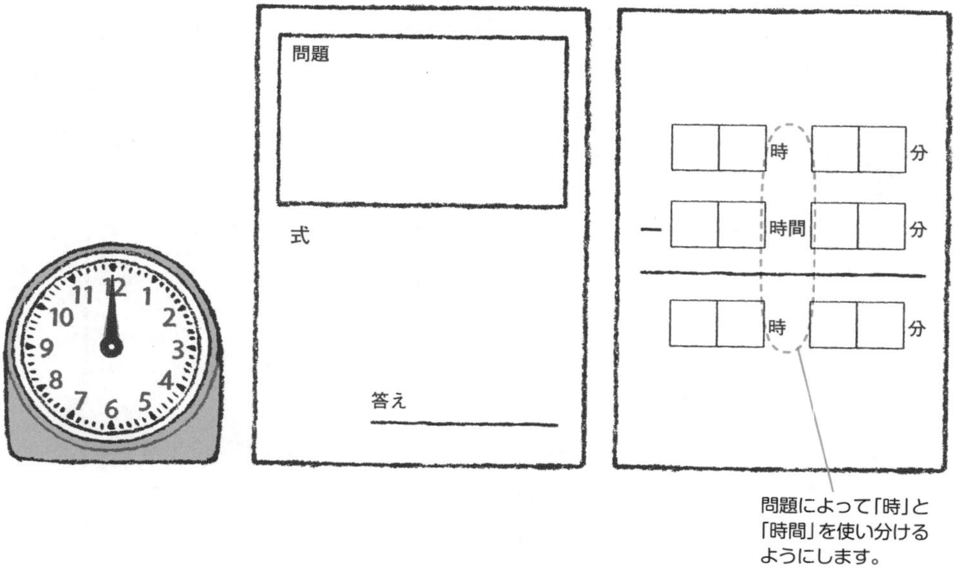

方法とことばかけ

ひき算　例題１

> ５時40分の20分前は、何時何分ですか。

式を立てる

①問題を書いた用紙を呈示し、子どもが指さししながら問題をゆっくり読みます。
②「『５時40分の20分前の時刻』だから、何算ですか？」と聞きます。
③子どもが「ひき算」と答えます。
＊子どもが迷ったりわからなかったりするときは、待たずに「ひき算です」と言って教えます。間違えさせないようにすることが大切です。
④「式を言いましょう」と言います。
⑤子どもが「５時40分－20分」と言います。
⑥「そうだね。では、書いてみましょう」と言って、式を書く場所を指さしします。
⑦子どもが「５時40分－20分＝」と書きます。
⑧「読んでみましょう」と言って、子どもが指さししながら読みます。

筆算の式で計算する

①「筆算の式に書きましょう」と言います。
②指導者が被減数の「□□時」のところを指さしして「ここに５と書いてください」、「□□分」のところを指さしして「ここに40と書いてください」、減数の「□□分」のところを指さしして「ここに20と書いてください」と言い、子どもが書きます。
③「計算しましょう。『分』の１の位から計算します」と言います。
④「１の位の計算は何ですか？」と聞きます。
⑤子どもが「０－０」と言います。
⑥「そうだね」「１の位の答えは何ですか？」と聞きます。
⑦子どもが「０」と答えます。
⑧「そうだね。書いてください」と言い、子どもが「分」の１の位の答えのマス目に「０」と書きます。
⑨「分」の10の位の計算も同様に行います。
⑩「時」の１の位の計算も、「分」と同様に行います。

答え

①「答えを読んでください」と言います。
②子どもが「５時20分」と言います。
③「そうだね。横書きの式に計算の答えを書きましょう」と言います。
④子どもが横書きの式に「５時20分」と書きます。
⑤「そうだね。式の下に答えを書きましょう」と言います。
⑥子どもが答えのところに「５時20分」と書きます。
⑦「そうだね。式と答えを続けて読みましょう」と言います。
⑧子どもが式と答えを続けて読みます。「５時40分－20分＝５時20分　答え５時20分」
⑨「よくできました」と言ってほめます。

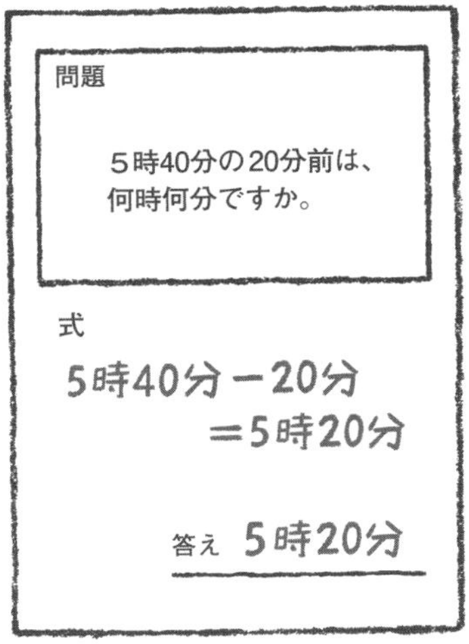

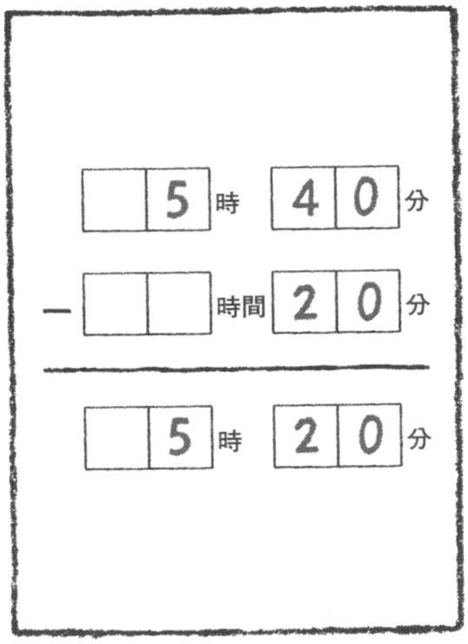

模型の時計の針を動かす

①模型の時計を５時40分に合わせておきます。
②「これは、何時何分ですか？」と聞きます。
③子どもが「５時40分」と答えます。
④「そうだね」「５時40分の20分前だから、ここから、長い針を20分、戻すよ」と言い、長針を８の目盛から４の目盛まで戻して「20分前です」と言います。
＊この方法でわからない場合は、長針を８の目盛から６の目盛まで戻して「10分」、４の目盛まで戻して「20分」と学習するとよいでしょう。
⑤「何時になりましたか？」と聞きます。
⑥子どもが「５時20分」と答えます。
⑦「そうだね。計算と同じになったね」と言いますす。

ひき算　例題２

> テレビを45分見ました。見終わった時刻は、９時でした。
> テレビを見始めた時刻は、何時何分ですか。

式を立てる

①問題を書いた用紙を呈示し、子どもが指さししながら問題をゆっくり読みます。
②「テレビを見終わった時刻は、何時ですか」と聞きます。
③子どもが「９時」と答えます。
④「そうだね」「テレビを何分見ましたか」と聞きます。
⑤子どもが「45分」と答えます。
⑥「そうだね」「『テレビを見始めた時刻』を聞いているから、何算ですか」と聞きます。
⑦子どもが「ひき算」と答えます。
＊子どもが迷ったりわからなかったりするときは、待たずに「ひき算です」と言って教えます。間違えさせないようにすることが大切です。
⑧「式を言いましょう」と言います。
⑨子どもが「９時－45分」と言います。
⑩「そうだね。では、書いてみましょう」と言って、式を書く場所を指さしします。
⑪子どもが「９時－45分＝」と書きます。
⑫「読んでみましょう」と言って、子どもが指さししながら読みます。

筆算の式で計算する

①「筆算の式に書きましょう」と言います。
②指導者が被減数の「□□時」のところを指さしして「ここに９と書いてください」、「□□分」のところを指さしして「ここに０、０と書いてください」、減数の「□□分」のところを指さしして「ここに45と書いてください」と言い、子どもが書きます。

③「計算しましょう。『分』の１の位から計算します」と言います。
④「１の位の計算は何ですか？」と聞きます。
⑤子どもが「０－５」と言います。
⑥「そうだね」「０から５はひけません。10の位も０なので、『時』の１の位から分の10の位に１持ってきます」「１持ってくると、１時間は60分なので、分の10の位が６になります」「６から分の１の位に１持ってきて、１の位の計算をします」「10－５＝５」「５＋０＝５」「分の１の位の答えは？」
⑦子どもが「５」と答えます。
⑧「そうだね。書いてください」と言い、子どもが「分」の１の位の答えのマス目に「５」と書きます。
＊通常の繰り下がりのひき算とは違い、１繰り下がると60分になることを教えます。
⑨「10の位の６から１繰り下がったので、ここ（分の被加数の10の位）は５です」「５－４＝１」「分の10の位の答えは？」と聞きます。
⑩子どもが「１」と答えます。
⑪「そうだね。書いてください」と言い、子どもが「分」の10の位の答えのマス目に「１」と書きます。
⑫「時」の１の位を指さしして、「９から１繰り下がったので、ここは８です」「８－０＝８」「『時』の１の位の答えは？」と聞きます。
⑬子どもが「８」と答えます。
⑭「そうだね。書いてください」と言い、子どもが「時」の１の位の答えのマス目に「８」と書きます。

答え

①「答えを読んでください」と言います。
②子どもが「８時15分」と言います。
③「そうだね。横書きの式に計算の答えを書きましょう」と言います。
④子どもが横書きの式に「８時15分」と書きます。
⑤「そうだね。式の下に答えを書きましょう」と言います。
⑥子どもが答えのところに「８時15分」と書きます。
⑦「そうだね。式と答えを続けて読みましょう」と言います。
⑧子どもが式と答えを続けて読みます。
「９時－45分＝８時15分
答え８時15分」
⑨「よくできました」と言ってほめます。

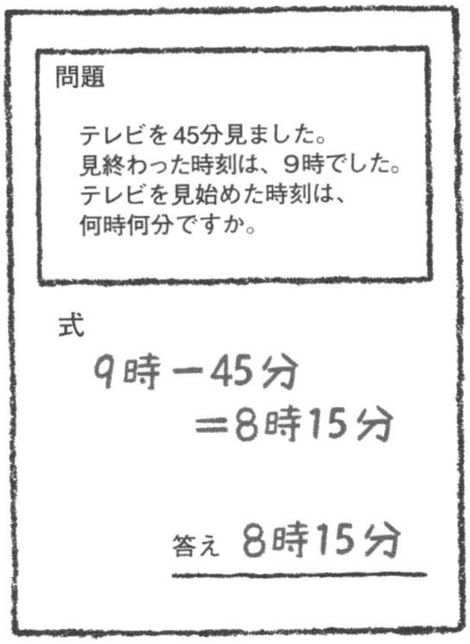

問題
テレビを45分見ました。
見終わった時刻は、9時でした。
テレビを見始めた時刻は、
何時何分ですか。
式
9時ー45分
＝8時15分
答え 8時15分

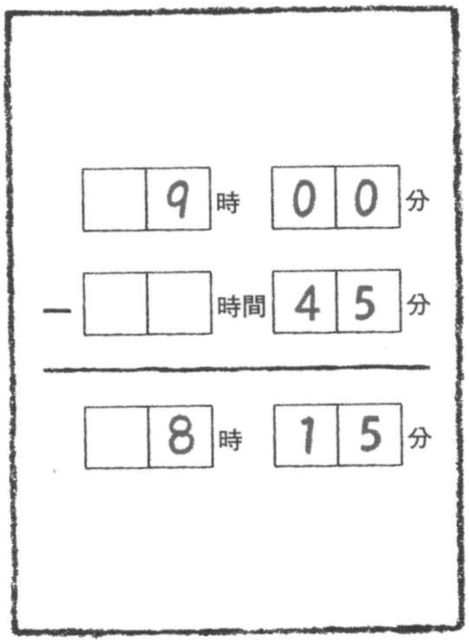

模型の時計の針を動かす

①模型の時計を９時に合わせておきます。
②「これは、何時何分ですか？」と聞きます。
③子どもが「９時」と答えます。
④「そうだね」「45分テレビを見たので、見始めた時刻にするには、ここから45分、長い針を戻すよ」と言い、長針を12の目盛から６の目盛まで戻して「30分」、「あと15分戻すよ」と言い、長針を３の目盛まで戻して「45分戻しました」と言います。
＊この方法でわからない場合は、長針を12の目盛から10の目盛まで戻して「10分」、８の目盛まで戻して「20分」……４の目盛まで戻して「40分」、３の目盛まで戻して「45分」と学習するとよいでしょう。
⑤「何時になりましたか？」と聞きます。
⑥子どもが「８時15分」と答えます。
⑦「そうだね。計算と同じになったね」と言います。

ひき算　例題３

遠足から学校に戻った時刻は３時10分でした。
学校を出てから戻るまでにかかった時間は６時間40分です。
学校を出発した時刻は何時何分ですか。

式を立てる

①問題を書いた用紙を呈示し、子どもが指さししながら問題をゆっくり読みます。
②「遠足から学校に戻った時刻は、何時何分ですか」と聞きます。
③子どもが「３時10分」と答えます。
④「そうだね」「学校を出てから戻るまでにかかった時間は何時間何分ですか」と聞きます。
⑤子どもが「６時間40分」と答えます。
⑥「そうだね」「『学校を出発した時刻』を聞いているから、何算ですか」と聞きます。
⑦子どもが「ひき算」と答えます。
＊子どもが迷ったりわからなかったりするときは、待たずに「ひき算です」と言って教えます。間違えさせないようにすることが大切です。
⑧「午後３時は、15時だね。計算するときは、15時に直してするよ」と言います。
＊午後３時が15時ということがわからない場合は、模型の時計を呈示して、12時、13時、14時、15時と針を動かしながら確認するとよいでしょう。
⑨「式を言いましょう」と言います。
⑩子どもが「15時10分－６時間40分」と言います。
⑪「そうだね」「では、書いてみましょう」と言って、式を書く場所を指さしします。
⑫子どもが「15時10分－６時間40分＝」と書きます。
⑬「読んでみましょう」と言って、子どもが指さししながら読みます。

筆算の式で計算する

①「筆算の式に書きましょう」と言います。
②指導者が被減数の「□□時」のところを指さしして「ここに15と書いてください」、「□□分」のところを指さしして「ここに10と書いてください」、減数の「□□時」のところを指さしして「ここに6と書いてください」「□□分」のところを指さしして「ここに40と書いてください」と言い、子どもが書きます。
③「計算しましょう。『分』の1の位から計算します」と言います。
④「1の位の計算は何ですか？」と聞きます。
⑤子どもが「0－0」と言います。
⑥「そうだね」「1の位の答えは？」と聞きます。
⑦子どもが「0」と答えます。
⑧「そうだね。書いてください」と言い、子どもが「分」の1の位の答えのマス目に「0」と書きます。
⑨「10の位の計算は何ですか？」と聞きます。
⑩子どもが「1－4」と答えます。
⑪「そうだね」「1から4はひけないので、『時』から1持ってきます」「分の10の位に1持ってくると、6になります」「6－4＝2」「2＋1＝3」「分の10の位の答えは？」
⑫子どもが「3」と答えます。
⑬「そうだね。書いてください」と言い、子どもが「分」の10の位の答えのマス目に「3」と書きます。
＊通常の繰り下がりのひき算とは違い、1繰り下がると60分になることを教えます。
⑭『時』の被減数の1の位を指さししながら「5から1繰り下がったので、ここは4です」「4から6はひけないので、10の位から1持ってきます」「10－6＝4」「4＋4＝8」「『時』の1の位の答えは？」と聞きます。
⑮子どもが「8」と答えます。
⑯「そうだね。書いてください」と言い、子どもが「時」の1の位の答えのマス目に「8」と書きます。

答え

①「答えを読んでください」と言います。
②子どもが「8時30分」と言います。
③「そうだね。横書きの式に計算の答えを書きましょう」と言います。
④子どもが横書きの式に「8時30分」と書きます。
⑤「そうだね。式の下に答えを書きましょう」と言います。
⑥子どもが答えのところに「8時30分」と書きます。
⑦「そうだね。式と答えを続けて読みましょう」と言います。
⑧子どもが式と答えを続けて読みます。「15時10分－6時間40分＝8時30分　答え8時30分」
⑨「よくできました」と言ってほめます。

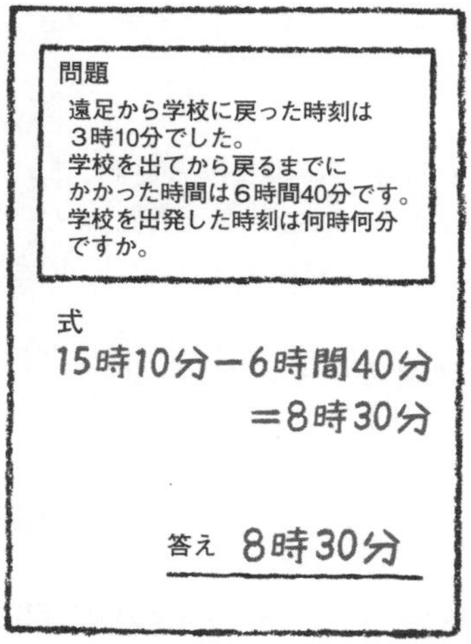
問題
遠足から学校に戻った時刻は
３時10分でした。
学校を出てから戻るまでに
かかった時間は６時間40分です。
学校を出発した時刻は何時何分
ですか。
式
15時10分－6時間40分
＝8時30分
答え 8時30分

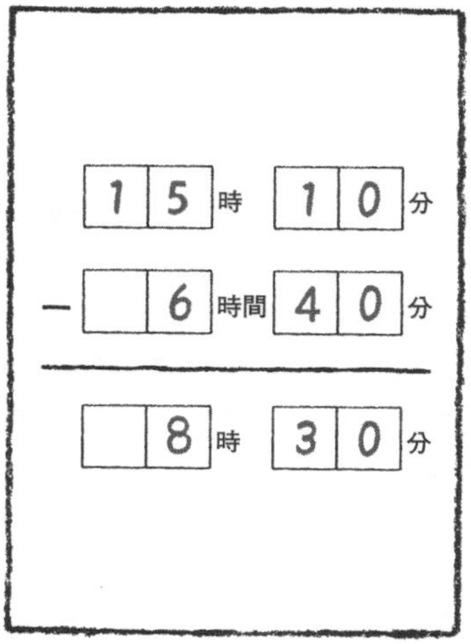

模型の時計の針を動かす

①模型の時計を３時10分に合わせておきます。
②「これは、何時何分ですか？」と聞きます。
③子どもが「３時10分」と答えます。
④「そうだね」「遠足にかかった時間は６時間40分だから、３時10分から６時間40分、針を戻すよ」と言います。
⑤「はじめに、６時間針を戻します」と言い、長針を２の目盛から１周逆に回して「１時間」、もう１周逆に回して「２時間」……６周逆に回して「６時間戻しました」と言います。
⑥「あと40分戻すよ」と言い、長針を２の目盛から８の目盛まで戻して「30分」、６の目盛まで戻して「40分戻しました」と言います。
＊この方法でわからない場合は、長針を２の目盛から12の目盛まで戻して「10分」、10の目盛まで戻して「20分」、８の目盛まで戻して「30分」、６の目盛まで戻して「40分」と学習するとよいでしょう。
⑦「何時になりましたか？」と聞きます。
⑧子どもが「８時30分」と答えます。
⑨「そうだね。計算と同じになったね」と言います。

第2章 お金の学習

お金の学習

「お金の学習」は、「時計の学習」と並んで、保護者や学校の先生からの要望が多いものです。子どもが成長し、日常的に買い物ができるようになってほしい、さらには社会生活を送るにあたり、お金の管理ができるようになってほしいという願いからでしょう。

日常生活でお金が１人で使えるようになるには、少なくとも２桁の繰り上がりのあるたし算、繰り下がりのあるひき算ができるようになっていることが望ましいです。

また、硬貨や紙幣の種類を覚えたり、等価交換ができたりする必要があります。

お金の学習で最も大切なのは、「数えこむ」ことです。
これから述べる「お金を数える学習」を十分に行うことにより、お金に対する理解が深まっていきます。

「お金を数える学習」を十分に行った後、「呈示されたお金を見ていくらなのかを言う学習」をしたり、「言われた金額のお金を出す学習」をしたりすることを通して、「買い物学習」につなげていきます。

家庭では、子どもと一緒に買い物に行き、お金を払ったりお釣りをもらったりする経験をすることで、お金に対する興味関心を持てるようにするとよいでしょう。

「お金の学習」は、はじめから本物の硬貨を使って学習します。

おもちゃのお金では、大きさや質感などが違います。

本物を使って学習することによって、実際に買い物をするときに、すぐに役立ちます。

1 お金を数える学習の系統性

お金の数え方にもいろいろあります。
大切なのは、間違えさせないことです。
そのためには、やさしい数え方から、少しずつ難しくしていく方法で行います。
お金を数える学習のStepは、６つあります。

Step １：「何円？」 ➡P.68

１円、10円、100円の硬貨のうち、１種類を１個ずつ数えながら呈示します。
呈示された硬貨が「何円」あるかを言う学習です。
①１円玉　②10円玉　③100円玉　の順に学習します。

Step ２：「何円？」「何個？」 ➡P.73

１円、10円、100円の硬貨のうち、１種類を１個ずつ数えながら呈示します。
呈示された硬貨が「何円」「何個」あるかを言う学習です。
①１円玉　②10円玉　③100円玉　の順に学習します。

Step 3：「何個？」「何円？」 ➡P.76

1円、10円、100円の硬貨のうち、1種類を1個ずつ数えながら呈示します。
呈示された硬貨が「何個」「何円」あるかを言う学習です。
①1円玉　②10円玉　③100円玉　の順に学習します。

[等価交換　その1]
①「1円玉5個と5円玉1個が同じ」ということを学習します。 ➡P.79
②「10円玉5個と50円玉1個が同じ」ということを学習します。 ➡P.83
③「100円玉5個と500円玉1個が同じ」ということを学習します。 ➡P.86

Step 4

①「5円玉と1円玉で6円」の場合：「5円、6円」「何円？」 ➡P.80
「5円、6円」と数えながら5円玉1個、1円玉1個を順に呈示します。
呈示された硬貨が「何円」あるかを言う学習です。
②「50円玉と10円玉で60円」の場合　「50円、60円」「何円？」 ➡P.84
「50円、60円」と数えながら50円玉1個、10円玉1個を順に呈示します。
呈示された硬貨が「何円」あるかを言う学習です。
③「500円玉と100円玉の場合」：「500円、600円」「何円？」 ➡P.87
「500円、600円」と数えながら500円玉1個、100円玉1個を順に呈示します。
呈示された硬貨が「何円」あるかを言う学習です。

Step 5

①「5円玉と1円玉で6円」の場合：「5円、1円」「何円？」 ➡P.82
「5円、1円」と数えながら5円玉1個、1円玉1個を順に呈示します。
呈示された硬貨が「何円」あるかを言う学習です。
②「50円玉と10円玉で60円」の場合：「50円、10円」「何円？」 ➡P.85
「50円、10円」と数えながら50円玉1個、10円玉1個を順に呈示します。
呈示された硬貨が「何円」あるかを言う学習です。
③「500円玉と100円玉で600円」の場合：「500円、100円」「何円？」 ➡P.88
「500円、100円」と数えながら500円玉1個、100円玉1個を順に呈示します。
呈示された硬貨が「何円」あるかを言う学習です。

Step 6

①「1円玉と5円玉で6円」の場合の例：「1円、5円」「何円？」 ➡P.82
「1円、5円」と数えながら1円玉1個、5円玉1個を順に呈示します（1＋5）。
呈示された硬貨が「何円」あるかを言う学習です。
②「10円玉と50円玉で60円」の場合の例：「10円、50円」「何円？」 ➡P.86
「10円、50円」と数えながら10円玉1個、50円玉1個を順に呈示します（10+50）。呈示された硬貨が「何円」あるかを言う学習です。
③「100円玉と500円玉で600円」の場合の例：「100円、500円」「何円？」 ➡P.89
「100円、500円」と数えながら100円玉1個、500円玉1個を順に呈示します（100+500）。
呈示された硬貨が「何円」あるかを言う学習です。

※次ページ8行目までとも照らし合わせてお読みください。

※［等価交換　その1］①「1円玉5個と5円玉1個が同じ」→Step 4①　→Step 5①　→Step 6①
［等価交換　その1］②「10円玉5個と50円玉1個が同じ」→Step 4②　→Step 5②　→Step 6②
［等価交換　その1］③「100円玉5個と500円玉1個が同じ」→Step 4③　→Step 5③　→Step 6③
の順に学習します。　（前ページとともにご覧ください。）

［等価交換　その2］

①「1円玉10個・10円玉1個・5円玉2個　が同じ」ということを学習します。 ➡P.90

②「10円玉10個・100円玉1個・50円玉2個　が同じ」ということを学習します。 ➡P.92

③「100円玉10個・1000円札1枚・500円玉2個　が同じ」ということを学習します。 ➡P.93

2 お金を数える学習　その1

お金がわかって使えるようになるための、お金の学習の第一歩は、硬貨を数えることです。
硬貨をいろいろな方法で何度も数えることを通して、硬貨に対する理解が深まります。
したがって、お金の学習のはじめは「硬貨を数える学習」です。
ここでは、P.66〜67の Step 1 〜 Step 3 について説明します。

教材

・1円玉、10円玉、100円玉　各10個

・5円玉、50円玉、500円玉　各1個

・硬貨が縦に5個×2列並べられるような大きさの呈示皿　1枚
（ふちが斜めになっていて、立ち上がりが低いものが使いやすいです。硬貨が見えやすい色のものがよいです）

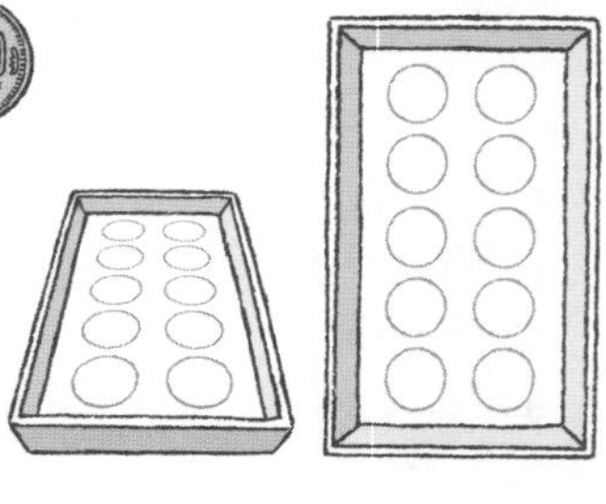

方法とことばかけ

Step 1：「何円？」

1．1円玉 

（1）1円

①呈示皿を1枚呈示します。
②「1円の勉強をするよ」「先生と一緒に言ってね」と言います。
③指導者が1円玉を1個置きながら「1円」と言います。
④子どもが真似をして「1円」と言います。
＊硬貨は、子どもから見て下から置きます。

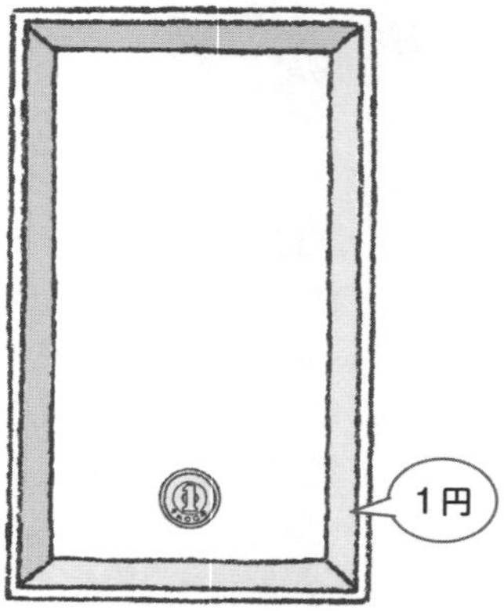

POINT　硬貨を見ていることが大切

子どもが硬貨を見ていることが大切です。
見ないで真似をして言っているだけでは硬貨がわかるようにはなりません。
見ていないときは「見て」と言って、硬貨をポインティングし、視線を誘導します。

POINT　指導者は子どもと対面して学習する

子どもがどこを見ているのかを、指導者は常に把握していることが大切です。
そのために、指導者はいつも子どもと対面して学習します。
指導者の視線は、教材に行きがちです。子どもの目を見ながら指導しましょう。

⑤指導者が「何円？」と聞きます。
⑥指導者がすぐに「1円」と言います。
⑦子どもが真似をして「1円」と言います。
⑧「よくできました」と言ってほめます。

POINT　子どもの発声を待たないことが大切

子どもはまだ呈示されたお金を正しく言うことはできません。
何度も「何円？」と聞いたり、子どもが何か言うまで待ったりせず、指導者がすぐに「1円」と言い、子どもは真似をして言うようにします。
その方が早く学習が定着します。
子どもの発声が指導者の発声にかぶってきたら、硬貨の理解が少しずつ進んできていると考えます。
子どもが指導者と同時に発声できるようになったら、わかったと判断してよいでしょう。

（2）2円

①呈示皿を1枚呈示します。
②「2円の勉強をするよ」「先生と一緒に言ってね」と言います。
③指導者が1円玉を1個置きながら「1円」、もう1個置きながら「2円」と言います。
④子どもが真似をして「1円」、「2円」と言います。

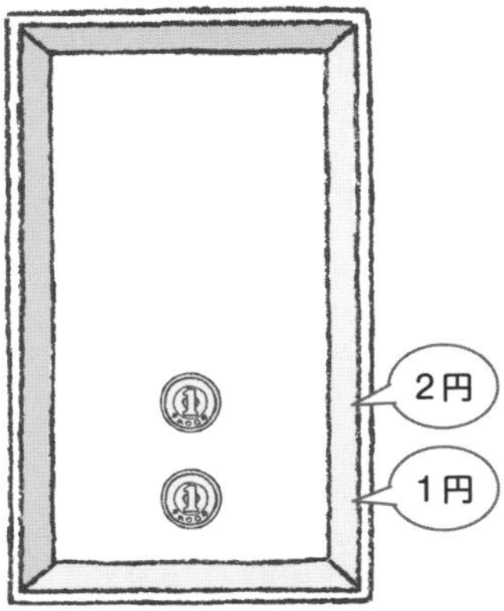

POINT　硬貨を見ていることが大切

子どもが硬貨を見ていることが大切です。
見ないで真似をして言っているだけでは硬貨がわかるようにはなりません。
見ていないときは「見て」と言って、硬貨をポインティングし、視線を誘導します。

⑤指導者が「何円？」と聞きます。
⑥指導者がすぐに「2円」と言います。
⑦子どもが真似をして「2円」と言います。
⑧「よくできました」と言ってほめます。

この学習を、同様にして、3円、4円……10円まで行います。

POINT　子どもの発声を待たないことが大切

子どもはまだ呈示されたお金を正しく言うことはできません。
何度も「何円？」と聞いたり、子どもが何か言うまで待ったりせず、指導者がすぐに「2円」と言い、子どもは真似をして言うようにします。
その方が早く学習が定着します。
子どもの発声が指導者の発声にかぶってきたら、硬貨の理解が少しずつ進んできていると考えます。
子どもが指導者と同時に発声できるようになったら、わかったと判断してよいでしょう。

POINT　お金は1回ごとに撤去する

1円の学習をし、続けて2円の学習をする場合、1回ごとに呈示皿の中のお金は撤去します。2円を呈示するときに、置いてあった1円に追加することはしません。
はじめから数えることが大切です。

POINT　硬貨の置き方

硬貨を呈示するときは、1円から5円までを左側に下から1列に、6円から10円までを右側に下から1列に並べて置くとわかりやすいです。
右の図のように、左右の硬貨の位置をそろえて置くようにします。
そうすることによって、目で見て量がわかりやすくなります。

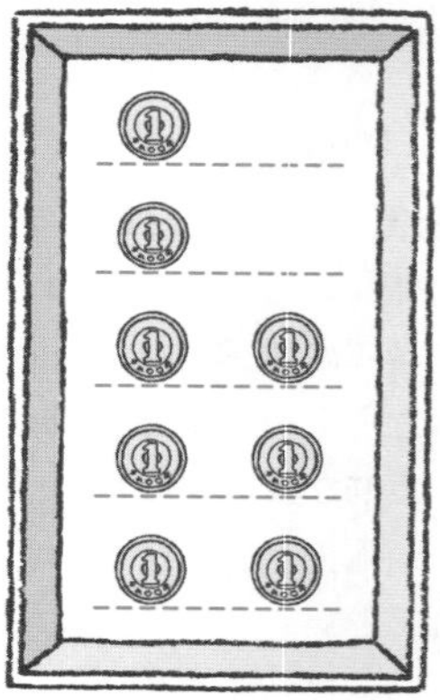

「8円」を置いた例

2．10円玉 

（1）10円

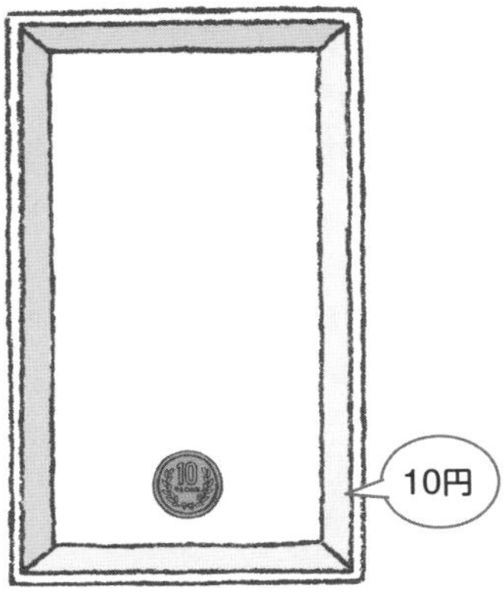

①呈示皿を１枚呈示します。
②「10円の勉強をするよ」「先生と一緒に言ってね」と言います。
③指導者が10円玉を１個置きながら「10円」と言います。
④子どもが真似をして「10円」と言います。
＊このとき、子どもが硬貨を見ていることが大切です。
⑤指導者が「何円？」と聞きます。
⑥指導者がすぐに「10円」と言います。
⑦子どもが真似をして「10円」と言います。
＊子どもが言うのを待たないで指導者がすぐに「10円」と言うことが大切です。
⑧「よくできました」と言ってほめます。

（2）20円

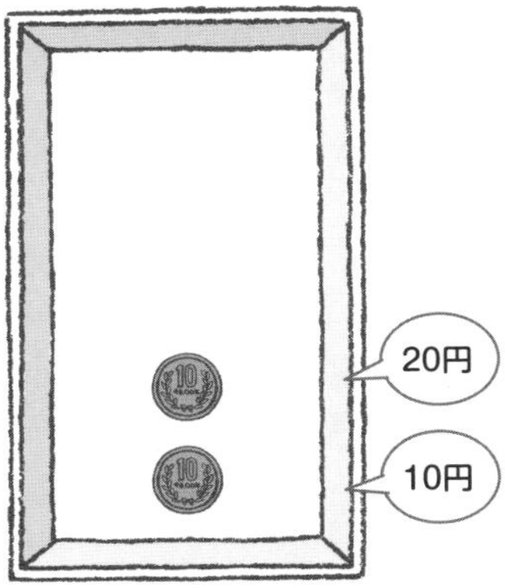

①呈示皿を１枚呈示します。
②「20円の勉強をするよ」「先生と一緒に言ってね」と言います。
③指導者が10円玉を１個置きながら「10円」、もう１個置きながら「20円」と言います。
④子どもが真似をして「10円」、「20円」と言います。
＊このとき、子どもが硬貨を見ていることが大切です。
⑤指導者が「何円？」と聞きます。
⑥指導者がすぐに「20円」と言います。
⑦子どもが真似をして「20円」と言います。
＊子どもが言うのを待たないで指導者がすぐに「20円」と言うことが大切です。
＊「何円？」と聞いてわからないようであれば「何十円？」と聞いてもよいでしょう。
⑧「よくできました」と言ってほめます。

この学習を、同様にして、30円、40円……100円まで行います。

POINT　お金は１回ごとに撤去する

10円の学習をし、続けて20円の学習をする場合、１回ごとに呈示皿の中のお金は撤去します。20円を呈示するときに、置いてあった10円に追加することはしません。

3．100円玉 

（1）100円

①呈示皿を１枚呈示します。

②「100円の勉強をするよ」「先生と一緒に言ってね」と言います。

③指導者が100円玉を１個置きながら「100円」と言います。

④子どもが真似をして「100円」と言います。

＊このとき、子どもが硬貨を見ていることが大切です。

⑤指導者が「何円？」と聞きます。

⑥指導者がすぐに「100円」と言います。

⑦子どもが真似をして「100円」と言います。

＊子どもが言うのを待たないで指導者がすぐに「100円」と言うことが大切です。

⑧「よくできました」と言ってほめます。

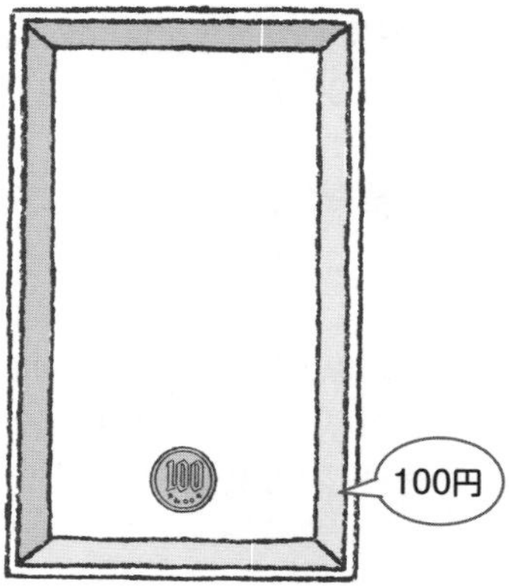

（2）200円

①呈示皿を１枚呈示します。

②「200円の勉強をするよ」「先生と一緒に言ってね」と言います。

③指導者が100円玉を１個置きながら「100円」、もう１個置きながら「200円」と言います。

④子どもが真似をして「100円」、「200円」と言います。

＊このとき、子どもが硬貨を見ていることが大切です。

⑤指導者が「何円？」と聞きます。

⑥指導者がすぐに「200円」と言います。

⑦子どもが真似をして「200円」と言います。

＊子どもが言うのを待たないで指導者がすぐに「200円」と言うことが大切です。

＊「何円？」と聞いてわからないようであれば「何百円？」と聞いてもよいでしょう。

⑧「よくできました」と言ってほめます。

＊１回ごとに呈示皿の中を空にして、必ず100円から数えるようにします。

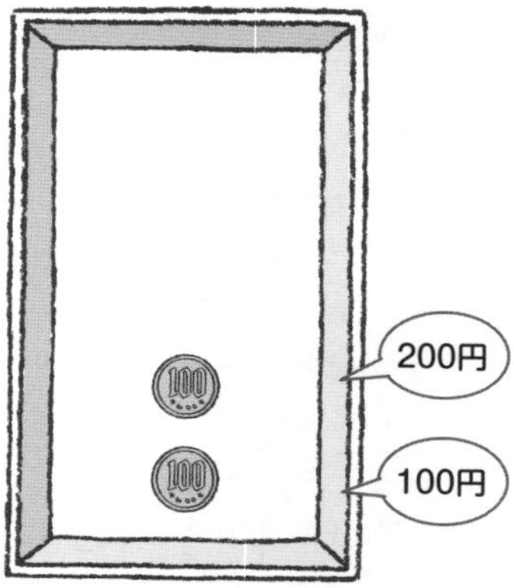

この学習を、同様にして、300円、400円……1000円まで行います。

Step 2：「何円？」「何個？」

1．1円玉 

（1）1円

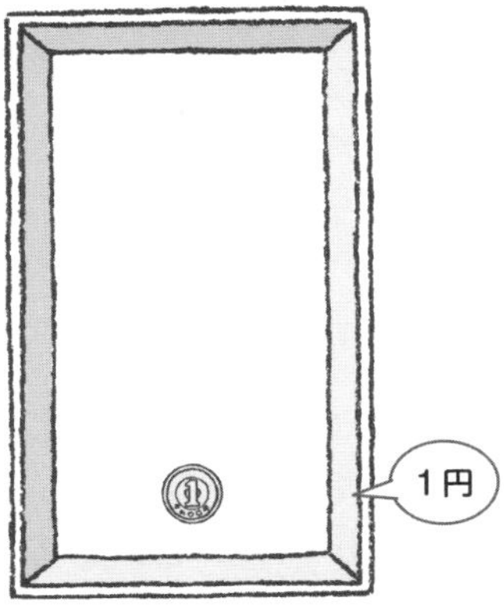

①呈示皿を１枚呈示します。
②「１円の勉強をするよ」「先生と一緒に言ってね」と言います。
③指導者が１円玉を１個置きながら「１円」と言います。
④子どもが真似をして「１円」と言います。
＊このとき、子どもが硬貨を見ていることが大切です。
⑤指導者が「何円？」と聞きます。
⑥指導者がすぐに「１円」と言います。
⑦子どもが真似をして「１円」と言います。
⑧指導者が「１円玉、何個？」と聞きます。
⑨指導者がすぐに「１個」と言います。
⑩子どもが真似をして「１個」と言います。
＊「何円」が言えるようになっても、「何個？」と聞かれて答えられない子どもが多いです。何度も「何個？」と聞いたり、子どもが何か言うまで待ったりせず、指導者がすぐに「１個」と言い、子どもは真似をして言うようにします。その方が早く学習が定着します。
⑪「よくできました」と言ってほめます。

（2）2円

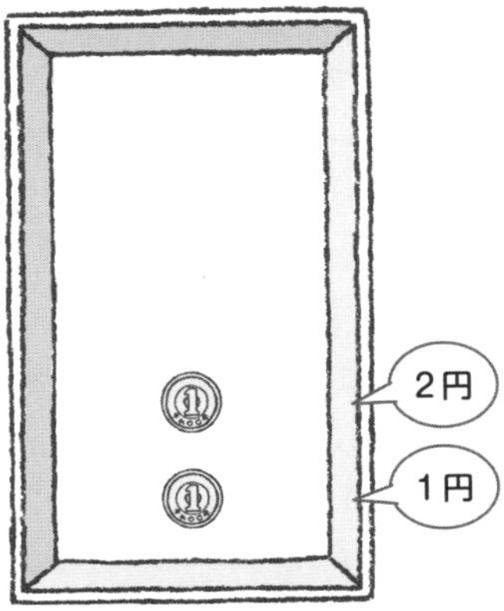

①呈示皿を１枚呈示します。
②「２円の勉強をするよ」「先生と一緒に言ってね」と言います。
③指導者が１円玉を１個置きながら「１円」、もう１個置きながら「２円」と言います。
④子どもが真似をして「１円」、「２円」と言います。
＊このとき、子どもが硬貨を見ていることが大切です。
⑤指導者が「何円？」と聞きます。
⑥指導者がすぐに「２円」と言います。
⑦子どもが真似をして「２円」と言います。
⑧指導者が「１円玉、何個？」と聞きます。
⑨指導者がすぐに「２個」と言います。
⑩子どもが真似をして「２個」と言います。
⑪「よくできました」と言ってほめます。
＊１回ごとに呈示皿の中を空にして、必ず１円から数えるようにします。

この学習を、同様にして、３円、４円……10円まで行います。

POINT 「何個？」と聞いて、子どもが硬貨を数える場合

「何個？」と聞くと、「1個」「2個」と硬貨を数える子どもがいます。そのような場合には、一緒に数えるようにします。
「よく見て数えようね」と言って1円玉を下から指さししながら「1円玉が、1個、2個」と一緒に数えます。そして数え終わったらすぐに「1円玉、何個？」と聞き、指導者がすぐに「2個」と言います。
＊数えるときは、発声することよりも、硬貨をよく見ていることが大切です。
このような学習によって、次第に、数えなくても「何個」が言えるようになってきます。

2．10円玉 

（1）10円

①呈示皿を1枚呈示します。
②「10円の勉強をするよ」「先生と一緒に言ってね」と言います。
③指導者が10円玉を1個置きながら「10円」と言います。
④子どもが真似をして「10円」と言います。
⑤指導者が「何円？」と聞きます。
⑥指導者がすぐに「10円」と言います。
⑦子どもが真似をして「10円」と言います。
⑧指導者が「10円玉、何個？」と聞きます。
⑨指導者がすぐに「1個」と言います。
⑩子どもが真似をして「1個」と言います。
＊「10円玉、何個？」と聞かれて「10個」と答えてしまう子どもがいます。
子どもが言うのを待たないで指導者がすぐに「1個」と言うことが大切です。
⑪「よくできました」と言ってほめます。

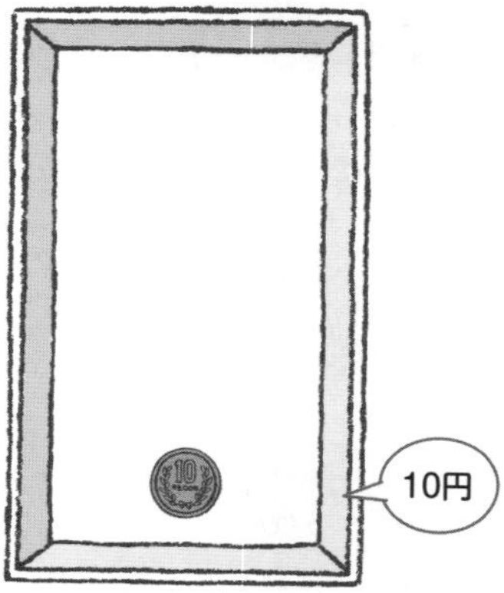

（2）20円

①呈示皿を1枚呈示します。
②「20円の勉強をするよ」「先生と一緒に言ってね」と言います。
③指導者が10円玉を1個置きながら「10円」、もう1個置きながら「20円」と言います。
④子どもが真似をして「10円」、「20円」と言います。
⑤指導者が「何円？」と聞きます。
⑥指導者がすぐに「20円」と言います。
⑦子どもが真似をして「20円」と言います。
⑧指導者が「10円玉、何個？」と聞きます。
⑨指導者がすぐに「2個」と言います。
⑩子どもが真似をして「2個」と言います。

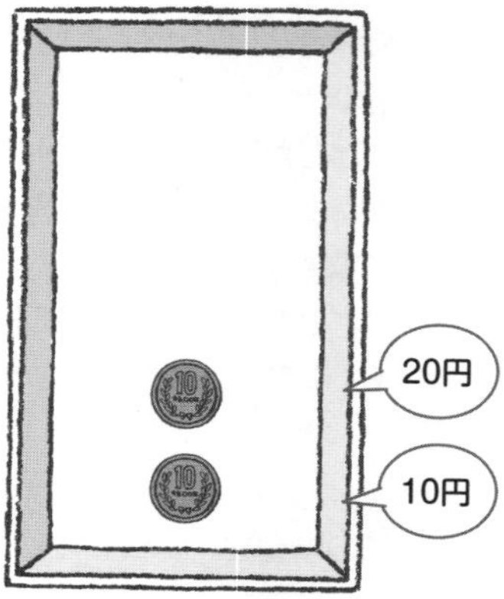

⑪「よくできました」と言ってほめます。
＊1回ごとに呈示皿の中を空にして、必ず10円から数えるようにします。

この学習を、同様にして、30円、40円……100円まで行います。

3．100円玉 

（1）100円

①呈示皿を1枚呈示します。
②「100円の勉強をするよ」「先生と一緒に言ってね」と言います。
③指導者が100円玉を1個置きながら「100円」と言います。
④子どもが真似をして「100円」と言います。
⑤指導者が「何円？」と聞きます。
⑥指導者がすぐに「100円」と言います。
⑦子どもが真似をして「100円」と言います。
⑧指導者が「100円玉、何個？」と聞きます。
⑨指導者がすぐに「1個」と言います。
⑩子どもが真似をして「1個」と言います。
＊「100円玉、何個？」と聞かれて「100個」と答えてしまう子どもがいます。子どもが言うのを待たないで指導者がすぐに「1個」と言うことが大切です。
⑪「よくできました」と言ってほめます。

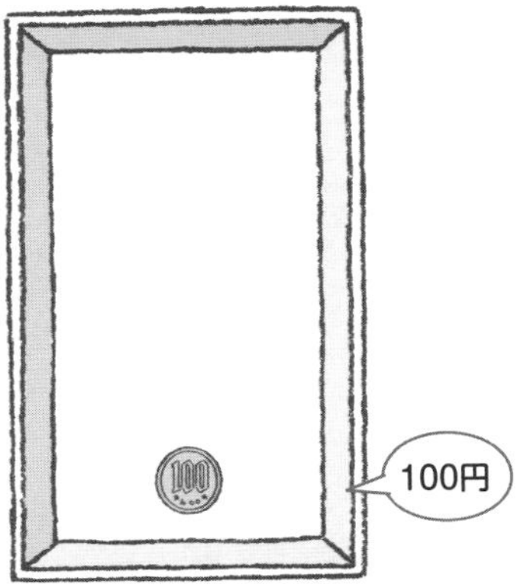

（2）200円

①呈示皿を1枚呈示します。
②「200円の勉強をするよ」「先生と一緒に言ってね」と言います。
③指導者が100円玉を1個置きながら「100円」、もう1個置きながら「200円」と言います。
④子どもが真似をして「100円」、「200円」と言います。
⑤指導者が「何円？」と聞きます。
⑥指導者がすぐに「200円」と言います。
⑦子どもが真似をして「200円」と言います。
⑧指導者が「100円玉、何個？」と聞きます。
⑨指導者がすぐに「2個」と言います。
⑩子どもが真似をして「2個」と言います。
⑪「よくできました」と言ってほめます。
＊1回ごとに呈示皿の中を空にして、必ず100円から数えるようにします。

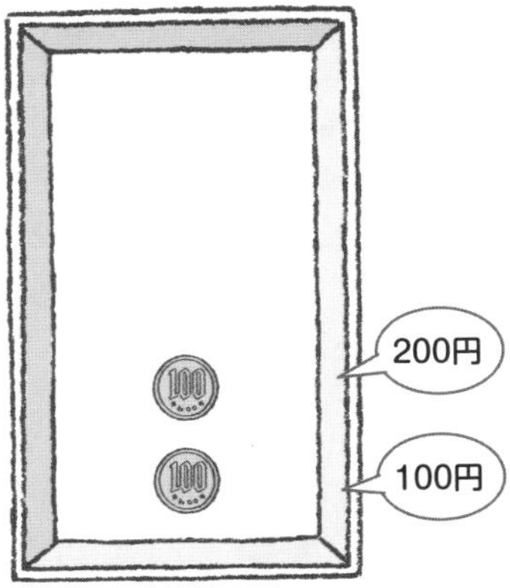

この学習を、同様にして、300円、400円……1000円まで行います。

Step 3：「何個？」「何円？」

1．1円玉 

（1）1円

①呈示皿を１枚呈示します。
②「１円の勉強をするよ」「先生と一緒に言ってね」と言います。
③指導者が１円玉を１個置きながら「１個」と言います。
④子どもが真似をして「１個」と言います。
⑤指導者が「何個？」と聞きます。
⑥指導者がすぐに「１個」と言います。
⑦子どもが真似をして「１個」と言います。
⑧指導者が「何円？」と聞きます。
⑨指導者がすぐに「１円」と言います。
⑩子どもが真似をして「１円」と言います。
⑪「よくできました」と言ってほめます。

（2）2円

①呈示皿を１枚呈示します。
②「２円の勉強をするよ」「先生と一緒に言ってね」と言います。
③指導者が１円玉を１個置きながら「１個」、もう１個置きながら「２個」と言います。
④子どもが真似をして「１個」、「２個」と言います。
⑤指導者が「何個？」と聞きます。
⑥指導者がすぐに「２個」と言います。
⑦子どもが真似をして「２個」と言います。
⑧指導者が「何円？」と聞きます。
⑨指導者がすぐに「２円」と言います。
⑩子どもが真似をして「２円」と言います。
⑪「よくできました」と言ってほめます。
＊１回ごとに呈示皿の中を空にして、必ず１円から数えるようにします。

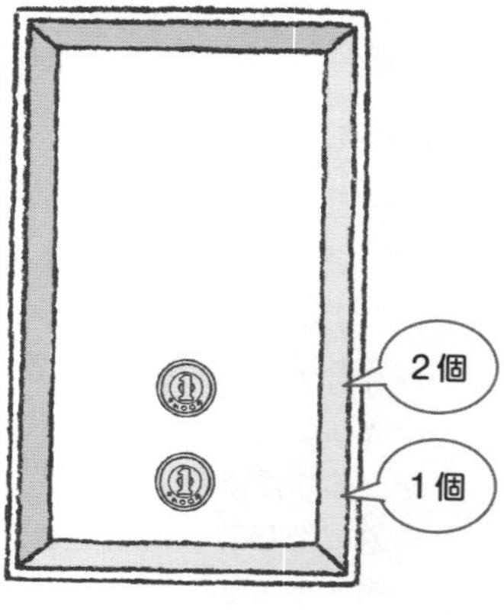

この学習を、同様にして、３円、４円……10円まで行います。

2．10円玉 

（1）10円

①呈示皿を１枚呈示します。

②「10円の勉強をするよ」「先生と一緒に言ってね」と言います。

③指導者が10円玉を１個置きながら「１個」と言います。

④子どもが真似をして「１個」と言います。

⑤指導者が「何個？」と聞きます。

⑥指導者がすぐに「１個」と言います。

⑦子どもが真似をして「１個」と言います。

⑧指導者が「何円？」と聞きます。

⑨指導者がすぐに「10円」と言います。

⑩子どもが真似をして「10円」と言います。

＊「１個」と答えた後なので、「何円？」と聞かれて「１円」と答える子どもがいます。
子どもが言うのを待たないで指導者がすぐに「10円」と言うことが大切です。

⑪「よくできました」と言ってほめます。

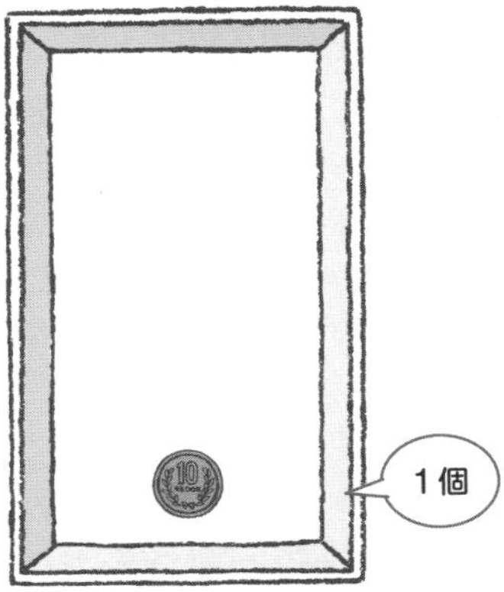

（2）20円

①呈示皿を１枚呈示します。

②「20円の勉強をするよ」「先生と一緒に言ってね」と言います。

③指導者が10円玉を１個置きながら「１個」、もう１個置きながら「２個」と言います。

④子どもが真似をして「１個」、「２個」と言います。

⑧指導者が「何円？」と聞きます。

⑨指導者がすぐに「20円」と言います。

⑩子どもが真似をして「20円」と言います。

⑪「よくできました」と言ってほめます。

＊１回ごとに呈示皿の中を空にして、必ず10円から数えるようにします。

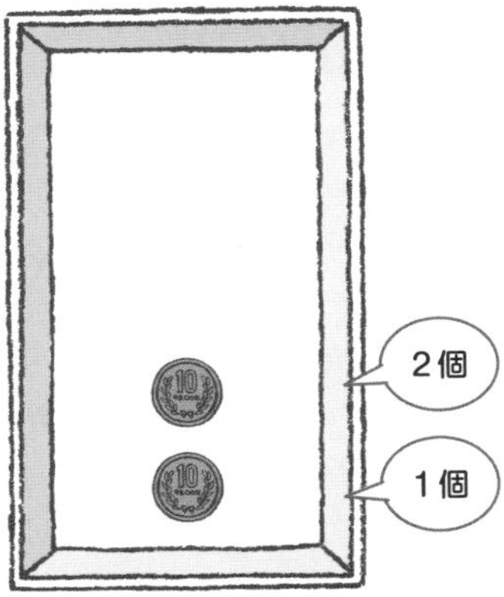

この学習を、同様にして、30円、40円……100円まで行います。

3．100円玉 

（1）100円

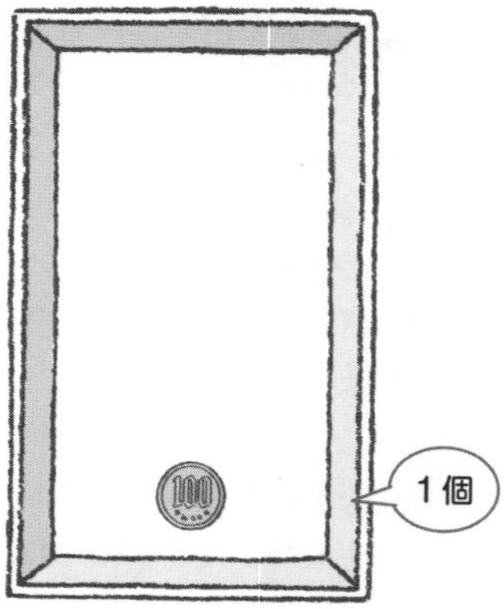

①呈示皿を１枚呈示します。

②「100円の勉強をするよ」「先生と一緒に言ってね」と言います。

③指導者が100円玉を１個置きながら「１個」と言います。

④子どもが真似をして「１個」と言います。

⑤指導者が「何個？」と聞きます。

⑥指導者がすぐに「１個」と言います。

⑦子どもが真似をして「１個」と言います。

⑧指導者が「何円？」と聞きます。

⑨指導者がすぐに「100円」と言います。

⑩子どもが真似をして「100円」と言います。

＊「1個」と答えた後なので、「何円？」と聞かれて「1円」と答える子どもがいます。
子どもが言うのを待たないで指導者がすぐに「100円」と言うことが大切です。

⑪「よくできました」と言ってほめます。

（2）200円

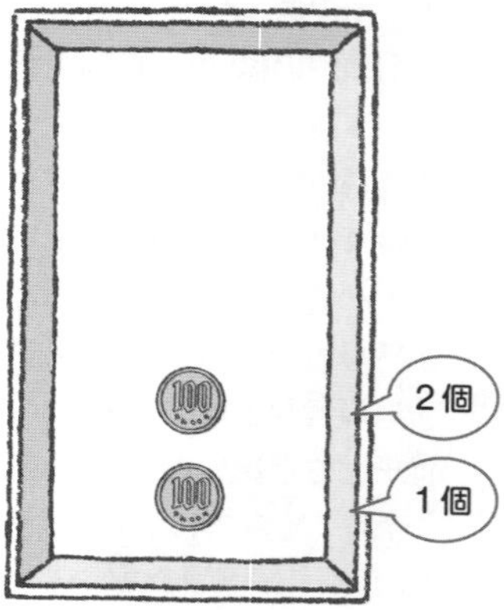

①呈示皿を１枚呈示します。

②「200円の勉強をするよ」「先生と一緒に言ってね」と言います。

③指導者が100円玉を１個置きながら「１個」、もう１個置きながら「２個」と言います。

④子どもが真似をして「１個」、「２個」と言います。

⑤指導者が「何個？」と聞きます。

⑥指導者がすぐに「２個」と言います。

⑦子どもが真似をして「２個」と言います。

⑧指導者が「何円？」と聞きます。

⑨指導者がすぐに「200円」と言います。

⑩子どもが真似をして「200円」と言います。

⑪「よくできました」と言ってほめます。

＊１回ごとに呈示皿の中を空にして、必ず100円から数えるようにします。

この学習を、同様にして、300円、400円……1000円まで行います。

3 お金を数える学習　その2

「2 お金を数える学習　その1」（68ページ）では、同じ種類の硬貨だけを使って学習しました。

ここでは、「1円玉と5円玉」、「10円玉と50円玉」、「100円玉と500円玉」を組み合わせで数えます。

はじめに、「1円玉5個と5円玉1個」、「10円玉5個と50円玉1個」「100円玉5個と500円玉1個」はそれぞれ同じであるという等価交換の学習を行い、続いてStep 4、Step 5、Step 6と学習します。

教材

・1円玉、10円玉、100円玉　各10個 

・5円玉、50円玉、500円玉　各1個 

・硬貨が縦に5個×2列並べられるような大きさの呈示皿　2枚

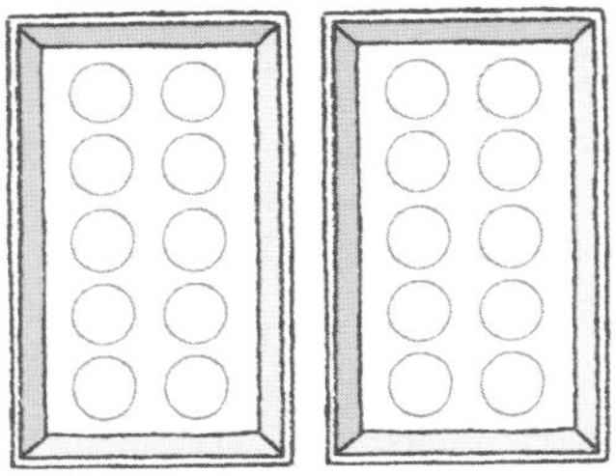

方法とことばかけ

1円玉と5円玉 

等価交換

（1）1円玉5個で5円

①呈示皿を2枚呈示します。「5円の勉強をするよ」と言います。

②「1円玉で、5円つくるよ」「先生と一緒に言ってね」と言います。

③右側の呈示皿に1円玉を1個ずつ置きながら「1円」、「2円」……「5円」と言います。

④子どもが1つずつ真似をして「1円」、「2円」……「5円」と言います。

＊このとき、子どもが硬貨を見ていることが大切です。

⑤指導者が「何円？」と聞きます。

⑥指導者がすぐに「5円」と言います。

⑦子どもが真似をして「5円」と言います。

＊子どもが言うのを待たないで指導者がすぐに「5円」と言うことが大切です。

（2）５円玉１個で５円

①「５円玉で、５円つくるよ」「先生と一緒に言ってね」と言います。

②左側の呈示皿に５円玉を１個置きながら「５円」と言います。

③子どもが真似をして「５円」と言います。

＊このとき、子どもが硬貨を見ていることが大切です。

④指導者が「何円？」と聞きます。

⑤指導者がすぐに「５円」と言います。

⑥子どもが真似をして「５円」と言います。

＊子どもが言うのを待たないで指導者がすぐに「５円」と言うことが大切です。

（3）おなじ

①右側の呈示皿を指さしして「これは、１円玉５個で５円」、左側の呈示皿を指さしして「これは、５円玉１個で５円」と言います。

②右側の呈示皿、左側の呈示皿を順番に指さしして、「これは５円」、「これも５円」、「これとこれは、おなじ」と言います。

「おなじ」のときは、子どもの両手を取って一緒に３回トントントンと机をたたきながら「お・な・じ」と言うとわかりやすいです。

＊上記①②の「これは」・「これも」・「これとこれは」のときに、指さししている呈示皿の中の硬貨をよく見ていることが、等価交換の理解をする上で最も大切です。

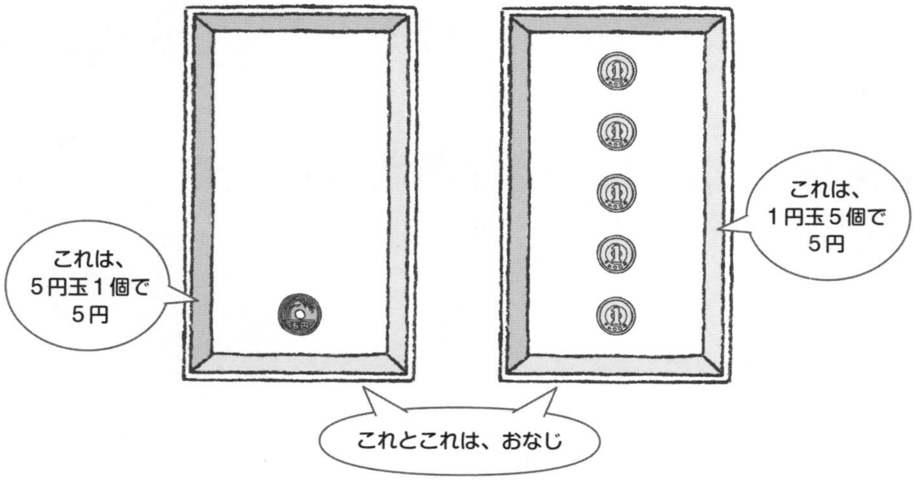

Step 4：「５円」「６円」「何円？」

（1）６円

①呈示皿を１枚呈示します。

②「６円の勉強をするよ」「先生と一緒に言ってね」と言います。

③５円玉を置きながら「５円」、１円玉を置きながら「６円」と言います。

④子どもが１つずつ真似をして「５円」、「６円」と言います。
⑤指導者が「何円？」と聞きます。
⑥指導者がすぐに「６円」と言います。
⑦子どもが真似をして「６円」と言います。
⑧「よくできました」と言ってほめます。

＊１回ごとに呈示皿の中を空にします。
＊お金は、子どもから見て下から置きます。２列にする場合は、原則として左側に大きい金種、右側に小さい金種を置きます。

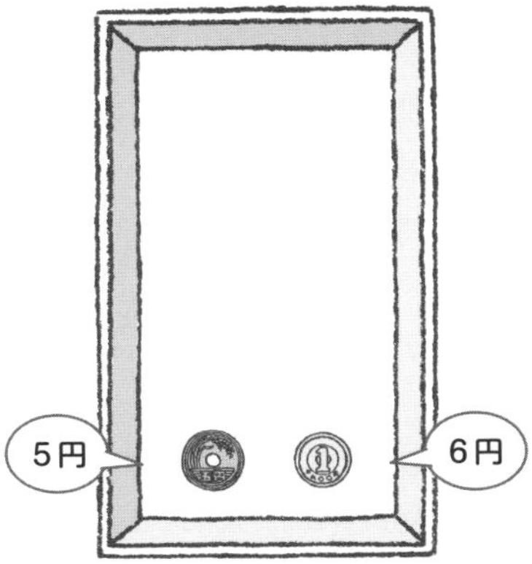

POINT　子どもの発声を待たないことが大切

子どもは呈示されたお金を正しく言うことはまだできません。
子どもに何度も「何円？」と聞いたり、子どもが何か言うまで待ったりせず、指導者がすぐに「６円」と言い、子どもは真似をして言うようにします。
その方が早く学習が定着します。
子どもの発声が指導者の発声にかぶってきたら、硬貨の理解が少しずつ進んできていると考えます。
子どもが指導者と同時に発声できるようになったら、わかったと判断してよいでしょう。

（2）７円

①呈示皿を１枚呈示します。
②「７円の勉強をするよ」「先生と一緒に言ってね」と言います。
③５円玉を置きながら「５円」、１円玉を置きながら「６円」、もう１個１円玉を置きながら「７円」と言います。
④子どもが１つずつ真似をして「５円」、「６円」、「７円」と言います。
⑤指導者が「何円？」と聞きます。
⑥指導者がすぐに「７円」と言います。
⑦子どもが真似をして「７円」と言います。
⑧「よくできました」と言ってほめます。

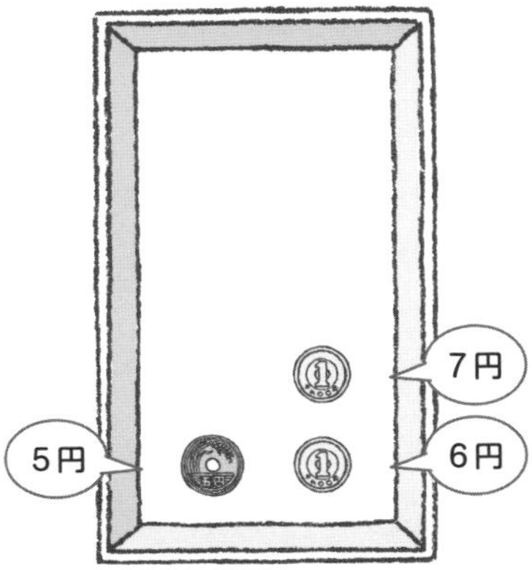

この学習を、同様にして、８円、９円、10円と行います。

POINT　子どもの発声を待たないことが大切

子どもは呈示されたお金を正しく言うことはまだできません。
子どもに何度も「何円？」と聞いたり、子どもが何か言うまで待ったりせず、指導者がすぐに「７円」と言い、子どもは真似をして言うようにします。
その方が早く学習が定着します。
子どもの発声が指導者の発声にかぶってきたら、硬貨の理解が少しずつ進んできていると考えます。
子どもが指導者と同時に発声できるようになったら、わかったと判断してよいでしょう。

Step 5：「5円」「1円」「何円？」

（1）6円

①呈示皿を１枚呈示します。
②「６円の勉強をするよ」「先生と一緒に言ってね」と言います。
③５円玉を置きながら「５円」、１円玉を置きながら「１円」と言います。
④子どもが１つずつ真似をして「５円」、「１円」と言います。
⑤指導者が「何円？」と聞きます。
⑥指導者がすぐに「６円」と言います。
⑦子どもが真似をして「６円」と言います。
⑧「よくできました」と言ってほめます。
＊１回ごとに呈示皿の中を空にします。

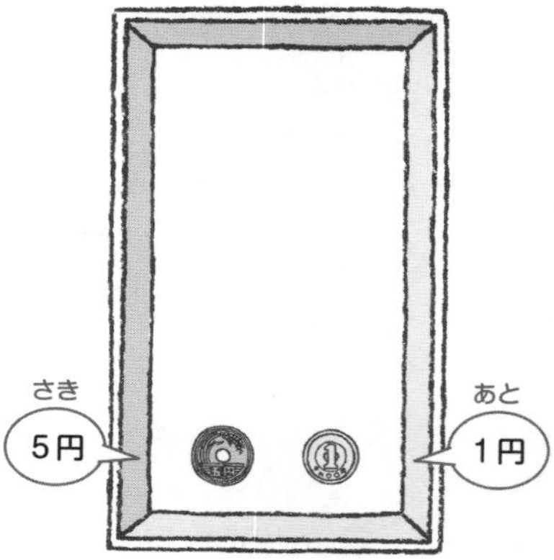

（2）7円

①呈示皿を１枚呈示します。
②「７円の勉強をするよ」「先生と一緒に言ってね」と言います。
③５円玉を置きながら「５円」、１円玉を置きながら「１円」、もう１枚１円玉を置きながら「２円」と言います。
④子どもが１つずつ真似をして「５円」、「１円」、「２円」と言います。
⑤指導者が「何円？」と聞きます。
⑥指導者がすぐに「７円」と言います。
⑦子どもが真似をして「７円」と言います。
⑧「よくできました」と言ってほめます。

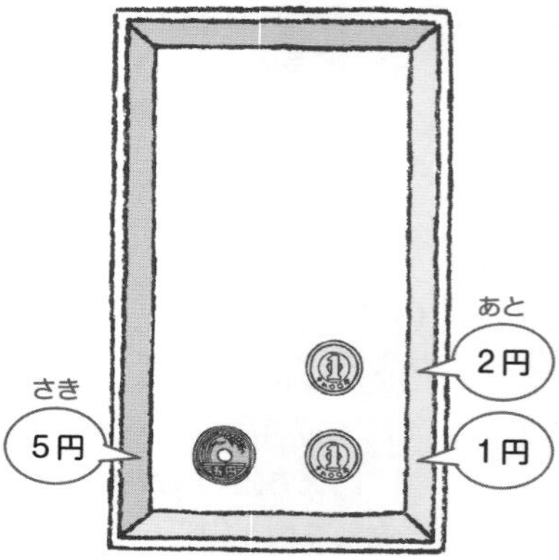

この学習を、同様にして、８円、９円、10円と行います。

Step 6：「1円」「5円」「何円？」

（1）6円

①呈示皿を１枚呈示します。
②「６円の勉強をするよ」「先生と一緒に言ってね」と言います。
③１円玉を置きながら「１円」、５円玉を置きながら「５円」と言います。
④子どもが１つずつ真似をして「１円」、「５円」と言います。
⑤指導者が「何円？」と聞きます。
⑥指導者がすぐに「６円」と言います。
⑦子どもが真似をして「６円」と言います。
⑧「よくできました」と言ってほめます。
＊一回ごとに呈示皿の中を空にします。

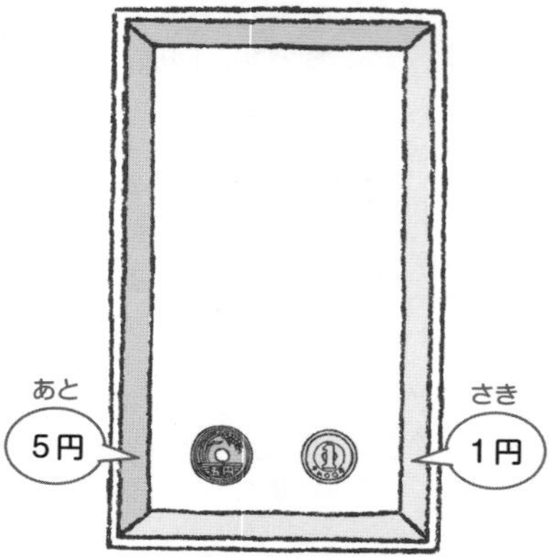

（2）7円

①呈示皿を１枚呈示します。
②「７円の勉強をするよ」「先生と一緒に言ってね」と言います。
③１円玉を置きながら「１円」、もう１枚１円玉を置きながら「２円」、５円玉を置きながら「５円」、と言います。
④子どもが１つずつ真似をして「１円」、「２円」、「５円」と言います。
⑤指導者が「何円？」と聞きます。
⑥指導者がすぐに「７円」と言います。
⑦子どもが真似をして「７円」と言います。
⑧「よくできました」と言ってほめます。

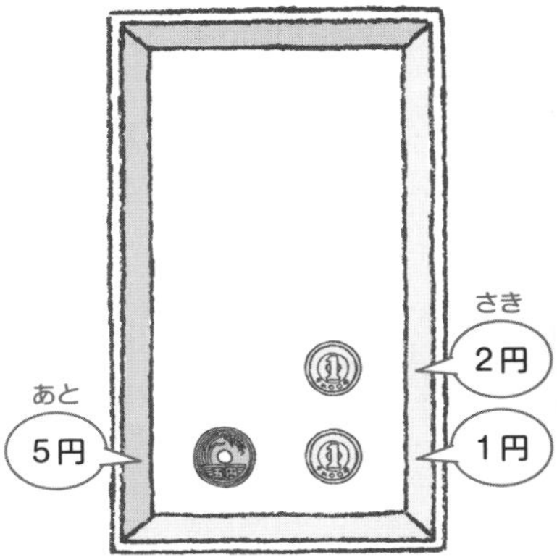

この学習を、同様にして、８円、９円、10円と行います。

10円玉と50円玉 

等価交換

（１）10円玉５個で50円

①呈示皿を２枚呈示します。「50円の勉強をするよ」と言います。
②「10円玉で、50円つくるよ」「先生と一緒に言ってね」と言います。
③右側の呈示皿に10円玉を１個ずつ置きながら「10円」、「20円」……「50円」と言います。
④子どもが１つずつ真似をして「10円」、「20円」……「50円」と言います。
⑤指導者が「何円？」と聞きます。
⑥指導者がすぐに「50円」と言います。
⑦子どもが真似をして「50円」と言います。

（２）50円玉１個で50円

①「50円玉で、50円つくるよ」「先生と一緒に言ってね」と言います。
②左側の呈示皿に50円玉を１個置きながら「50円」と言います。
③子どもが真似をして「50円」と言います。
④指導者が「何円？」と聞きます。
⑤指導者がすぐに「50円」と言います。
⑥子どもが真似をして「50円」と言います。

（３）おなじ

①右側の呈示皿を指さしして「これは、10円玉５個で50円」、左側の呈示皿を指さしして「これは、50円玉１個で50円」と言います。

②右側の呈示皿、左側の呈示皿を順番に指さしして、「これは50円」、「これも50円」、「これとこれは、おなじ」と言います。
「おなじ」のときは、子どもの両手を取って一緒に３回トントントンと机をたたくようにするとわかりやすいです。

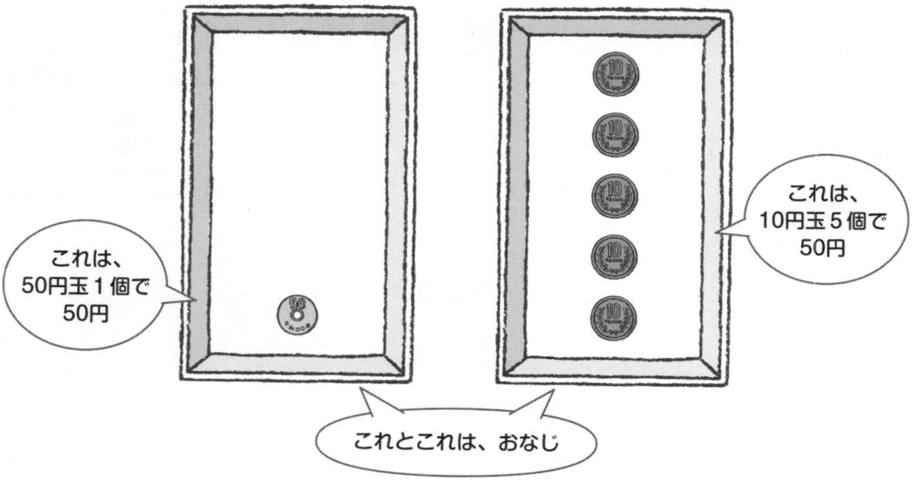
これは、
50円玉１個で
50円
これは、
10円玉５個で
50円
これとこれは、おなじ

＊いずれの学習の場面でも、硬貨をしっかり見ていることが理解につながります。
発声していても、硬貨を見ていなければ、わかるようにはなりません。

Step 4：「50円」「60円」「何円？」

（1）60円

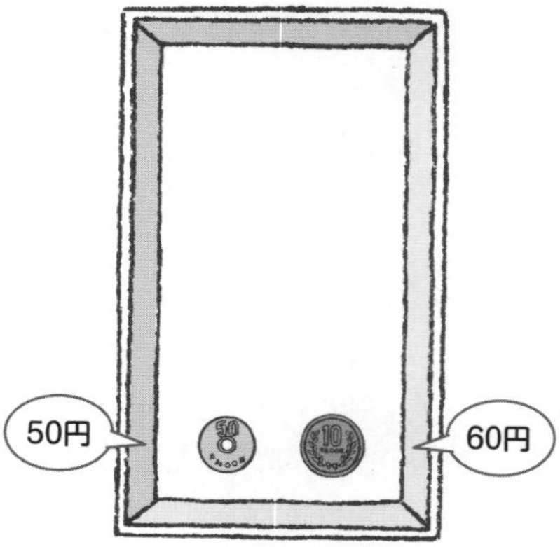
50円
60円

①呈示皿を１枚呈示します。
②「60円の勉強をするよ」「先生と一緒に言ってね」と言います。
③50円玉を置きながら「50円」、10円玉を置きながら「60円」と言います。
④子どもが１つずつ真似をして「50円」、「60円」と言います。
⑤指導者が「何円？」と聞きます。
⑥指導者がすぐに「60円」と言います。
⑦子どもが真似をして「60円」と言います。
⑧「よくできました」と言ってほめます。
＊１回ごとに呈示皿の中を空にします。

（2）70円

①呈示皿を１枚呈示します。
②「70円の勉強をするよ」「先生と一緒に言ってね」と言います。

③50円玉を置きながら「50円」、10円玉を置きながら「60円」、もう１個10円玉を置きながら「70円」と言います。
④子どもが１つずつ真似をして「50円」、「60円」、「70円」と言います。
⑤指導者が「何円？」と聞きます。
⑥指導者がすぐに「70円」と言います。
⑦子どもが真似をして「70円」と言います。
⑧「よくできました」と言ってほめます。

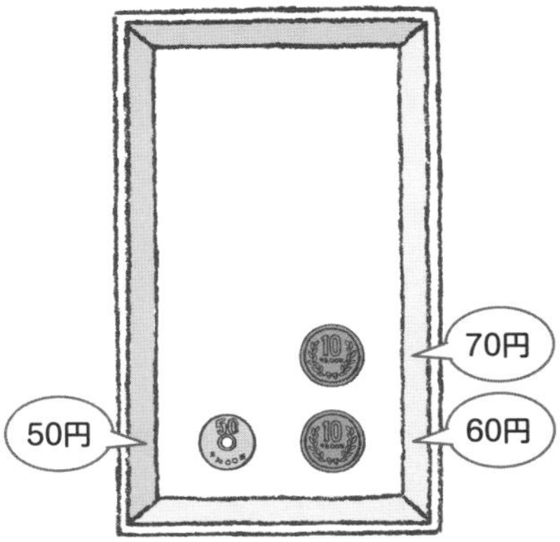

この学習を、同様にして、80円、90円、100円と行います。

Step 5：「50円」「10円」「何円？」

（1）60円

①呈示皿を１枚呈示します。
②「60円の勉強をするよ」「先生と一緒に言ってね」と言います。
③50円玉を置きながら「50円」、10円玉を置きながら「10円」と言います。
④子どもが１つずつ真似をして「50円」、「10円」と言います。
⑤指導者が「何円？」と聞きます。
⑥指導者がすぐに「60円」と言います。
⑦子どもが真似をして「60円」と言います。
⑧「よくできました」と言ってほめます。
＊１回ごとに呈示皿の中を空にします。

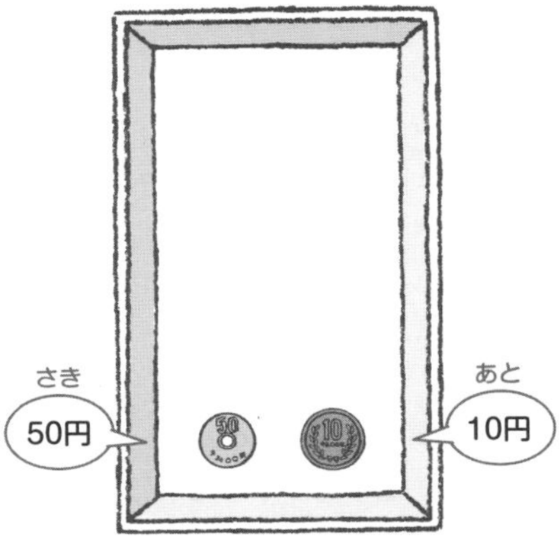

（2）70円

①呈示皿を１枚呈示します。
②「70円の勉強をするよ」「先生と一緒に言ってね」と言います。
③50円玉を置きながら「50円」、10円玉を置きながら「10円」、もう１個10円玉を置きながら「20円」と言います。
④子どもが１つずつ真似をして「50円」、「10円」、「20円」と言います。
⑤指導者が「何円？」と聞きます。
⑥指導者がすぐに「70円」と言います。
⑦子どもが真似をして「70円」と言います。
⑧「よくできました」と言ってほめます。

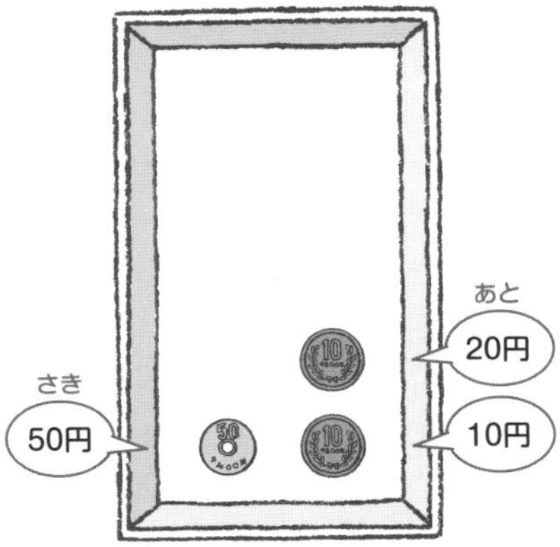

この学習を、同様にして、80円、90円、100円と行います。

Step 6：「10円」「50円」「何円？」

（1）60円

①呈示皿を１枚呈示します。
②「60円の勉強をするよ」「先生と一緒に言ってね」と言います。
③10円玉を置きながら「10円」、50円玉を置きながら「50円」と言います。
④子どもが１つずつ真似をして「10円」、「50円」と言います。
⑤指導者が「何円？」と聞きます。
⑥指導者がすぐに「60円」と言います。
⑦子どもが真似をして「60円」と言います。
⑧「よくできました」と言ってほめます。
＊１回ごとに呈示皿の中を空にします。

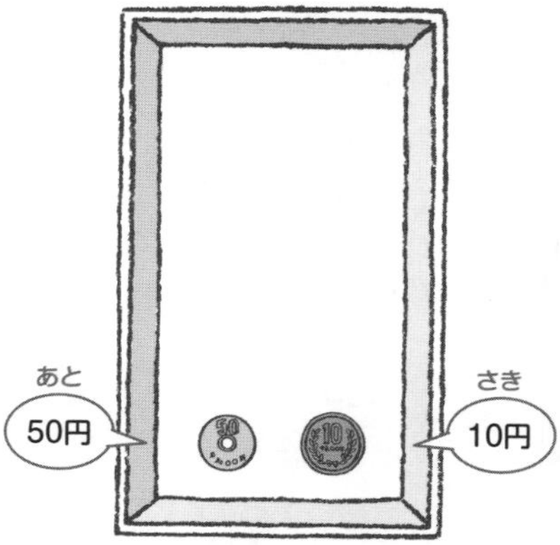

（2）70円

①呈示皿を１枚呈示します。
②「70円の勉強をするよ」「先生と一緒に言ってね」と言います。
③10円玉を置きながら「10円」、もう１個10円玉を置きながら「20円」、50円玉を置きながら「50円」と言います。
④子どもが１つずつ真似をして「10円」、「20円」、「50円」と言います。
⑤指導者が「何円？」と聞きます。
⑥指導者がすぐに「70円」と言います。
⑦子どもが真似をして「70円」と言います。
⑧「よくできました」と言ってほめます。

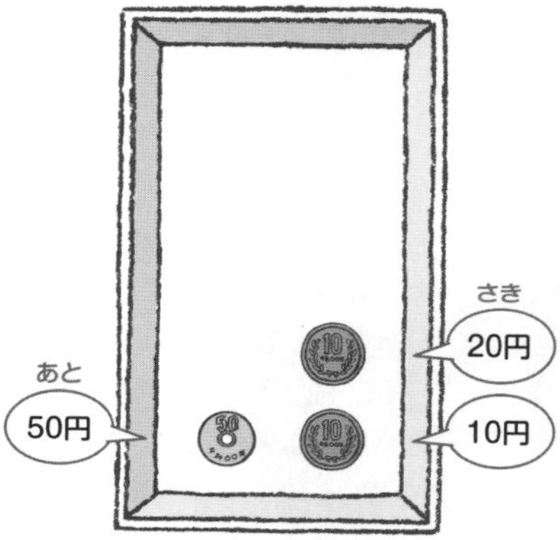

この学習を、同様にして、80円、90円、100円と行います。

100円玉と500円玉

等価交換

（1）100円玉５個で500円

①呈示皿を２枚呈示します。「500円の勉強をするよ」と言います。
②「100円玉で、500円つくるよ」「先生と一緒に言ってね」と言います。
③右側の呈示皿に100円玉を１枚ずつ置きながら「100円」、「200円」……「500円」と言います。
④子どもが１つずつ真似をして「100円」、「200円」……「500円」と言います。
⑤指導者が「何円？」と聞きます。
⑥指導者がすぐに「500円」と言います。
⑦子どもが真似をして「500円」と言います。

（2）500円玉１個で500円

①「500円玉で、500円つくるよ」「先生と一緒に言ってね」と言います。
②左側の呈示皿に500円玉を１個置きながら「500円」と言います。
③子どもが真似をして「500円」と言います。
④指導者が「何円？」と聞きます。
⑤指導者がすぐに「500円」と言います。
⑥子どもが真似をして「500円」と言います。

（3）おなじ

①右側の呈示皿を指さしして「これは、100円玉５個で500円」、左側の呈示皿を指さしして「これは、500円玉１個で500円」と言います。
②右側の呈示皿、左側の呈示皿を順番に指さしして、「これは500円」、「これも500円」、「これとこれは、おなじ」と言います。
「おなじ」のときは、子どもの両手を取って一緒に３回トントントンと机をたたくようにするとわかりやすいです。

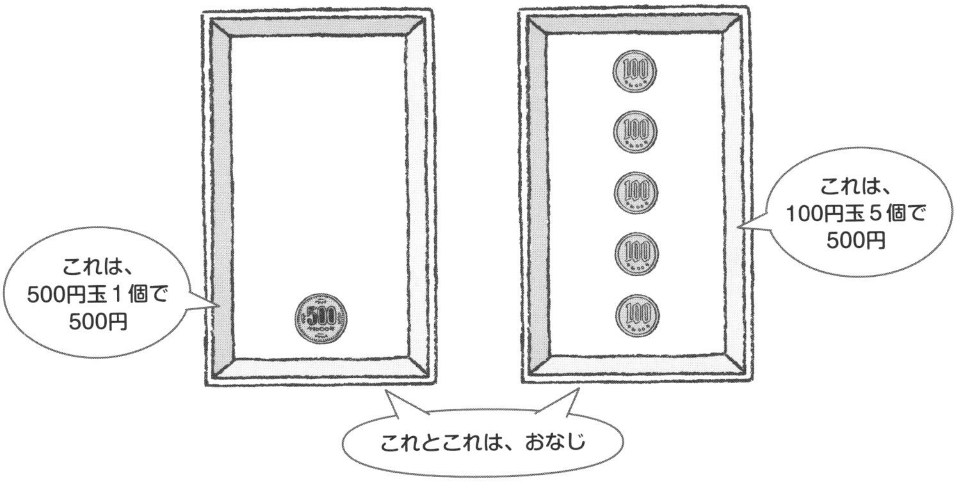

＊いずれの学習の場面でも、硬貨をしっかり見ていることが理解につながります。
発声していても、硬貨を見ていなければ、わかるようにはなりません。

Step 4：「500円」「600円」「何円？」

（1）600円

①呈示皿を１枚呈示します。
②「600円の勉強をするよ」「先生と一緒に言ってね」と言います。
③500円玉を置きながら「500円」、100円玉を置きながら「600円」と言います。

④子どもが１つずつ真似をして「500円」、「600円」と言います。
⑤指導者が「何円？」と聞きます。
⑥指導者がすぐに「600円」と言います。
⑦子どもが真似をして「600円」と言います。
⑧「よくできました」と言ってほめます。
＊１回ごとに呈示皿の中を空にします。

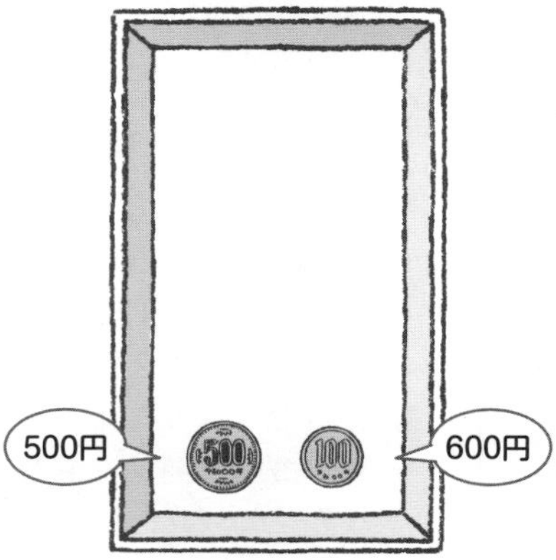

（２）700円

①呈示皿を１枚呈示します。
②「700円の勉強をするよ」「先生と一緒に言ってね」と言います。
③500円玉を置きながら「500円」、100円玉を置きながら「600円」、もう１個100円玉を置きながら「700円」と言います。
④子どもが１つずつ真似をして「500円」、「600円」、「700円」と言います。
⑤指導者が「何円？」と聞きます。
⑥指導者がすぐに「700円」と言います。
⑦子どもが真似をして「700円」と言います。
⑧「よくできました」と言ってほめます。

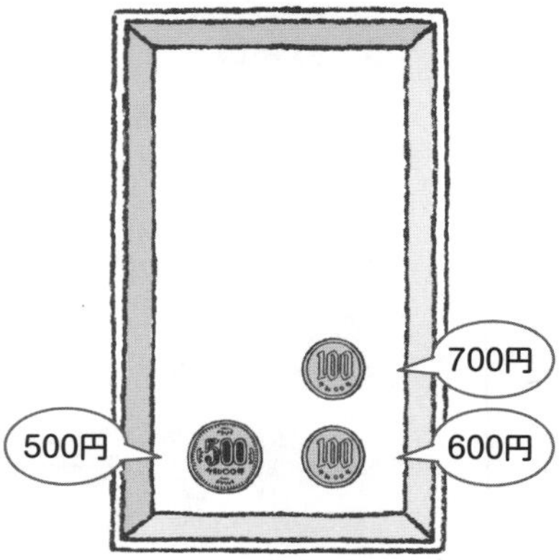

この学習を、同様にして、800円、900円、1000円と行います。

Step 5：「500円」「100円」「何円？」

（１）600円

①呈示皿を１枚呈示します。
②「600円の勉強をするよ」「先生と一緒に言ってね」と言います。
③500円玉を置きながら「500円」、100円玉を置きながら「100円」と言います。
④子どもが１つずつ真似をして「500円」、「100円」と言います。
⑤指導者が「何円？」と聞きます。
⑥指導者がすぐに「600円」と言います。
⑦子どもが真似をして「600円」と言います。
⑧「よくできました」と言ってほめます。
＊１回ごとに呈示皿の中を空にします。

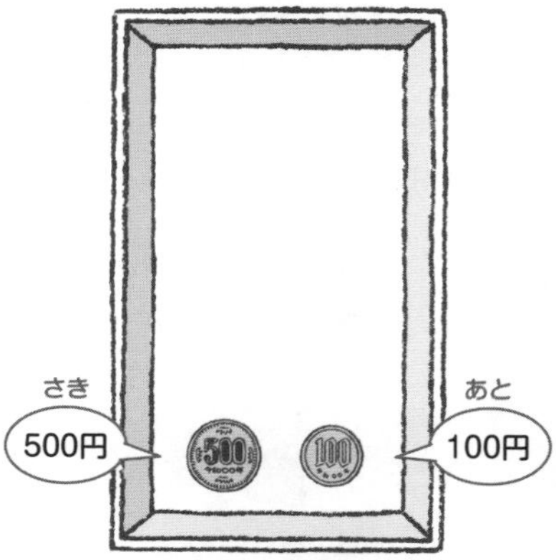

（２）700円

①呈示皿を１枚呈示します。
②「700円の勉強をするよ」「先生と一緒に言ってね」と言います。

③500円玉を置きながら「500円」、100円玉を置きながら「100円」、もう1個100円玉を置きながら「200円」と言います。
④子どもが1つずつ真似をして「500円」、「100円」、「200円」と言います。
⑤指導者が「何円？」と聞きます。
⑥指導者がすぐに「700円」と言います。
⑦子どもが真似をして「700円」と言います。
⑧「よくできました」と言ってほめます。

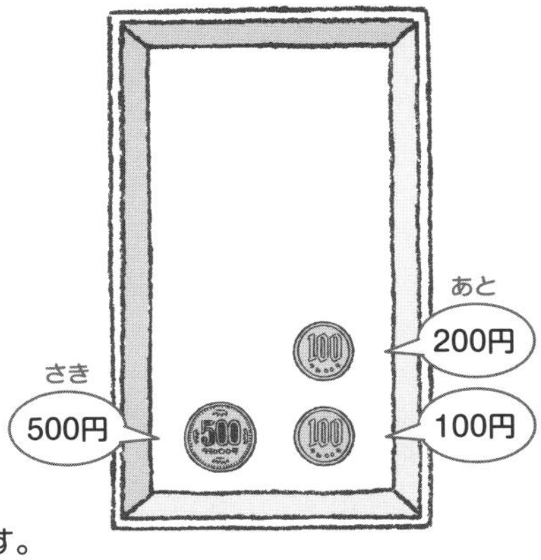

この学習を、同様にして、800円、900円、1000円と行います。

Step 6：「100円」「500円」「何円？」

(1) 600円

①呈示皿を1枚呈示します。
②「600円の勉強をするよ」「先生と一緒に言ってね」と言います。
③100円玉を置きながら「100円」、500円玉を置きながら「500円」と言います。
④子どもが1つずつ真似をして「100円」、「500円」と言います。
⑤指導者が「何円？」と聞きます。
⑥指導者がすぐに「600円」と言います。
⑦子どもが真似をして「600円」と言います。
⑧「よくできました」と言ってほめます。
＊1回ごとに呈示皿の中を空にします。

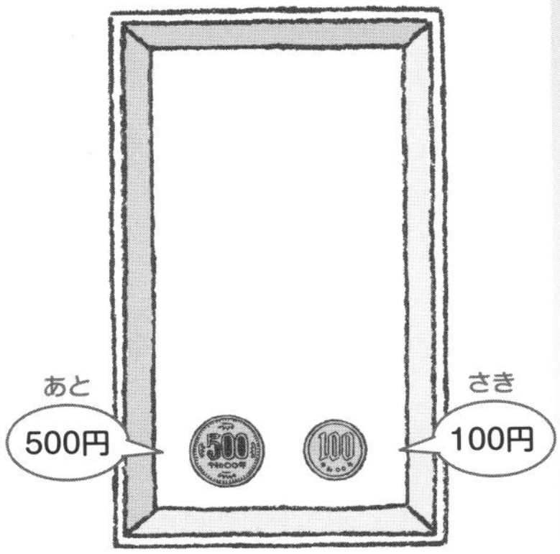

(2) 700円

①呈示皿を1枚呈示します。
②「700円の勉強をするよ」「先生と一緒に言ってね」と言います。
③100円玉を置きながら「100円」、もう1個100円玉を置きながら「200円」、500円玉を置きながら「500円」と言います。
④子どもが1つずつ真似をして「100円」、「200円」、「500円」と言います。
⑤指導者が「何円？」と聞きます。
⑥指導者がすぐに「700円」と言います。
⑦子どもが真似をして「700円」と言います。
⑧「よくできました」と言ってほめます。

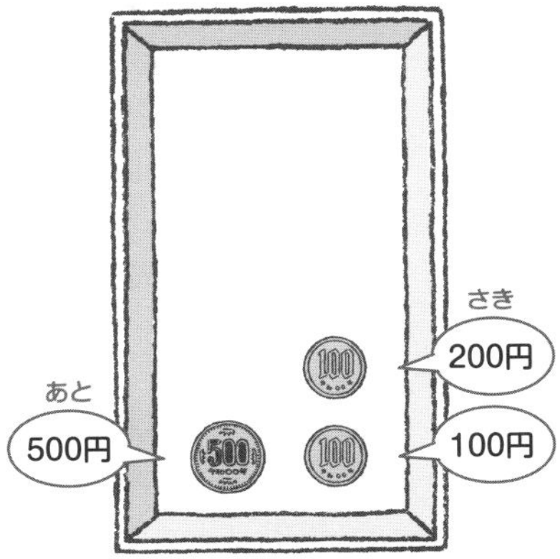

この学習を、同様にして、800円、900円、1000円と行います。

4　3種類の等価交換

Step 6 まで学習したら、
「1円玉10個・5円玉2個・10円玉1個」が、どれも10円であること、
「10円玉10個・50円玉2個・100円玉1個」が、どれも100円であること、
「100円玉10個・500円玉2個・1000円札1枚」が、どれも1000円であること、を学習します。

教材

・1円玉、10円玉、100円玉　各10個 

・5円玉、50円玉、500円玉　各2個 

・1000円札　1枚

・硬貨が縦に5個×2列並べられるような大きさの
呈示皿　3枚

方法とことばかけ

1．1円玉と10円玉と5円玉 

（1）1円玉10個

①呈示皿を3枚呈示します。「10円の勉強をするよ」と言います。
②右側の呈示皿を指さしして「ここに、1円玉で10円つくるよ」「先生と一緒に言ってね」と言います。
③右側の呈示皿に1円玉を1個ずつ数えながら10個置きます。「1円」、「2円」……「10円」。
④子どもが1つずつ真似をして「1円」、「2円」……「10円」と言います。
⑤指導者が「何円？」と聞きます。
⑥指導者がすぐに「10円」と言います。
⑦子どもが真似をして「10円」と言います。
⑧「そうだね、1円玉10個で、10円だね」と言います。

（2）10円玉1個

①中央の呈示皿を指さしして、「ここに、10円玉で10円つくるよ」「先生と一緒に言ってね」と言います。
②中央の呈示皿に10円玉を1個数えながら置きます。「10円」。
③子どもが真似をして「10円」と言います。
④指導者が「何円？」と聞きます。

⑤指導者がすぐに「10円」と言います。
⑥子どもが真似をして「10円」と言います。
⑦「そうだね、10円玉１個で、10円だね」と言います。

(3) 5円玉2個

①左側の呈示皿を指さしして、「ここに、５円玉で10円つくるよ」「先生と一緒に言ってね」と言います。
②左側の呈示皿に５円玉を１個ずつ数えながら２個置きます。「５円」、「10円」。
③子どもが１つずつ真似をして「５円」、「10円」と言います。
④指導者が「何円？」と聞きます。
⑤指導者がすぐに「10円」と言います。
⑥子どもが真似をして「10円」と言います。
⑦「そうだね、５円玉２個で、10円です」と言います。

＊「１円玉10個」の次は「５円玉２個」を呈示するという考え方もあります。
「５円玉２個で10円」は、まだ学習していません。そこで、「１円玉10個」「10円玉１個」の順に呈示し、最後に「５円玉２個」を呈示して学習します。

(4) これと、これと、これは、おなじ

①右側の呈示皿を指さしして「これは、１円玉10個で10円」、中央の呈示皿を指さしして「これは、10円玉１個で10円」、左側の呈示皿を指さしして「これは、５円玉２個で10円」と言います。
②右側の呈示皿を指さしして「これは10円」、中央の呈示皿を指さしして「これも10円」、左側の呈示皿を指さしして「これも10円」と言います。
③右側の呈示皿、中央の呈示皿、左側の呈示皿を順番に指さしして「これと、これと、これは、おなじ」と言います。「おなじ」のときは、子どもの両手を取って一緒に３回トントントンと机をたたきながら「お・な・じ」と言うとわかりやすいです。

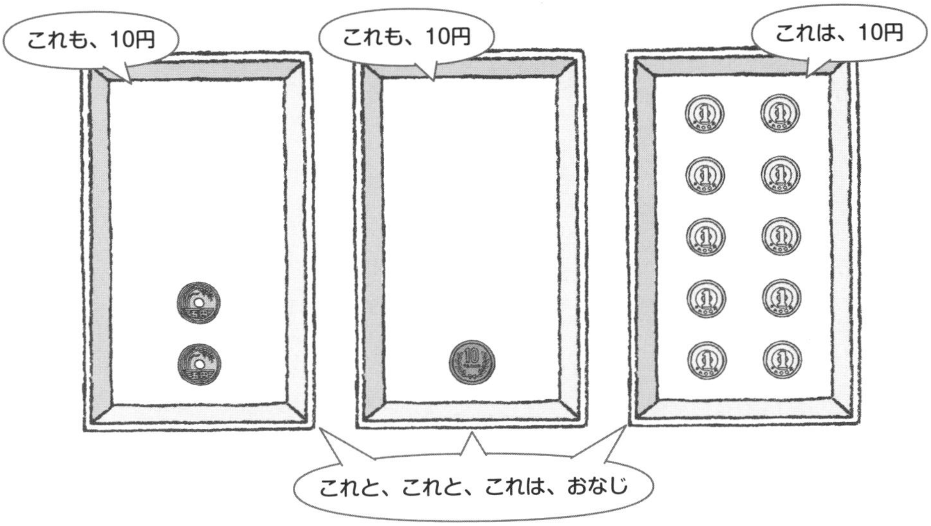

＊「これは」・「これも」・「これとこれは」「これと、これと、これは」のときに、指さししている呈示皿の中の硬貨をよく見ていることが、等価交換の理解をする上で最も大切です。

2．10円玉と100円玉と50円玉 

（1）10円玉10個

①呈示皿を３枚呈示します。「100円の勉強をするよ」と言います。
②右側の呈示皿を指さしして「ここに、10円玉で100円つくるよ」「先生と一緒に言ってね」と言います。
③右側の呈示皿に10円玉を１個ずつ数えながら10個置きます。「10円」、「20円」……「100円」。
④子どもが１つずつ真似をして「10円」、「20円」……「100円」と言います。
⑤指導者が「何円？」と聞きます。
⑥指導者がすぐに「100円」と言います。
⑦子どもが真似をして「100円」と言います。
⑧「そうだね、10円玉10個で、100円だね」と言います。

（2）100円玉１個

①中央の呈示皿を指さしして、「ここに、100円玉で100円つくるよ」「先生と一緒に言ってね」と言います。
②中央の呈示皿に100円玉を１個数えながら置きます。「100円」。
③子どもが真似をして「100円」と言います。
④指導者が「何円？」と聞きます。
⑤指導者がすぐに「100円」と言います。
⑥子どもが真似をして「100円」と言います。
⑦「そうだね、100円玉１個で、100円だね」と言います。

（3）50円玉２個

①左側の呈示皿を指さしして、「ここに、50円玉で100円つくるよ」「先生と一緒に言ってね」と言います。
②左側の呈示皿に50円玉を１個ずつ数えながら２個置きます。「50円」、「100円」。
③子どもが１つずつ真似をして「50円」、「100円」と言います。
④指導者が「何円？」と聞きます。
⑤指導者がすぐに「100円」と言います。
⑥子どもが真似をして「100円」と言います。
⑦「そうだね、50円玉２個で、100円です」と言います。

＊「10円玉10個」の次は「50円玉２個」を呈示するという考え方もあります。
「50円玉２個で100円」は、まだ学習していません。そこで、「10円玉10個」「100円玉１個」の順に呈示し、最後に「50円玉２個」を呈示して学習します。

（4）これと、これと、これは、おなじ

①右側の呈示皿を指さしして「これは、10円玉10個で100円」、中央の呈示皿を指さしして「これは、100円玉１個で100円」、左側の呈示皿を指さしして「これは、50円玉２個で100円」と言います。

②右側の呈示皿を指さしして「これは100円」、中央の呈示皿を指さしして「これも100円」、左側の呈示皿を指さしして「これも100円」と言います。
③右側の呈示皿、中央の呈示皿、左側の呈示皿を順番に指さしして「これと、これと、これは、おなじ」と言います。「おなじ」のときは、子どもの両手を取って一緒に3回トントントンと机をたたきながら「お・な・じ」と言うとわかりやすいです。

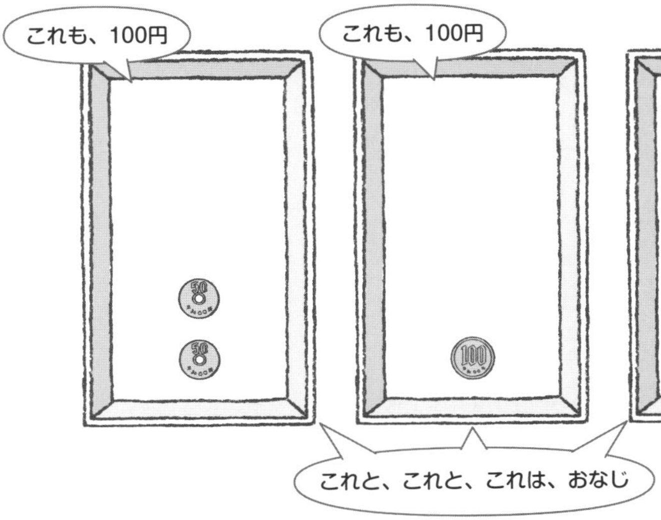

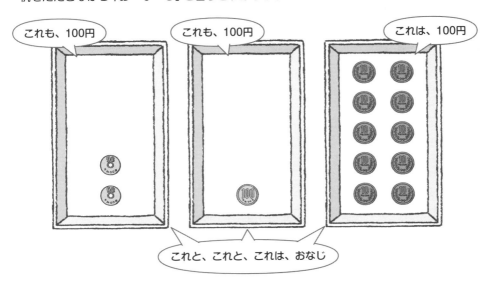

3．100円玉と500円玉と1000円札 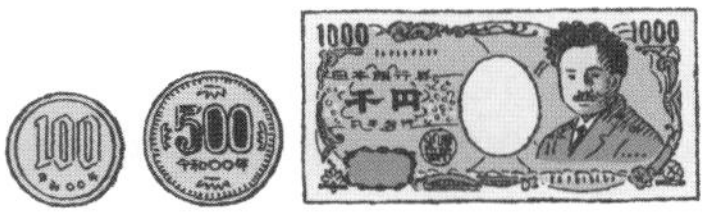

(1) 100円玉10個

①呈示皿を3枚呈示します。「1000円の勉強をするよ」と言います。
②右側の呈示皿を指さしして「ここに、100円玉で1000円つくるよ」「先生と一緒に言ってね」と言います。
③右側の呈示皿に100円玉を1個ずつ数えながら10個置きます。「100円」、「200円」……「1000円」。
④子どもが1つずつ真似をして「100円」、「200円」……「1000円」と言います。
⑤指導者が「何円？」と聞きます。
⑥指導者がすぐに「1000円」と言います。
⑦子どもが真似をして「1000円」と言います。
⑧「そうだね、100円玉10個で、1000円だね」と言います。

(2) 500円玉2個

①中央の呈示皿を指さしして、「ここに、500円玉で1000円つくるよ」「先生と一緒に言ってね」と言います。
②中央の呈示皿に500円玉を1個ずつ数えながら2個置きます。「500円」、「1000円」。

③子どもが１つずつ真似をして「500円」、「1000円」と言います。
④指導者が「何円？」と聞きます。
⑤指導者がすぐに「1000円」と言います。
⑥子どもが真似をして「1000円」と言います。
⑦「そうだね、500円玉２個で、1000円です」と言います。

（3）1000円札１枚

①1000円札１枚を呈示し、「これは、1000円札です」と言います。
②左側の呈示皿を指さしして、「ここに、1000円札で1000円つくるよ」「先生と一緒に言ってね」と言います。
③左側の呈示皿に1000円札を１枚数えながら置きます。「1000円」。
④子どもが真似をして「1000円」と言います。
⑤指導者が「何円？」と聞きます。
⑥指導者がすぐに「1000円」と言います。
⑦子どもが真似をして「1000円」と言います。
⑧「そうだね、1000円札１枚で、1000円だね」と言います。

＊「500円玉２個で1000円」「1000円札１枚で1000円」は、学習していません。しかし、500円玉１個」は学習しているので見慣れています。
そこで、ここでは「100円玉10個」「500円玉２個」の順に呈示し、最後に1000札１枚を呈示して学習します。

（4）これとこれとこれは、おなじ

①右側の呈示皿を指さしして「これは、100円玉10個で1000円」、中央の呈示皿を指さしして「これは、500円玉２個で1000円」、左側の呈示皿を指さしして「これは、1000円札１枚で1000円」と言います。
②右側の呈示皿を指さしして「これは1000円」、中央の呈示皿を指さしして「これも1000円」、左側の呈示皿を指さしして「これも1000円」と言います。
③右側の呈示皿、中央の呈示皿、左側の呈示皿の順に指さしして「これと、これと、これは、おなじ」と言います。「おなじ」のときは、子どもの両手を取って一緒に３回トントントンと机をたたきながら「お・な・じ」と言うとわかりやすいです。

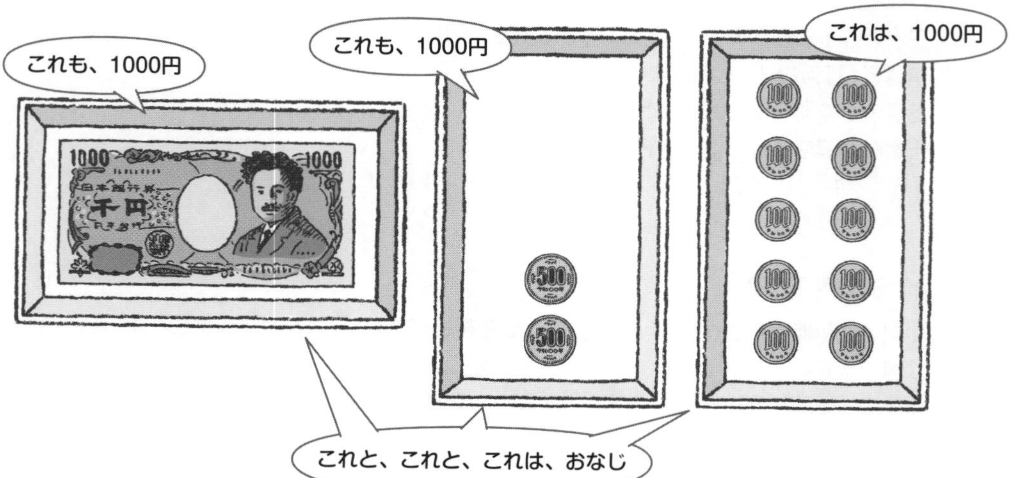

5 呈示された硬貨を見て何円かを言う

3種類の硬貨の等価交換の学習が終わったら、「呈示された硬貨を見て何円かを言う」学習に入ります。下の【教材】にあるような、位取りがはっきりわかる教材を使って学習しましょう。

教材

・1円玉、10円玉、100円玉　各10個 

・5円玉、50円玉、500円玉　各1個 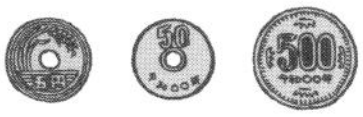

・お金の数え板　1枚（下図参照）
1枚の板に、直径約9cmの○を3つ、1辺約9cmの□を3つくりぬき、底板を貼ったもの。
深さは約1cmです。

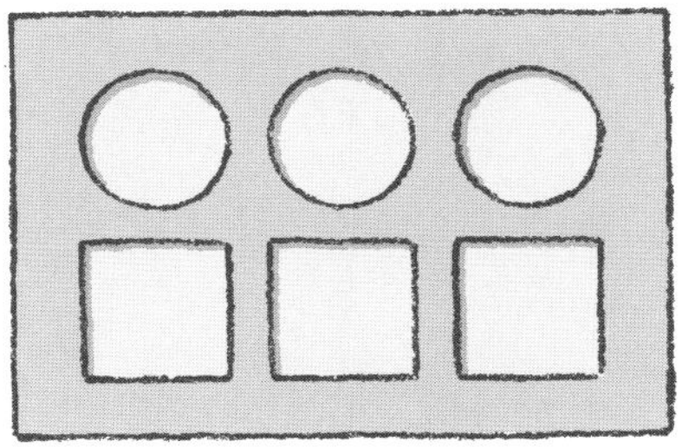

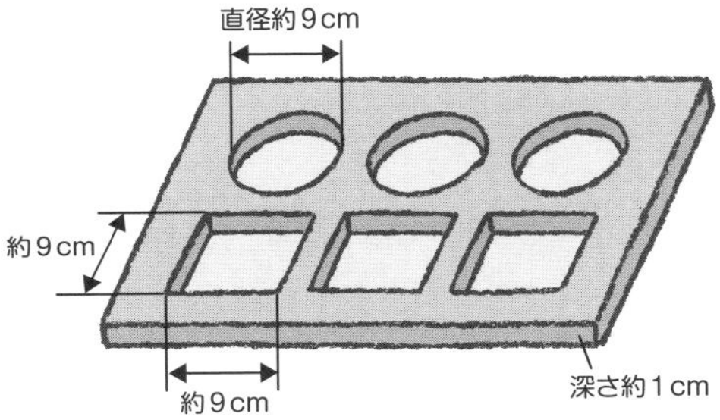

右側の○と□には1円玉と5円玉、中央の○と□には10円玉と50円玉、左側の○と□には100円玉と500円玉を置きます。
○が指導者側、□が子ども側になるように呈示します。

方法とことばかけ

1．何円

例：3円

①お金の数え板を呈示します。右側の○の中に、1円玉と5円玉を適当な数だけ置きます。
②「3円の勉強をするよ」「先生と一緒に言ってね」と言います。
③右側の○の中から右側の□の中に1円玉を3個、数えながら置きます。「1円」「2円」「3円」。
＊□の中に、硬貨が重ならないように置きます。
④子どもが真似をして言います。「1円」「2円」「3円」。
⑤「何円？」と聞きます。
⑥指導者がすぐに「3円」と言います。
⑦子どもが真似をして「3円」と言います。
＊子どもが、枠の中の硬貨をよく見て発声していることが大切です。
⑧「よくできました」と言ってほめます。

POINT 子どもの発声を待たないことが大切

お金を数える学習を積み重ねてきて、子どもは少しずつ「何円か」が言えるようになってきています。しかし、この段階になっても、間違えさせないために、子どもが言うまで待たずに、指導者がすぐに「3円」と言うようにします。
子どもの発声が指導者の発声にかぶってきて、そして子どもが指導者と同時に発声できるようになったら、わかったと判断してよいでしょう。

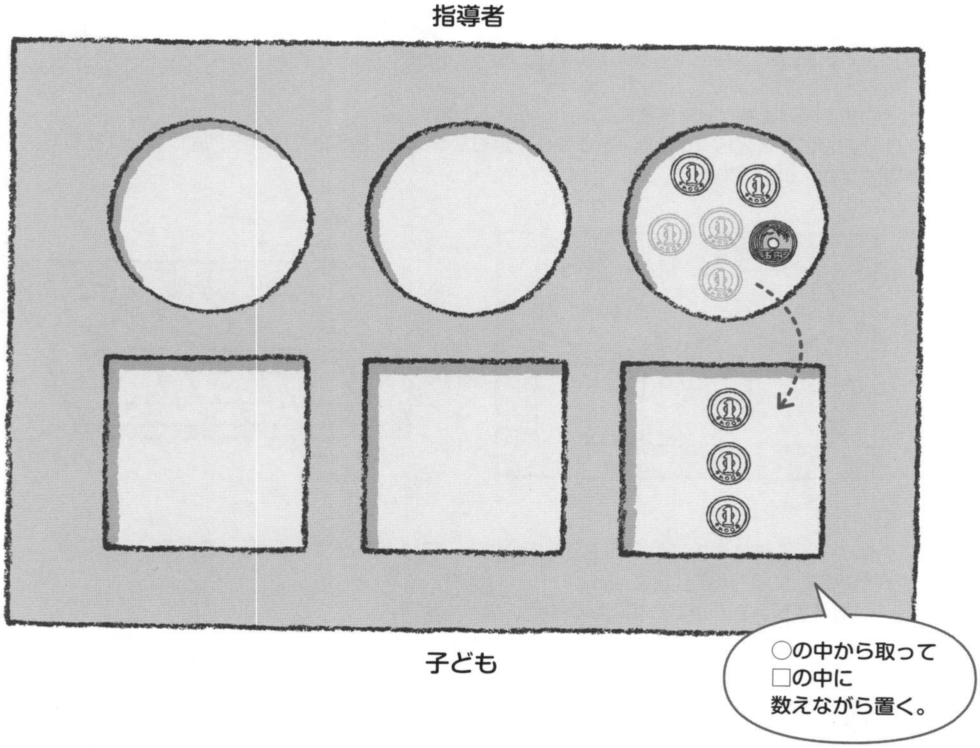
指導者
子ども
○の中から取って
□の中に
数えながら置く。

この方法で、1円から9円までランダムに学習します。
6円～9円は、全部1円玉での呈示と、5円玉を使った呈示の両方を学習します。

ことばかけのステップ

次のようにスモールステップでことばかけをして学習を進めます。

Step 1：「○円の勉強をするよ」と言ってから始めます。

硬貨を置くときに、指導者が「1円」「2円」……と言います。

＊Step 1で、子どもの発声が指導者の発声に半分以上重なってきたら、Step 2に進みます。

Step 2：「○円の勉強をするよ」と言わずに始めます。

硬貨を置くときに、指導者が「1円」「2円」……と言います。

＊Step 2で、子どもの発声が指導者の発声と全部同時になったら、Step 3に進みます。

Step 3：「○円の勉強をするよ」と言わずに始めます。

硬貨を置くときに、指導者が「１円」「２円」……と言いません。
子どもがひとりで言います。

例：60円

①お金の数え板を呈示します。中央の◯の中に、10円玉と50円玉を適当な数だけ置きます。
②「60円の勉強をするよ」「先生と一緒に言ってね」と言います。
③中央の◯の中から中央の□の中に50円玉１個と10円玉１個を、数えながら置きます。
「50円」「60円」。
＊□の中に、硬貨が重ならないように置きます。
④子どもが真似をして言います。「50円」「60円」。
⑤「何円？」と聞きます。
⑥指導者がすぐに「60円」と言います。
⑦子どもが真似をして「60円」と言います。
＊子どもが、枠の中の硬貨をよく見て発声していることが大切です。
⑧「よくできました」と言ってほめます。
＊間違えさせないために、子どもが言うまで待たずに、指導者がすぐに「60円」と言うようにします。子どもの発声が指導者の発声にかぶってきて、そして子どもが指導者と同時に発声できるようになったら、わかったと判断してよいでしょう。

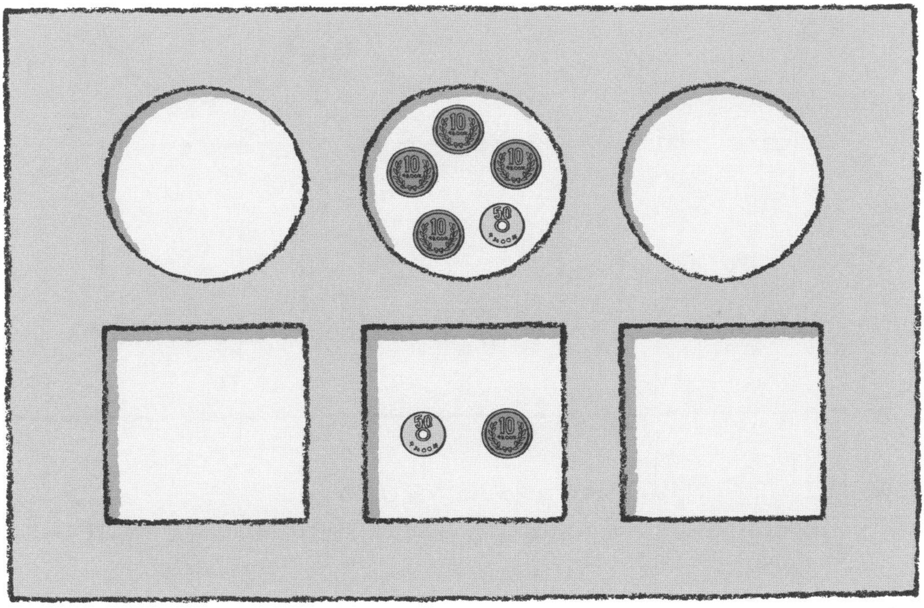

この方法で、10円から90円までランダムに学習します。
60円〜90円は、全部10円玉での呈示と、50円玉を使った呈示の両方を学習します。

３．何百円

例：400円

①お金の数え板を呈示します。左側の◯の中に、100円玉と500円玉を適当な数だけ置きます。
②「400円の勉強をするよ」「先生と一緒に言ってね」と言います。
③左側の◯の中から左側の□の中に100円玉を４個、数えながら置きます。「100円」「200円」「300円」「400円」。
＊□の中に、硬貨が重ならないように置きます。
④子どもが真似をして言います。「100円」「200円」「300円」「400円」。
⑤「何円？」と聞きます。
⑥指導者がすぐに「400円」と言います。
⑦子どもが真似をして「400円」と言います。
＊子どもが、枠の中の硬貨をよく見て発声していることが大切です。
⑧「よくできました」と言ってほめます。
＊間違えさせないために、子どもが言うまで待たずに、指導者がすぐに「400円」と言うようにします。子どもの発声が指導者の発声にかぶってきて、そして子どもが指導者と同時に発声できるようになったら、わかったと判断してよいでしょう。

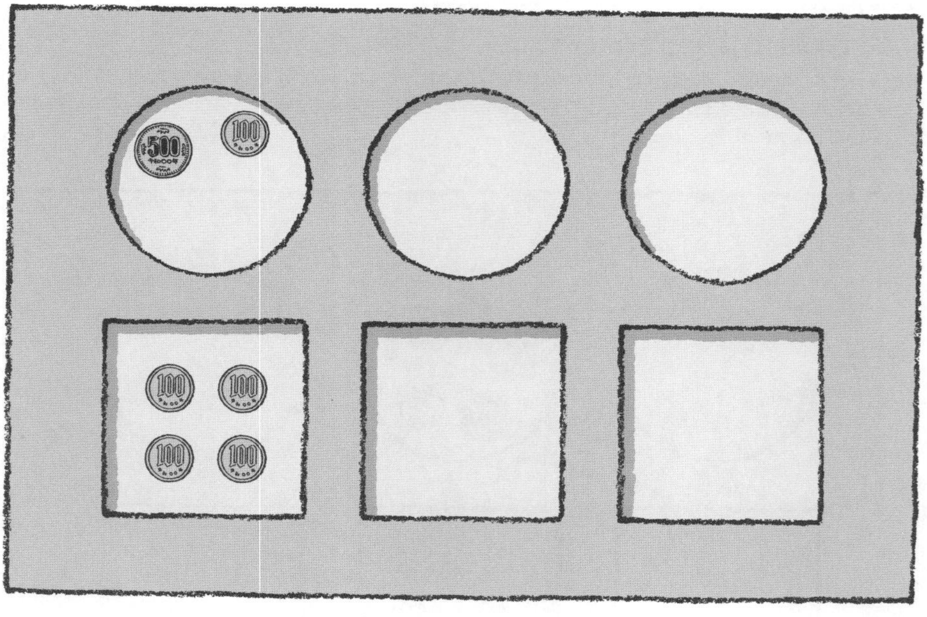

この方法で、100円から900円までランダムに学習します。
600円〜900円は、全部100円玉での呈示と、500円玉を使った呈示の両方を学習します。

4．何十何円

例：23円

①お金の数え板を呈示します。中央の◯の中に10円玉と50円玉を、右側の◯の中に１円玉と５円玉を適当な数だけ置きます。

②「23円の勉強をするよ」「先生と一緒に言ってね」と言います。

③中央の◯の中から中央の□の中に10円玉を２個、右側の◯の中から右側の□の中に１円玉を３個、数えながら置きます。「10円」「20円」、「１円」「２円」「３円」。

＊□の中に、硬貨が重ならないように置きます。
＊硬貨は、必ず10の位から置くようにします。

④子どもが真似をして言います。「10円」「20円」、「１円」「２円」「３円」。

⑤「何円？」と聞きます。

⑥指導者が、中央の□、右側の□を順番に指さししながら、「23円」と言います。

⑦子どもが真似をして「23円」と言います。

＊子どもが、指導者の指さししている枠の中の硬貨をよく見て発声していることが大切です。
＊「23円」を「20円、３円」と言う子どもがいます。子どもがそのように言ってから直すのではなく、指導者が先に「23円」と言って、子どもが真似をして「23円」と正しく言うようにすることがポイントです。

⑧「よくできました」と言ってほめます。

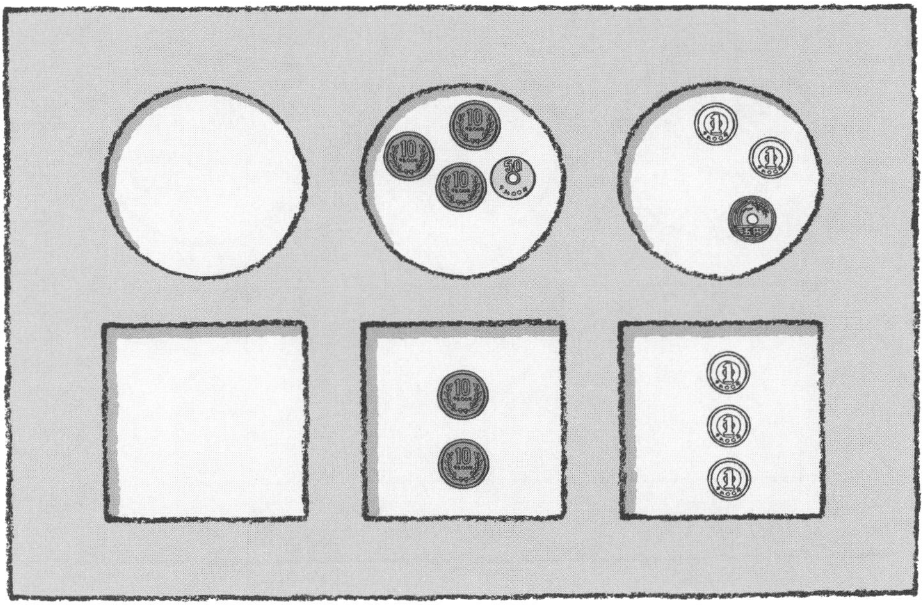

この方法で、11円から99円までランダムに学習します。
次のようなステップで行うとよいでしょう。

Step 1　１の位の金額を増やして行う。

Step 2　10の位の金額を増やして行う。

Step 3　１の位と10の位の金額を増やして行う。

5．何百何円

例：101円

①お金の数え板を呈示します。左側の○の中に100円玉と500円玉を、右側の○の中に１円玉と５円玉を適当な数だけ置きます。

②「101円の勉強をするよ」「先生と一緒に言ってね」と言います。

③左側の○の中から左側の□の中に100円玉を１個、右側の○の中から右側の□の中に１円玉を１個、数えながら置きます。「100円」、「１円」。

＊硬貨は、必ず100の位から置くようにします。

④子どもが真似をして言います。「100円」、「１円」。

⑤「何円？」と聞きます。

⑥指導者が、左側の□、右側の□を順番に指さししながら、「101円」と言います。

⑦子どもが真似をして「101円」と言います。

＊子どもが、指導者の指さししている枠の中の硬貨をよく見て発声していることが大切です。

＊「101円」を「100円、１円」と言う子どもがいます。子どもがそのように言ってから直すのではなく、指導者が先に「101円」と言って、子どもが真似をして「101円」と正しく言うようにすることがポイントです。

⑧「よくできました」と言ってほめます。

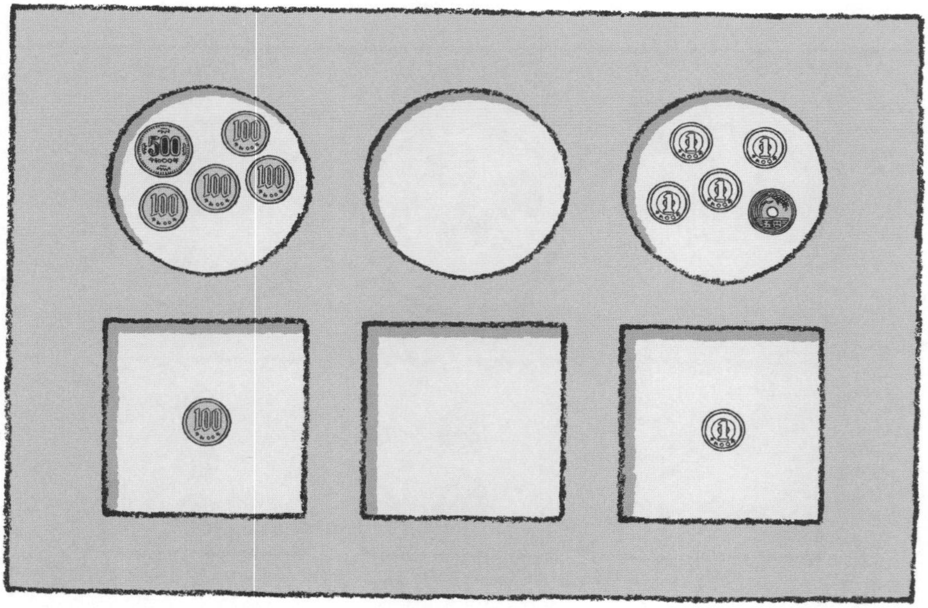

この方法で、101円から909円までランダムに学習します。
次のようなステップで行うとよいでしょう。

Step 1 １の位の金額を増やして行う。

Step 2 100の位の金額を増やして行う。

Step 3 １の位と100の位の金額を増やして行う。

6．何百何十円

例：340円

①お金の数え板を呈示します。左側の○の中に100円玉と500円玉を、中央の○の中に10円玉と50円玉を適当な数だけ置きます。

②「340円の勉強をするよ」「先生と一緒に言ってね」と言います。

③左側の○の中から左側の□の中に100円玉を３個、中央の○の中から中央の□の中に10円玉を４個、数えながら置きます。「100円」「200円」「300円」、「10円」「20円」「30円」「40円」。

＊□の中に、硬貨が重ならないように置きます。
＊硬貨は、必ず100の位から置くようにします。

④子どもが真似をして言います。「100円」「200円」「300円」、「10円」「20円」「30円」「40円」。

⑤「何円？」と聞きます。

⑥指導者が、左側の□、中央の□を順番に指さししながら、「340円」と言います。

⑦子どもが真似をして「340円」と言います。

＊子どもが、指導者の指さししている枠の中の硬貨をよく見て発声していることが大切です。
＊「340円」を「300円、40円」と言う子どもがいます。子どもがそのように言ってから直すのではなく、指導者が先に「340円」と言って、子どもが真似をして「340円」と正しく言うようにすることがポイントです。

⑧「よくできました」と言ってほめます。

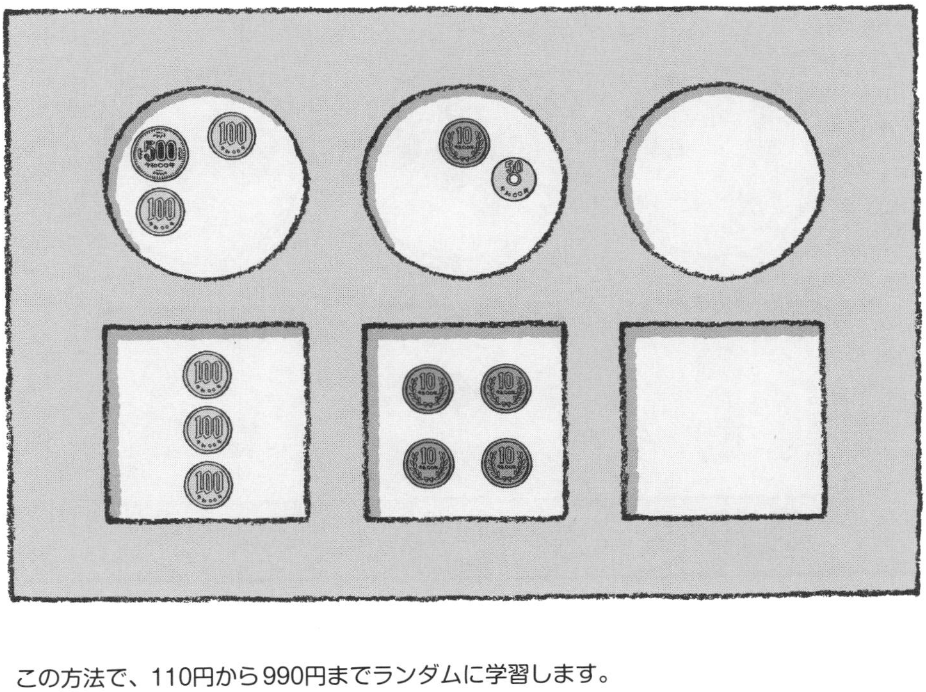

この方法で、110円から990円までランダムに学習します。
次のようなステップで行うとよいでしょう。

Step 1　10の位の金額を増やして行う。

Step 2　100の位の金額を増やして行う。

Step 3　10の位と100の位の金額を増やして行う。

7．何百何十何円

例：257円

①お金の数え板を呈示します。左側の○の中に100円玉と500円玉を、中央の○の中に10円玉と50円玉を、右側の○の中に１円玉と５円玉を、適当な数だけ置きます。
②「257円の勉強をするよ」「先生と一緒に言ってね」と言います。
③左側の○の中から左側の□の中に100円玉を２個、中央の○の中から中央の□の中に50円玉を１個、右側の○の中から右側の□の中に５円玉を１個と1円玉を２個、数えながら置きます。「100円」「200円」、「50円」、「５円」「６円」「７円」。
＊□の中に、硬貨が重ならないように置きます。
＊硬貨は、必ず100の位、10の位、１の位の順に置くようにします。
④子どもが真似をして言います。「100円」「200円」、「50円」、「５円」「６円」「７円」。
⑤「何円？」と聞きます。
⑥指導者が、左側の□、中央の□、右側の□を順番に指さししながら、「257円」と言います。
⑦子どもが真似をして「257円」と言います。
＊子どもが、指導者の指さししている枠の中の硬貨をよく見て発声していることが大切です。
⑧「よくできました」と言ってほめます。

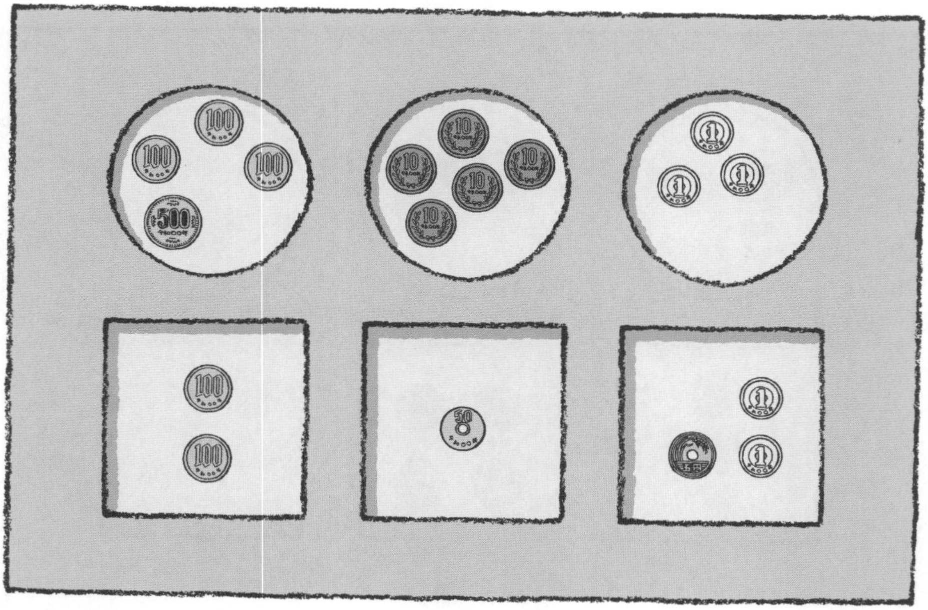

この方法で、111円から999円までランダムに学習します。
次のようなステップで行うとよいでしょう。

Step 1　１の位の金額を増やして行う。
Step 2　10の位の金額を増やして行う。
Step 3　100の位の金額を増やして行う。
Step 4　１の位と10の位と100の位の金額を増やして行う。

6 言われた金額を硬貨でつくる

呈示された硬貨の金額が言えるようになったら、「言われた金額を硬貨でつくる」学習を行います。

この学習も、位取りがはっきりわかる教材（お金の数え板）を使って学習します。

はじめはぴったりの金額の硬貨を呈示し、できるようになったら、いくつか余分に硬貨を呈示します。余分な硬貨に手が伸びなくなったら、わかったと判断します。

ここでは、ぴったりの金額の硬貨を呈示することを「必要量の呈示」、ぴったりの金額よりいくつか多い金額の硬貨を呈示することを「余分量の呈示」と言います。

教材

・1円玉、10円玉、100円玉　各10個 

・5円玉、50円玉、500円玉　各1個 

・お金の数え板　1枚（95ページと同じもの）

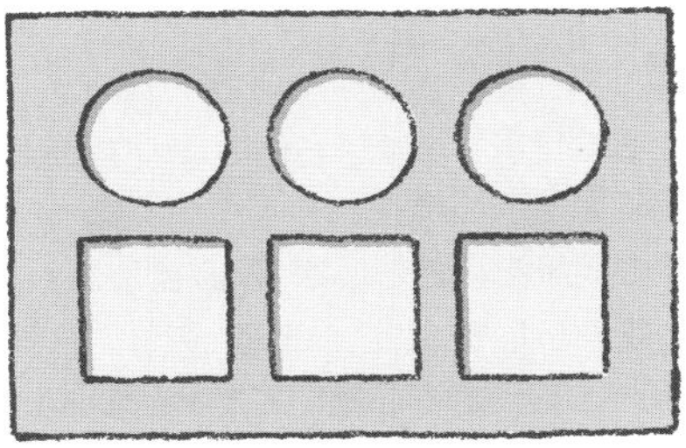

・金額を書いた用紙

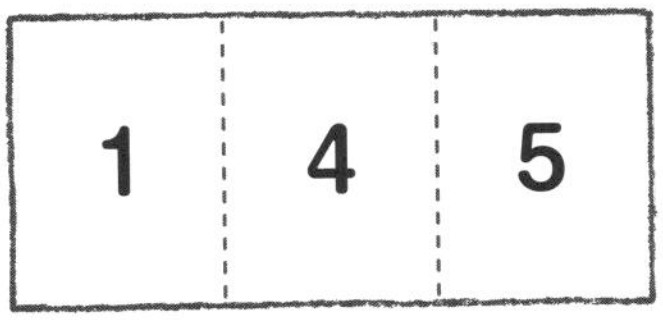

位取りがわかるように、位と位の間に点線を入れます。

方法とことばかけ

1．何円

例：2円

（1）必要量

①お金の数え板を呈示します。右側の〇の中に、1円玉を2個置きます。数え板の上側に金額を書いた用紙を呈示します。

②金額を書いた用紙を指さしして「読みましょう」と言い、一緒に読みます。「2」。

③右側の○を指さしして「ここから取って」、右側の□を指さしして「ここに2円つくってください」「1個ずつ数えながら置いてね」と言います。

④子どもが右側の○の中から右側の□の中に1円玉を2個、数えながら置きます。「1円」「2円」。

＊硬貨を2個同時に取る子どもがいます。必ず1個ずつ取って、1個ずつ数えながら置くようにすることが大切です。

⑤「何円？」と聞きます。

⑥子どもが「2円」と言います。

⑦「よくできました」とほめます。

＊子どもが言えない場合は、指導者が待たずにすぐに「2円」と言うようにします。間違えさせないようにすることが大切です。

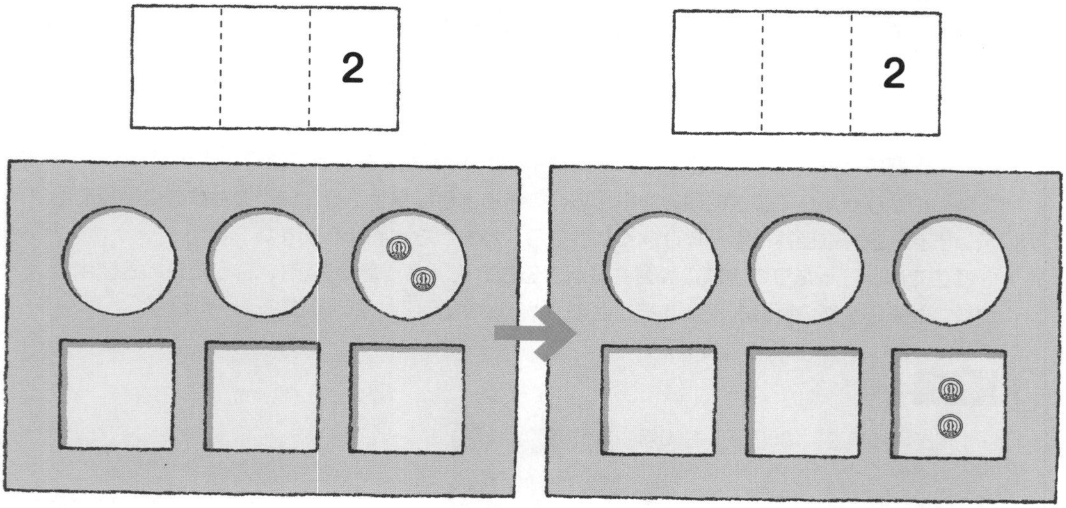

（2）余分量

①お金の数え板を呈示します。右側の○の中に、１円玉を３個置きます。数え板の上側に金額を書いた用紙を呈示します。

②金額を書いた用紙を指さしして「読みましょう」と言い、一緒に読みます。「２」。

③右側の○を指さしして「ここから取って」、右側の□を指さしして「ここに２円つくってください」「１個ずつ数えながら置いてね」と言います。

④子どもが右側の○の中から右側の□の中に１円玉を２個、数えながら置きます。「１円」「２円」。

⑤「何円？」と聞きます。

⑥子どもが「２円」と言います。

⑦「よくできました」とほめます。

＊子どもが、余分量の１円に手が伸びそうになったら、触れる前に「２円できたね」と言って、その手を止めるようにします。余分な硬貨を取ってから止めるのではなく、触れる前に止めることが大切です。

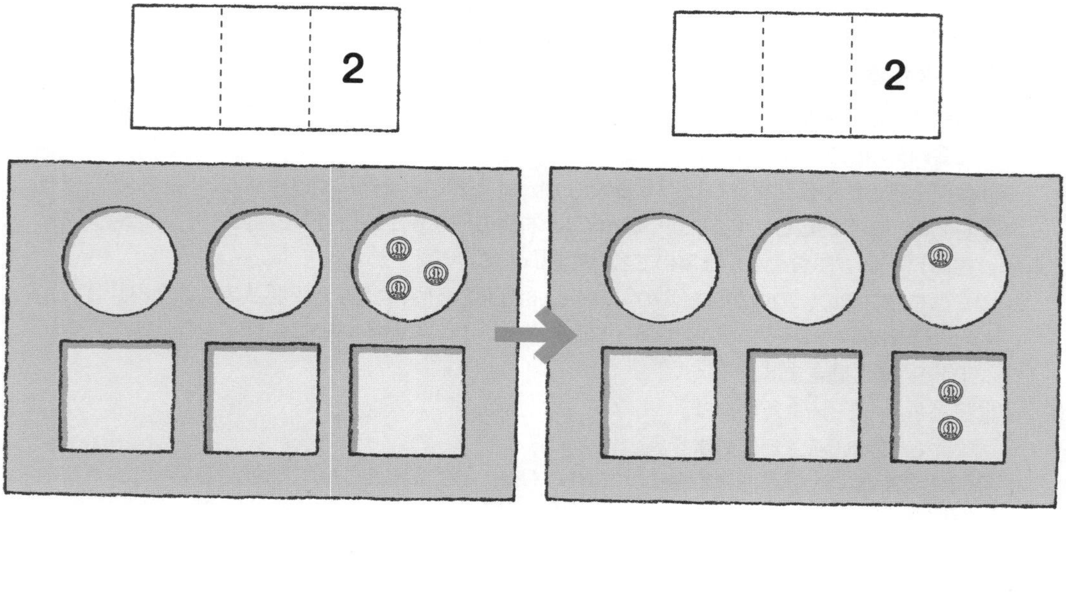

この方法で、１円から９円までランダムに学習します。

POINT　必要量と余分量は続けて学習する

ある金額をつくるときは、まず必要量で学習してから、続けて余分量で学習するようにします。

はじめから余分量を呈示すると、余分な硬貨まで取ってしまうことがよくあります。必要量で学習して、正しい金額を正しくつくれるようになってから余分量で学習することによって、余分な硬貨に手が伸びなくなります。

※「何十円をつくる学習」、「何百円をつくる学習」も、「何円をつくる学習」と同様に行います。

POINT　５円玉を使えるようにするために

例えば「６円をつくる」課題の場合、１円玉を６個以上呈示しておくと、５円玉があっても使わずに、１円玉だけで６円をつくる子どもがいます。
(このような場合でも「よくできたね」と言ってほめることが大切です。)
子どもが５円玉を使って６円をつくるようにするためには、次のようにします。

Step 1　５円玉を１個、１円玉を１個呈示して、５円玉１個と１円玉１個で６円をつくるようにします。

Step 2　５円玉を１個、１円玉を５個以下呈示して、５円玉１個と１円玉１個で６円をつくるようにします。

Step 3　５円玉を１個、１円玉を６個以上呈示して、５円玉１個と１円玉１個で６円をつくるようにします。

５円玉をなかなか使おうとしないときは、「５円玉を使って６円つくってね」とことばかけするとよいでしょう。

50円玉、500円玉を使う学習も、同様に行います。

２．何十何円

この段階になったら、「余分量」の呈示のみで学習します。

例：34円

①お金の数え板を呈示します。中央の○の中に10円玉と50円玉を、右側の○の中に、１円玉と５円玉を適当な数だけ置きます。数え板の上側に金額を書いた用紙を呈示します。
②金額を書いた用紙を指さしして「読みましょう」と言い、一緒に読みます。「34」。
③「34円つくってください」「30円からつくってね。１個ずつ数えながら置いてください」と言います。
④子どもが中央の○の中から中央の□の中に10円玉を３個、数えながら置きます。
「10円」「20円」「30円」。
⑤「次に４円をつくってください。数えながら置いてね」と言います。
⑥子どもが右側の○の中から右側の□の中に１円玉を４個、数えながら置きます。
「１円」「２円」「３円」「４円」。

⑦「何円つくりましたか？」と聞きます。

⑧子どもが「34円」と言います。

⑨「よくできました」とほめます。

＊子どもが、余分な硬貨を取ろうと手を伸ばして来たら、触れる前に「○円できたね」と言って、その手を止めるようにします。余分な硬貨を取ってから止めるのではなく、触れる前に止めることが大切です。

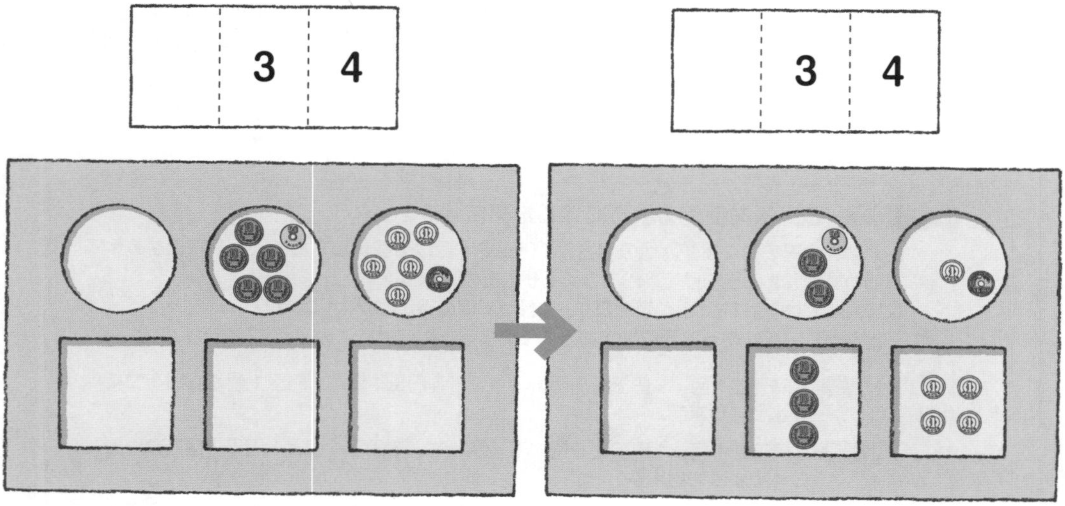

この方法で、11円から99円までランダムに学習します。

※「何百何円をつくる学習」、「何百何十円をつくる学習」、「何百何十何円をつくる学習」も、「何十何円をつくる学習」と同様に行います。

7 買い物学習

「言われた金額を硬貨でつくる」ことができるようになってきたら、「買い物学習」を行います。

実際に店で買い物をするための準備の学習です。

はじめは、「お金の数え板」を使って学習します。

お金の数え板で、「何百何十何円」が、正しく出せるようになったら、硬貨を小銭入れに入れて買い物学習をします。

この段階はまだ導入期なので、硬貨のみを使って学習します。

買い物学習では、「余分量」と「不足量」で学習します。

例えば、280円のものを買うときに、100円玉４個、50円玉１個、10円玉１個を持っていたとします。80円を出すのに、50円玉１個と10円玉１個を出したまま、どうしたらよいかわからずにいる場合があります。このような状態になる硬貨の呈示のことを、ここでは、「不足量の呈示」と言います。

教材

- 1円玉、10円玉、100円玉　各10個 
- 5円玉、50円玉、500円玉　各1個 
- お金の数え板　1枚（95ページと同じもの）
- 買うものと金額を書いた用紙

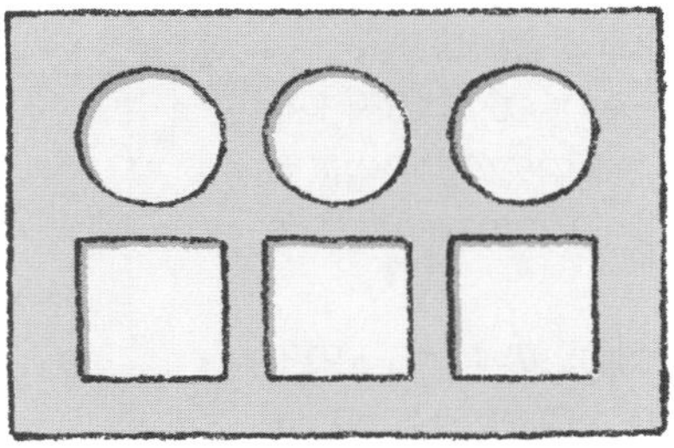

コロッケ1こ
47円

方法とことばかけ

1．余分量

「6 言われた金額を硬貨でつくる」の余分量の学習（104ページ）と同様に行います。

＊「買うものと金額を書いた用紙」を数え板の上側に呈示し、はじめに一緒に読みます。それから、必要な金額を出します。

2．不足量

例：47円

（1）46円

①お金の数え板を呈示します。中央の○の中に10円玉を5個、右側の○の中に、1円玉を1個と5円玉を1個置きます。数え板の上側に「買うものと金額を書いた用紙」を呈示します。

②用紙を指さしして「読みましょう」と言い、一緒に読みます。「コロッケ1こ47円」。

コロッケ1こ
47円

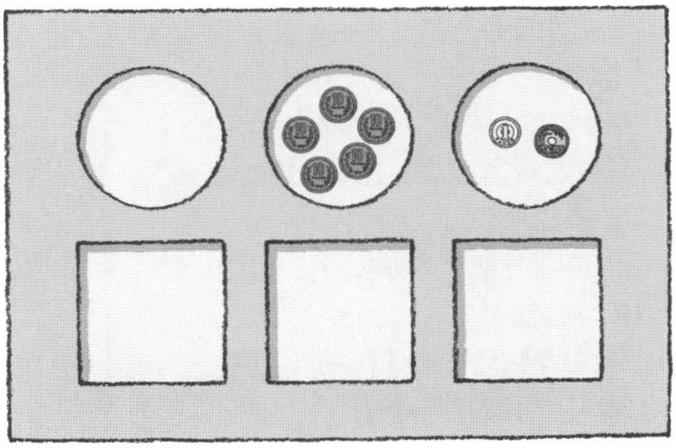

③「47円のコロッケを１個、買いに行きました。お金を払いましょう。ここ（中央と右側の◯の中の硬貨を指さしして）から取って、「□の中に置いてください」「数えながら置いてね」と言います。
④子どもが中央の◯から10円玉を４個数えながら中央の□の中に置きます。「10円」「20円」「30円」「40円」。
続けて、右側の◯の中から５円玉１個と１円玉１個を数えながら置きます。「５円」「６円」。
⑤「何円置きましたか？」と聞きます。
⑥子どもが「46円」と答えます。
⑦「そうだね」と言います。

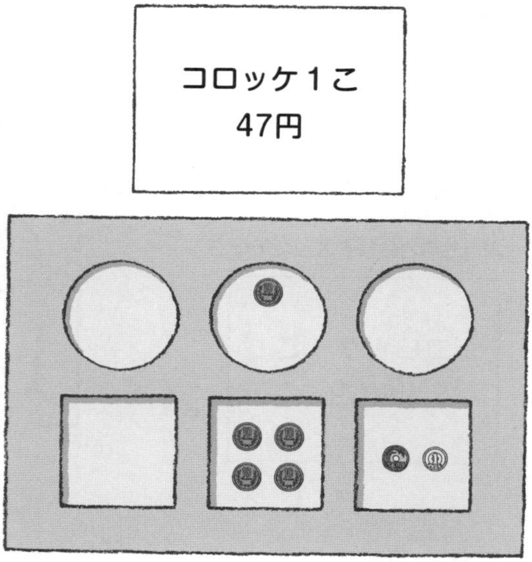

（２）たりない

①「コロッケは47円だから、たりますか？　たりませんか？」と聞きます。
②子どもが「たりません」と答えます。
＊子どもが答えられない場合は、指導者がすぐに「たりません」と言うようにします。
③「そうだね、でも、もうここ（右側の◯）にはお金がないね。１円玉と５円玉では７円払えないから、１円と５円は、もとに戻します」「１円と５円を、ここ（右側の◯）に戻してください」と言います。
④子どもが、１円玉と５円玉を右側の◯の中に戻します。

（３）50円

①「１円玉と５円玉で払えないときは、ここ（中央の◯）から払うよ」「ここから払ってください」と言います。
②子どもが中央の◯の中から10円玉を取って中央の□の中に置きます。
③「10円玉を数えてみましょう」と言います。
④子どもが数えます。「10円」「20円」「30円」「40円」「50円」。

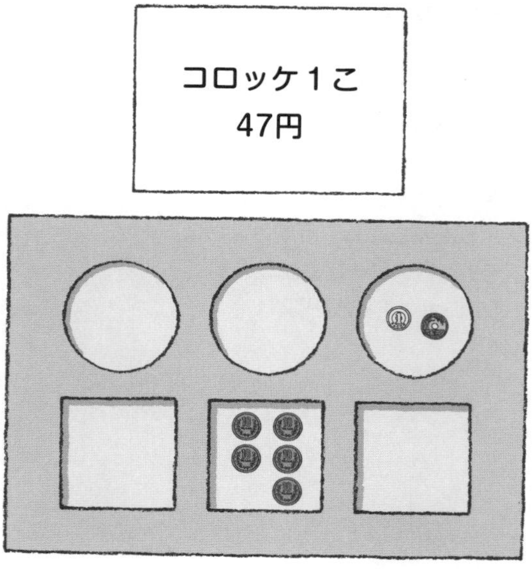

⑤「何円ですか？」と聞きます。
⑥子どもが「50円」と答えます。
⑦「そうだね」「47円のコロッケは買えますか？」と聞きます。
⑧子どもが「買えます」と答えます。
⑨「そうだね、よくできました」とほめます。
⑩「おつりがあるから、もらいましょう」と言います。
＊導入期の学習なので、ここではおつりの細かい計算は行いません。

「47円を払う学習」では、上記の方法のほかに、「50円玉を呈示して50円玉を使って払う」「100円玉を呈示して100円玉を使って払う」などの方法が考えられます。

子どもの学習の進展によって、いろいろなパターンを行うとよいでしょう。

「お金の数え板」を使って十分学習したら、小銭入れに硬貨を入れて買い物学習をします。

小銭入れの中の硬貨を広げなくても、必要な硬貨を取り出せるようにすることが大切です。

お店のレジの前で、小銭入れの中身を全部広げていては、スムーズに買い物はできません。

教室や家庭で小銭入れから必要な硬貨を取り出す練習をしたら、実際に小銭入れを持ってお店に出かけ、簡単な買い物をする練習をするとよいでしょう。

第3章 絵の構成の学習

絵の構成の学習

いくつかの切片を合わせて絵を構成する学習です（次ページ下の図をご参照ください）。
※ひとつの絵を分割したものを「切片」と呼びます。

この学習を行うことによって、空間を認知する力が育ちます。
いろいろなところで、この学習を行っているのをよく見かけます。
しかし、子どもができずに困っている様子を見かけることが多くあります。
どのような方法が、子どもにとってわかりやすく、課題を達成しやすいか、考えてみましょう。

（1）絵の構成板（枠）を使用して学習する。

絵の構成板（枠）を用いずに構成をするのは、絵を分割した切片を置く位置の基準がわからず、難しいです。また、構成板を用いないと、切片を正しく置いても、少し触れただけで動いてしまいます。したがって、構成板を用いて学習するようにします。

（2）はじめのうちは、切片を１つずつ呈示して学習する。

切片を１度に全部呈示するのは難しいです。はじめのうちは子どもが入れるのは１つの切片だけにし、その他の切片はあらかじめ構成板に入れておくようにします。それができるようになったら、２つの切片を呈示します。このように、呈示する切片を１つずつ増やして学習します。

（3）上下に分割したものから学習を始める。

左右の概念は、上下の概念より難しいです。したがって、絵の構成の学習は、上下に分割した絵の構成から行います。上下でできるようになったら、左右に分割した絵の構成を行います。

（4）上下、左右が対称でないもので学習する。

「りんご」など、左右対称の絵を２つに分割したものは、左右の区別がつきにくいので、教材としてふさわしくありません。右と左がはっきりわかる絵を用います。同様に、上下に対象の絵を上下に２分割したものも、わかりにくいです。上下に対称でないもので学習します。

（5）子どもがよく知っているものの絵で学習する。

子どもは、自分の知らないものを構成するのは困難です。例えば、パイナップルは、切ったものしか見たことがない子どもが多いです。全体の形を知らないと、構成することは難しいでしょう。子どもが全体像を知っているかどうかを把握して、知っているもので学習するようにします。

（6）切片と切片が接する部分が直線になっているもので学習する。

切片と切片が接する部分が凹凸になっていると、子どもは絵を見て考えるのではなく、凹凸の部分のみに注目して構成してしまいます。切片と切片が接する部分は、直線にします。その方が、絵を見て全体像をイメージして考えるようになります。

（7）切片は、長方形または正方形にして学習する。

切片は、長方形または正方形がよいです。同じ形で同じ大きさが望ましいです。その方が全体像を考えて構成する力の向上につながります。

（8）切片の数を増やしていくのではなく、切片の向きを変えて呈示する方法で学習する。

切片の数を２切片、３切片、４切片、５切片、６切片……と増やして学習することが多く見られます。しかし、切片の数を増やして学習することよりも、切片の向きを変えて呈示されたものを、正しい向きに直して入れられることの方が大切です。
このことが、空間概念の基礎的な力を養い、空間概念の形成につながります。
切片を正しい向きに呈示して学習した後、切片を90度や180度に回転させて呈示します。それを正しい向きに直して入れるようにします。
３切片までの絵の構成の学習で、向きを変えて呈示した切片を正しい向きに入れられるようになったら、それ以上は切片を増やして学習しなくてもよいでしょう。

上記のことに配慮して、学習を進めます。

※「絵の構成の学習」とは、１つの絵をいくつかの切片に分割したものを構成して絵を完成させるという学習です。本書では、下の図のように表します。

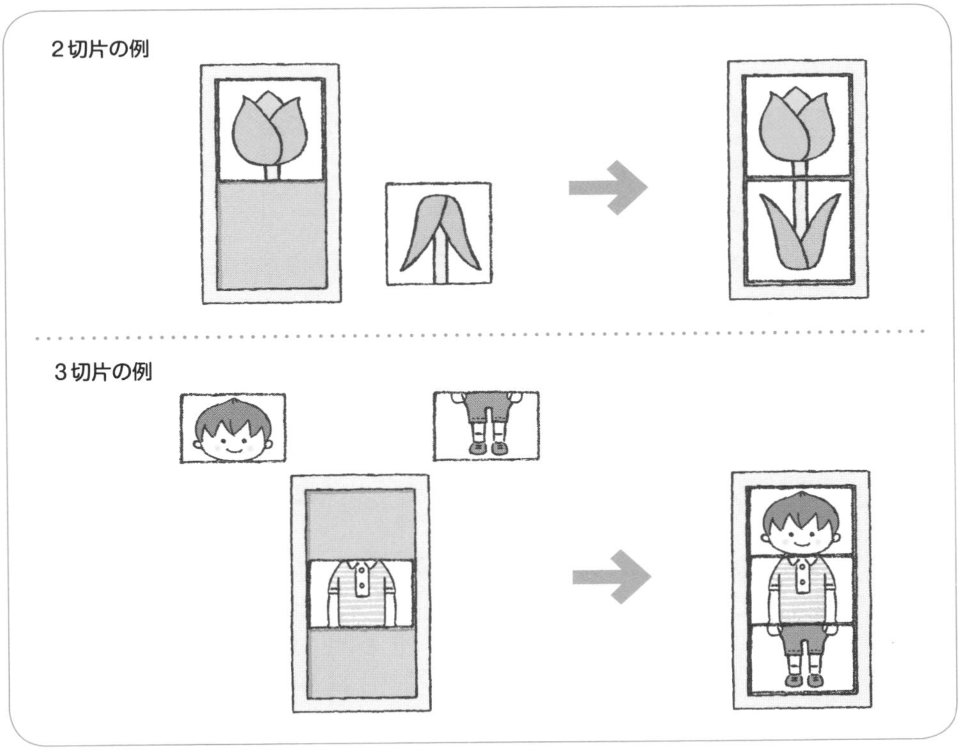

1 上下に2分割の絵の構成の学習

1 上下に２分割の絵の構成の学習の系統性

絵の構成の学習では、切片をいくつ呈示するのか、切片をどこに呈示するのか（呈示の位置）、切片をどの向きに呈示するのかが、大切な要素です。

呈示する切片の数や、呈示する位置、切片の向きなどに配慮して学習します。

切片の向きを変えて呈示しても、全体像を考えて正しく構成できることが最も大切です。

２切片、３切片で全体像を考えて構成できるようになったら、絵の構成の学習は終了してよいと考えています。

向きを変えて呈示された切片を、正しい向きに直して全体を構成することが、空間概念の形成につながります。

上下の構成の方が左右の構成よりやさしいです。上下の構成ができるようになったら、左右の構成に進みます。

切片が少ない方がやさしいです。はじめは２切片の構成の学習から行います。２切片の構成ができるようになったら３切片の構成に進みます。

２切片の構成では、２切片とも呈示するより、１つの切片のみ呈示する方がやさしいです。

１つの切片のみ呈示する場合は、もう一方の切片は、構成板の中にあらかじめ入れておきます。その場合、上の切片を入れておいて子どもが下の切片を入れる方が、下の切片を入れておいて上の切片を入れるよりもやさしいです。

ここでは、子どもは右利きとして述べます。切片は、上下とも構成板の右側に呈示します。したがって、どちらも右手で入れます。

上下に２分割の絵の構成の学習の系統性は、次のようになります。

（1）上の切片 を入れておき、子どもが 下の切片 を入れる

切片は、構成板の右側に呈示します。

下の切片 の呈示のしかたのステップは、次のとおりです。

Step 1 正しい向きに呈示

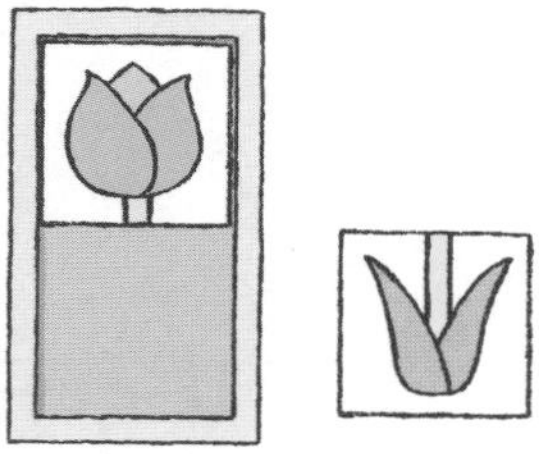

Step 2 90度右に回転させた向きに呈示

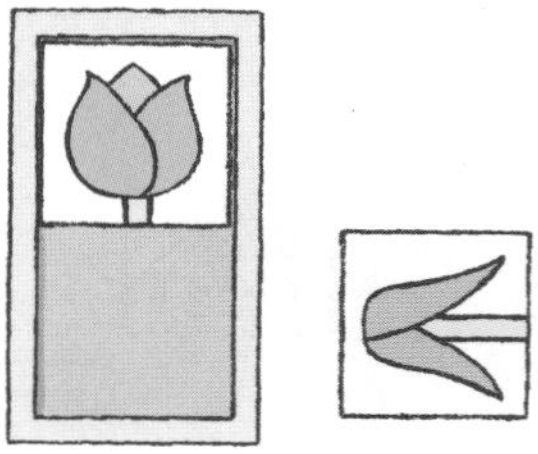

Step 3 90度左に回転させた向きに呈示

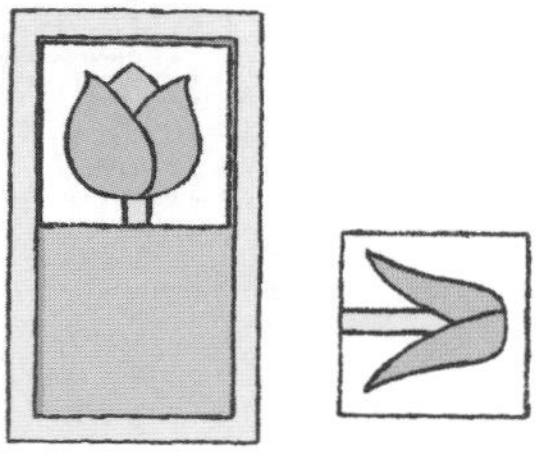

Step 4 180度回転させた向きに呈示

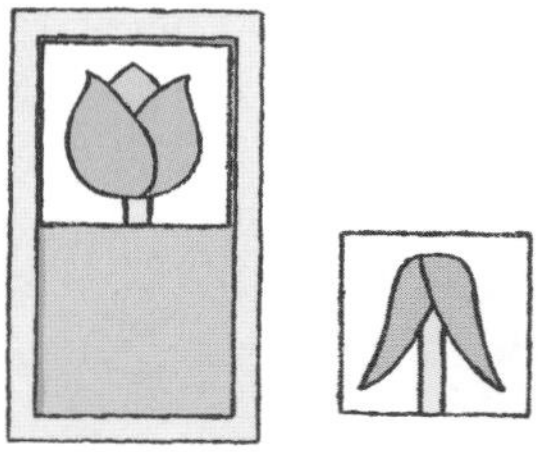

POINT　1つの切片を90度回して呈示する場合の順序について

上下に2分割の場合、切片の形は、正方形または横長の長方形のことが多いです。ここでは正方形の切片を想定しています。正方形の切片を持って90度回す場合の右手の操作性を考えると、右に回転させて呈示したものを左に回転させて入れる方がやさしいです。

したがって、「90度右に回転させて呈示するステップ」の方が、「90度左に回転させて呈示するステップ」より、先になっています。

ただし、切片の大きさ・形（正方形か長方形か）、子どもの手の大きさ・切片の持ち方・指や手首の使い方などによって、90度左に回転させて呈示した方がやさしい場合があります。

切片の大きさ・形や、子どもの実態などによって、順序を組み替えましょう。

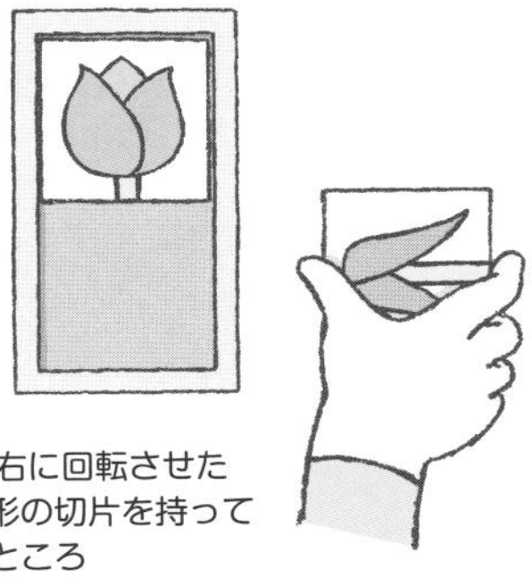

90度右に回転させた正方形の切片を持っているところ

(2) 下の切片 を入れておき、子どもが 上の切片 を入れる

切片は、構成板の右側に呈示します。

上の切片 の呈示のしかたのステップは、次のとおりです。

Step 1 正しい向きに呈示

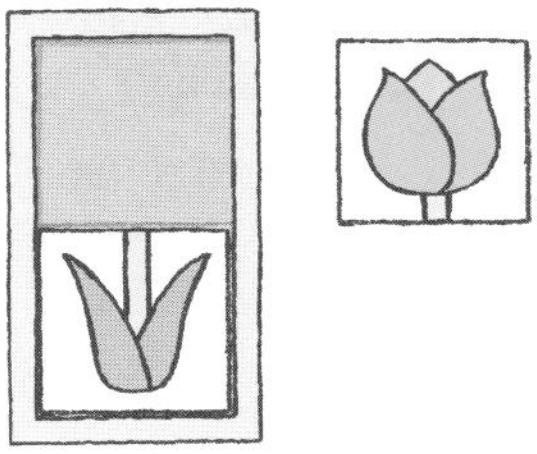

Step 2 90度右に回転させた向きに呈示

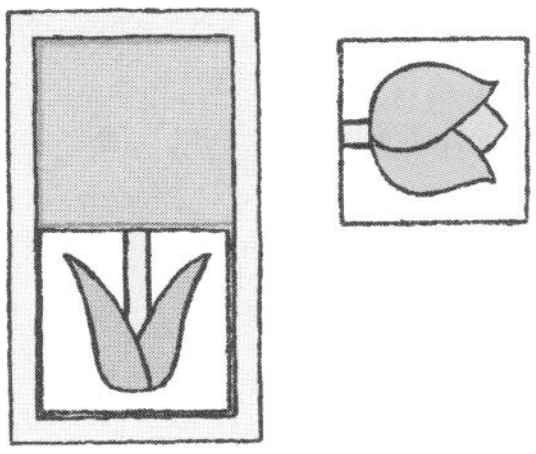

Step 3 90度左に回転させた向きに呈示

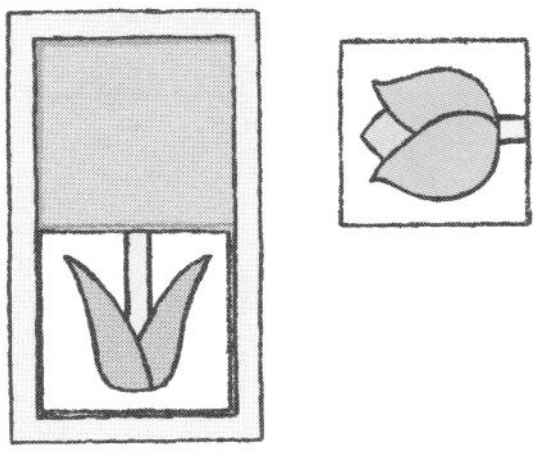

Step 4 180度回転させた向きに呈示

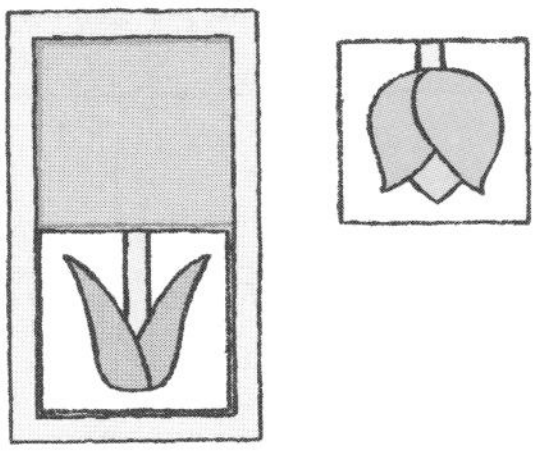

2　上下に２分割の絵の構成の学習の教材について

例：「花」の絵

使用する教材

●絵の構成板

縦17.2cm、横9.7cmの板の上に、
幅１cm、厚さ0.8cmの外枠を貼ります。
うちのりは、縦15.2cm、横7.7cm、
深さ0.8cmになります。
中央に分割の線を書いておきます。

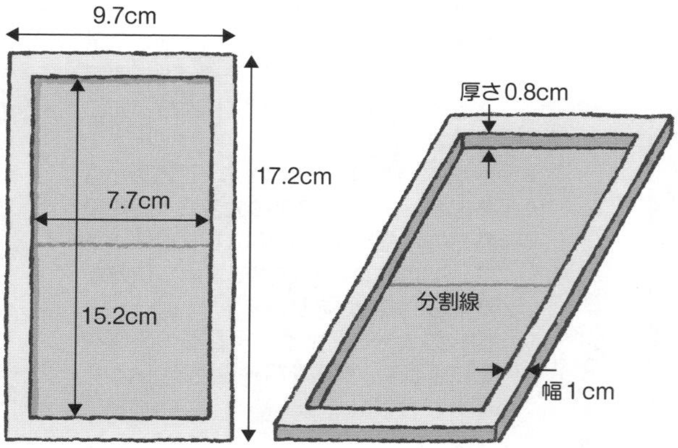

●「花」の絵のカードを同じ大きさに上下に２分割したもの

縦15cm、横7.5cm、厚さ１cmの「花」の絵のカードを、
真ん中で上下に２分割したもの。
絵は、子どもが見て、それが何であるかがはっきりわかるように、色・形・輪郭の太さなどに配慮して描きます。背景は白を基本とします。
「花」は１つだけで、「花」以外は描かないようにします。
上のカードには「花と茎」、下のカードには「茎と葉」になるように配慮して描きます。

＊絵の構成板・絵カードとも、材質は木材が最適ですが、難しい場合は、スチレンボードなどで作成してもよいでしょう。
＊絵カードは、取り出しやすいように、入れたときに絵の構成板から２mm程度出るようにします。
＊絵カードの上を透明コートフィルムなどで覆うと、耐久性が増します。

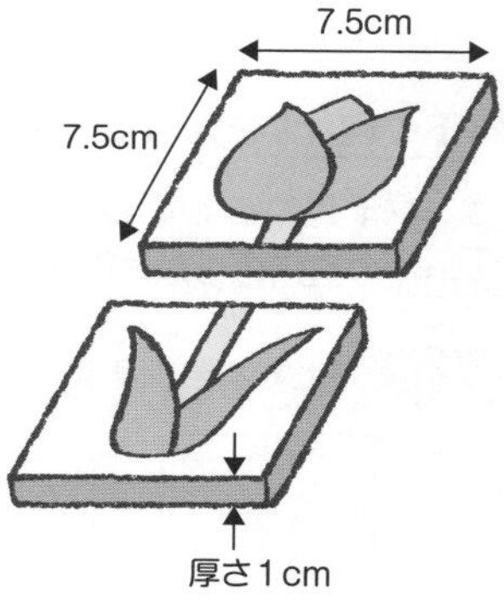

3　上下に２分割の絵の構成の学習の方法とことばかけ

系統性の（1）

「上の切片 を入れておき、子どもが 下の切片 を入れる」

Step 1：下の切片 を正しい向きに呈示

（1）模範を示す

① 上の切片 と 下の切片 を入れた絵の構成板を呈示します。
「お花の絵をつくる勉強をするよ」と言います。

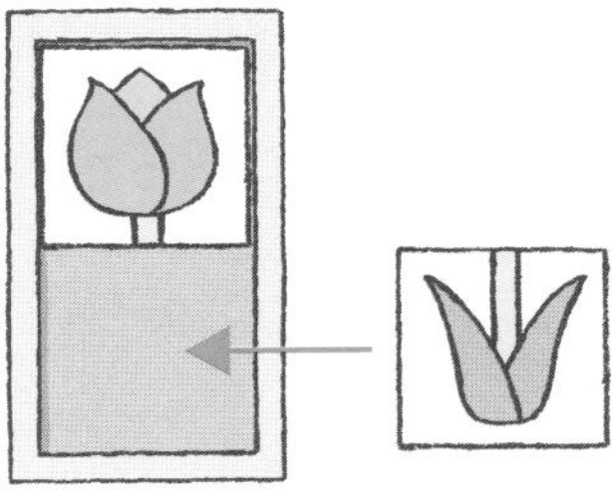

② 上の切片 を入れた絵の構成板を呈示します。
「先生がつくるから、見ててね」と言います。
③絵の構成板の下の切片を入れる枠の真横、右側に、下の切片 を正しい向きに置きます。「よく見ててね」と言って、入れてみせます。
④「お花ができたよ。よく見てたね」とほめます。

POINT　子どもが見ていることが大切

切片を呈示するとき「見て」と言い、見たら「見てるね」と言います。見ないときは切片をポインティング（トントンと音を立てながら指さしすること）しながら「ここ、見て」と言い、見たら「見てるね」と言います。
入れるところを子どもが見ていることが最も大切です。子どもの視線を常に把握しながら学習を行います。
指導者は、できるだけ切片の絵が手で隠れないようにして、構成板に入れるようにします。

（2）子どもが 下の切片 を入れる

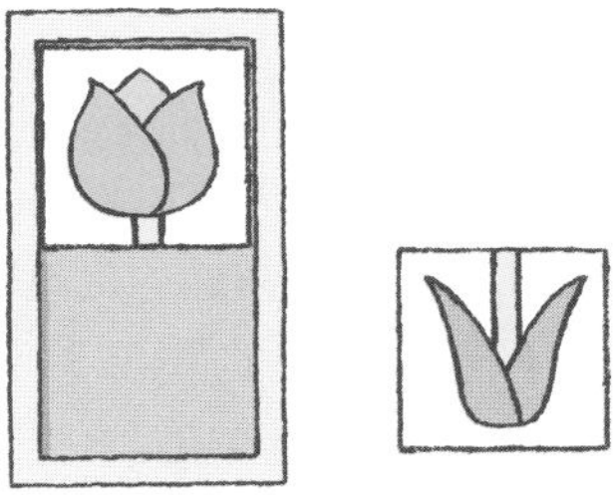

① 上の切片 を入れた絵の構成板を呈示します。
「お花の絵をつくる勉強をするよ」と言います。
②絵の構成板の下の切片を入れる枠の真横、右側に、下の切片 を、正しい向きに呈示します。「見て」と言い、見たとき「見てるね」と言います。

③絵の構成板の下の部分を指さしして「ここに入れて」と言います。
④子どもが入れます。
＊はじめのうちは、横向きや逆さに入れないように、援助して正しい向きに一緒に入れるようにします。間違えさせないことが大切です。間違えてから直したのでは定着しません。援助して、間違えさせないようにすることが理解と定着のポイントです。
⑤「お花ができたね。上手にできたね」と言って、よくほめます。

Step 2：[下の切片] を90度右に回転させた向きに呈示

（1）模範を示す

① [上の切片] を入れた絵の構成板を呈示します。
「お花の絵をつくる勉強をするよ」と言います。

②「先生がつくるから、見ててね」と言います。

③絵の構成板の下の切片を入れる枠の真横、右側に、[下の切片] を90度右に回転させた向きに置きます。
「よく見ててね」と言って、90度左に回転させて入れてみせます。

＊絵が回転しているところが見えるよう、指導者は、できるだけ切片の絵が手で隠れないように配慮します。

④「お花ができたよ。よく見てたね」とほめます。

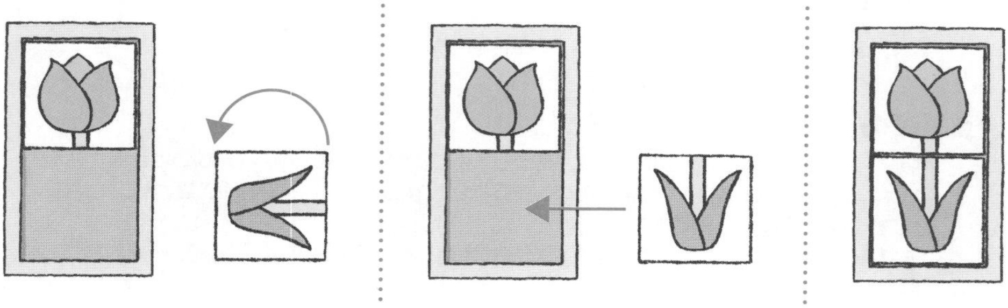

（2）子どもが [下の切片] を入れる

① [上の切片] を入れた絵の構成板を呈示します。
「お花の絵をつくる勉強をするよ」と言います。

②絵の構成板の下の切片を入れる枠の真横、右側に、[下の切片] を、90度右に回転させた向きに呈示します。「見て」と言い、見たとき「見てるね」と言います。

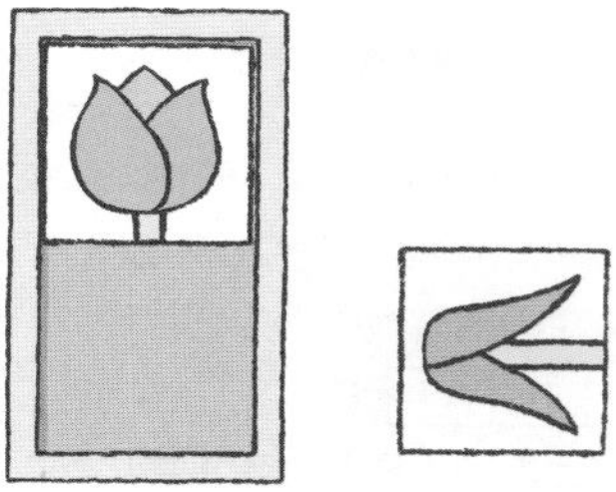

③絵の構成板の下の部分を指さしして「ここに入れて」と言います。

④子どもが90度左に回転させて入れます。

＊はじめのうちは、援助して一緒に回して正しい向きに入れるようにします。待たずに援助して正しい向きに一緒に入れます。一緒に回して入れることが、「回して入れる」ということを理解し、できるようになることにつながります。

⑤「お花ができたね。上手にできたね」と言って、よくほめます。

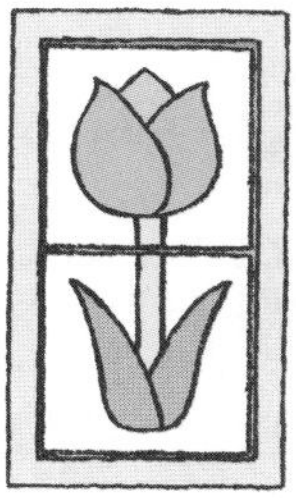

POINT　子どもが切片を回転させる位置について

回転させて呈示した切片を絵の構成板に入れるとき、子どもによって、次の３つの行動をとる様子が見られます。

①絵の構成板のマス目の上で正しい向きに直す
②絵の構成板に移動する途中で正しい向きに直す
③絵の構成板の外（切片を呈示した位置）で正しい向きに直す

①は、まず切片を呈示された向きのまま絵の構成板の上に置き、それから切片を回して入れようとする子どもです。この段階では正しい向きに入れることがまだわかっていない場合もあります。子どもの手に手を添えて、正しい向きに回して入れることを教えることが大切です。間違って違う向きに入れてから直すのでは、学習が定着しません。
③は、切片を呈示した位置で、正しい向きに回してから移動させ、入れる子どもです。あらかじめ入っている切片の絵を見て、正しい向きを考えています。
②は、①と③の中間です。
③に近いほど、全体を見る力、空間認知の力が高まっているといえます。

Step 3：下の切片を90度左に回転させた向きに呈示

（1）模範を示す

①上の切片を入れた絵の構成板を呈示します。
「お花の絵をつくる勉強をするよ」と言います。
②「先生がつくるから、見ててね」と言います。
③絵の構成板の下の切片を入れる枠の真横、右側に、下の切片を90度左に回転させた向きに置きます。
「よく見ててね」と言って、90度右に回転させて入れてみせます。
＊絵が回転しているところが見えるよう、指導者は、できるだけ切片の絵が手で隠れないように配慮します。
④「お花ができたよ。よく見てたね」とほめます。

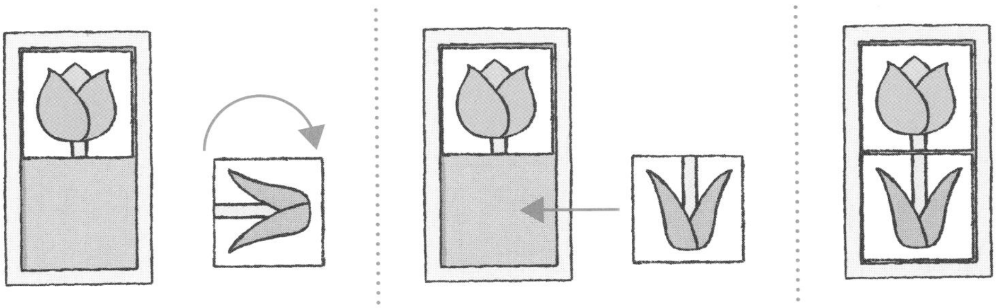

（2）子どもが 下の切片 を入れる

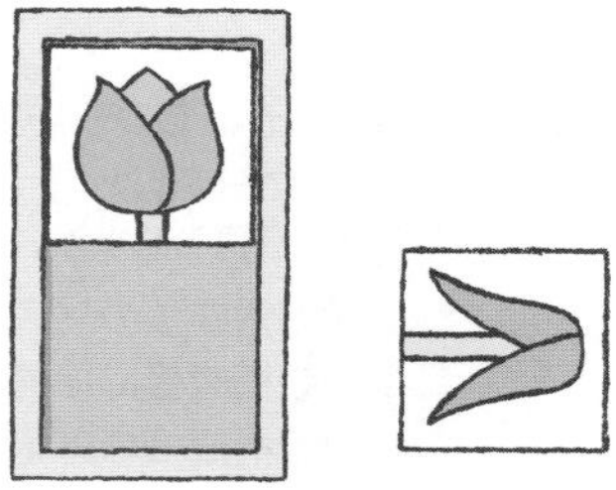

① 上の切片 を入れた絵の構成板を呈示します。
「お花の絵をつくる勉強をするよ」と言います。
②絵の構成板の下の切片を入れる枠の真横、右側に、下の切片 を、90度左に回転させた向きに呈示します。「見て」と言い、見たとき「見てるね」と言います。

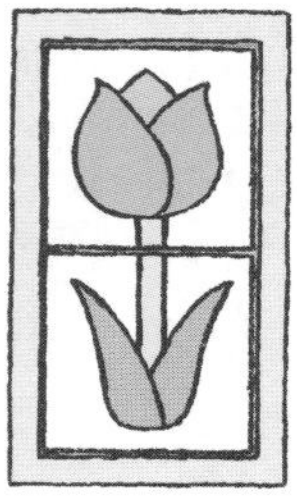

③絵の構成板の下の部分を指さしして「ここに入れて」と言います。
④子どもが90度右に回転させて入れます。
＊はじめのうちは、援助して一緒に回して正しい向きに入れるようにします。待たずに援助して正しい向きに一緒に入れます。一緒に回して入れることが、「回して入れる」ということを理解し、できるようになることにつながります。
⑤「お花ができたね。上手にできたね」と言って、よくほめます。

Step 4： 下の切片 を180度回転させた向きに呈示

（1）模範を示す

① 上の切片 を入れた絵の構成板を呈示します。
「お花の絵をつくる勉強をするよ」と言います。
②「先生がつくるから、見ててね」と言います。
③絵の構成板の下の切片を入れる枠の真横、右側に、下の切片 を180度回転させた向きに置きます。
「よく見ててね」と言って、180度回転させて入れてみせます。
＊絵が回転しているところが見えるよう、指導者は、できるだけ切片の絵が手で隠れないように配慮します。
④「お花ができたよ。よく見てたね」とほめます。

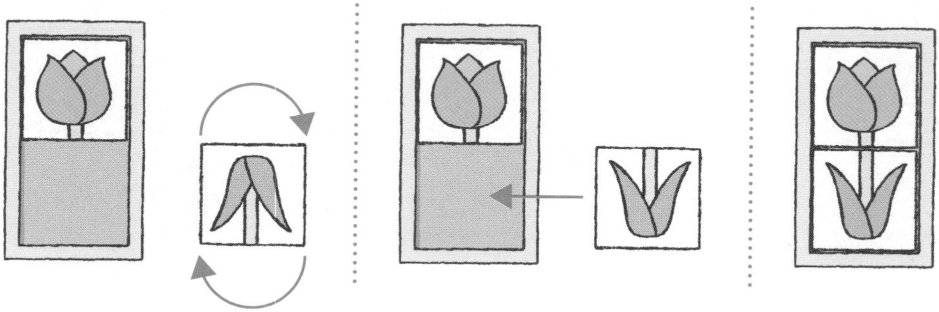

（2）子どもが 下の切片 を入れる

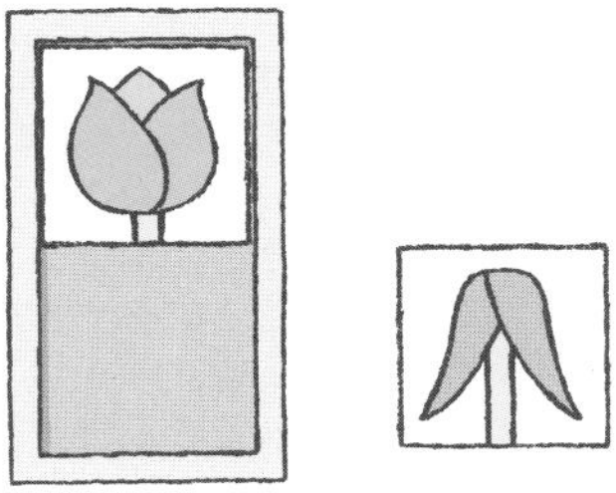

① 上の切片 を入れた絵の構成板を呈示します。「お花の絵をつくる勉強をするよ」と言います。

②絵の構成板の下の切片を入れる枠の真横、右側に、下の切片 を、180度回転させた向きに呈示します。「見て」と言い、見たとき「見てるねと言います。

③絵の構成板の下の部分を指さしして「ここに入れて」と言います。

④子どもが180度回転させて入れます。

＊はじめのうちは、援助して一緒に回して正しい向きに入れるようにします。待たずに援助して正しい向きに一緒に入れます。一緒に回して入れることが、「回して入れる」ということを理解し、できるようになることにつながります。回転させる方向は、子どもが回しやすい方でよいでしょう。

⑤「お花ができたね。上手にできたね」と言って、よくほめます。

系統性の（2）

「 下の切片 を入れておき、子どもが 上の切片 を入れる」

Step 1： 上の切片 を正しい向きに呈示

（1）模範を示す

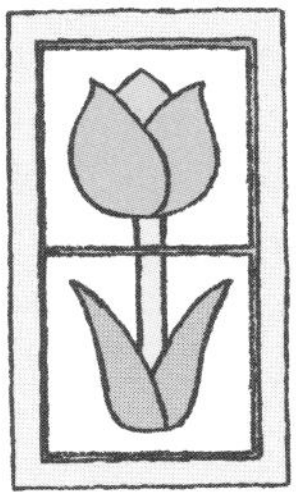

① 上の切片 と 下の切片 を入れた絵の構成板を呈示します。「お花の絵をつくる勉強をするよ」と言います。

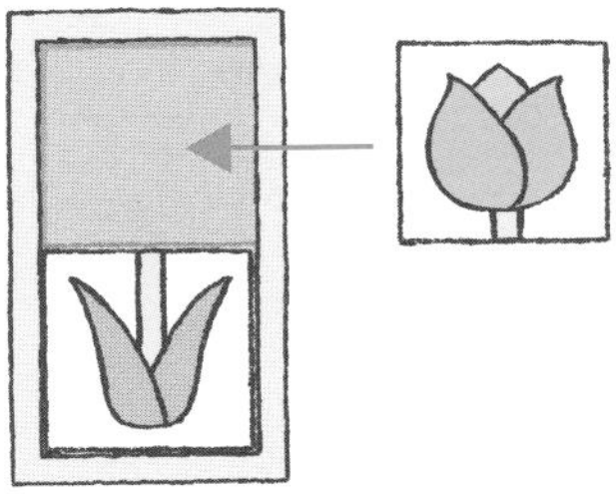

② 下の切片 を入れた絵の構成板を呈示します。「先生がつくるから、見ててね」と言います。

③絵の構成板の上の切片を入れる枠の真横、右側に、上の切片 を正しい向きに置きます。「よく見ててね」と言って、入れてみせます。

④「お花ができたよ。よく見てたね」とほめます。

POINT　子どもが見ていることが大切

切片を呈示するとき「見て」と言い、見たら「見てるね」と言います。見ないときは切片をポインティング（トントンと音を立てながら指さしすること）しながら「ここ、見て」と言い、見たら「見てるね」と言います。
入れるところを子どもが見ていることが最も大切です。子どもの視線を常に把握しながら学習を行います。
指導者は、できるだけ切片の絵が手で隠れないようにして、構成板に入れるようにします。

（2）子どもが 上の切片 を入れる

① 下の切片 を入れた絵の構成板を呈示します。「お花の絵をつくる勉強をするよ」と言います。
②絵の構成板の上の切片を入れる枠の真横、右側に、 上の切片 を、正しい向きに呈示します。「見て」と言い、見たとき「見てるね」と言います。
③絵の構成板の上の部分を指さしして「ここに入れて」と言います。
④子どもが入れます。
＊はじめのうちは、横向きや逆さに入れないように、援助して正しい向きに一緒に入れるようにします。間違えさせないことが大切です。
⑤「お花ができたね。上手にできたね」と言って、よくほめます。

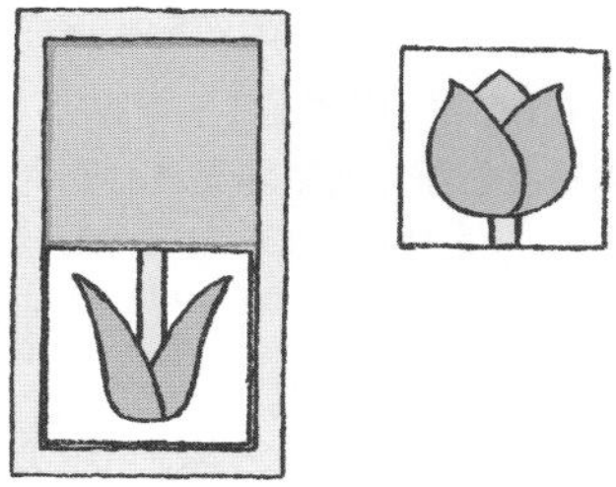

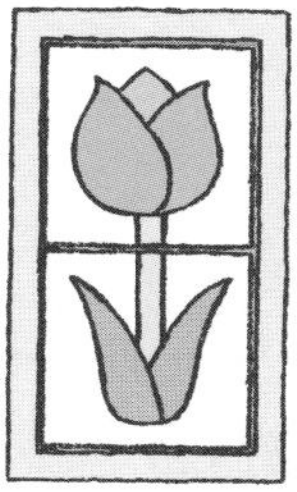

Step 2： 上の切片 を90度右に回転させた向きに呈示

（1）模範を示す

① 下の切片 を入れた絵の構成板を呈示します。「お花の絵をつくる勉強をするよ」と言います。
②「先生がつくるから、見ててね」と言います。
③絵の構成板の上の切片を入れる枠の真横、右側に、 上の切片 を90度右に回転させた向きに置きます。「よく見ててね」と言って、90度左に回転させて入れてみせます。
＊絵が回転しているところが見えるよう、指導者は、できるだけ切片の絵が手で隠れないように配慮します。
④「お花ができたよ。よく見てたね」とほめます。

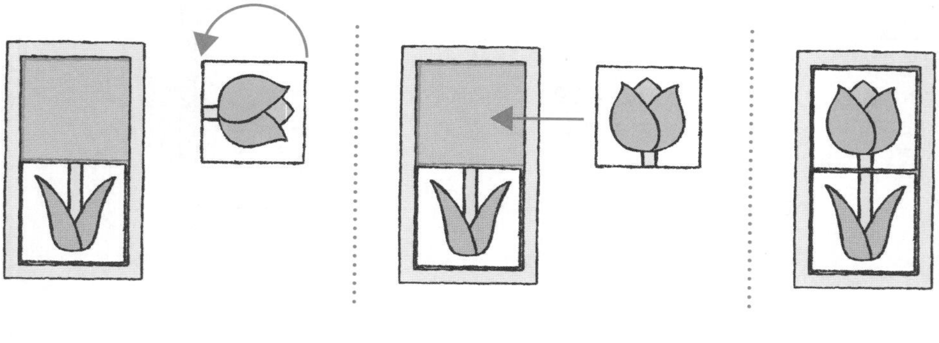

（2）子どもが 上の切片 を入れる

① 下の切片 を入れた絵の構成板を呈示します。「お花の絵をつくる勉強をするよ」と言います。

②絵の構成板の上の切片を入れる枠の真横、右側に、上の切片 を、90度右に回転させた向きに呈示します。「見て」と言い、見たとき「見てるね」と言います。

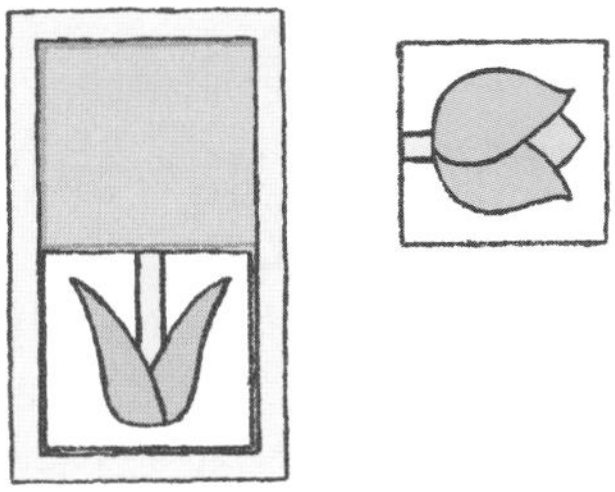

③絵の構成板の上の部分を指さしして「ここに入れて」と言います。

④子どもが90度左に回転させて入れます。

＊はじめのうちは、援助して一緒に回して正しい向きに入れるようにします。待たずに援助して正しい向きに一緒に入れます。一緒に回して入れることが、「回して入れる」ということを理解し、できるようになることにつながります。

⑤「お花ができたね。上手にできたね」と言って、よくほめます。

POINT 子どもが切片を回転させる位置について

回転させて呈示した切片を絵の構成板に入れるとき、子どもによって、次の3つの行動をとる様子が見られます。

①絵の構成板のマス目の上で正しい向きに直す
②絵の構成板に移動する途中で正しい向きに直す
③絵の構成板の外（切片を呈示した位置）で正しい向きに直す

①は、まず切片を呈示された向きのまま絵の構成板の上に置き、それから切片を回して入れようとする子どもです。この段階では正しい向きに入れることがまだわかっていない場合もあります。子どもの手に手を添えて、正しい向きに回して入れることを教えることが大切です。間違って違う向きに入れてから直すのでは、学習が定着しません。

③は、切片を呈示した位置で、正しい向きに回してから移動させ、入れる子どもです。あらかじめ入っている切片の絵を見て、正しい向きを考えています。

②は、①と③の中間です。

③に近いほど、全体を見る力、空間認知の力が高まっているといえます。

Step 3：上の切片 を90度左に回転させた向きに呈示

(1) 模範を示す

①下の切片 を入れた絵の構成板を呈示します。「お花の絵をつくる勉強をするよ」と言います。

②「先生がつくるから、見ててね」と言います。

③絵の構成板の上の切片を入れる枠の真横、右側に、上の切片 を90度左に回転させた向きに置きます。「よく見ててね」と言って、90度右に回転させて入れてみせます。

＊絵が回転しているところが見えるよう、指導者は、できるだけ切片の絵が手で隠れないように配慮します。

④「お花の絵ができたよ。よく見てたね」とほめます。

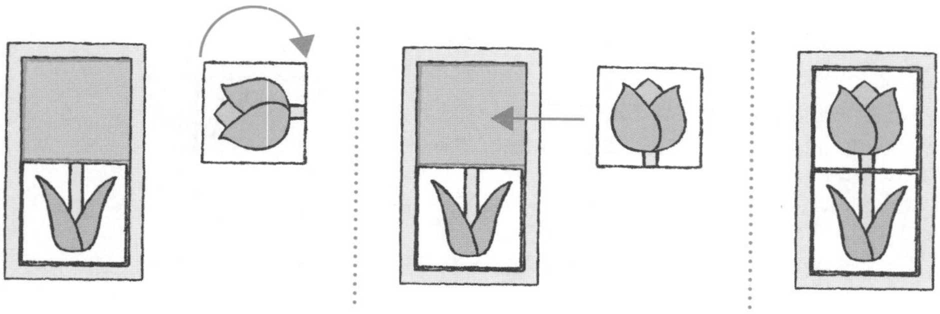

(2) 子どもが 上の切片 を入れる

①下の切片 を入れた絵の構成板を呈示します。「お花の絵をつくる勉強をするよ」と言います。

②絵の構成板の上の切片を入れる枠の真横、右側に、上の切片 を、90度左に回転させた向きに呈示します。「見て」と言い、見たとき「見てるね」と言います。

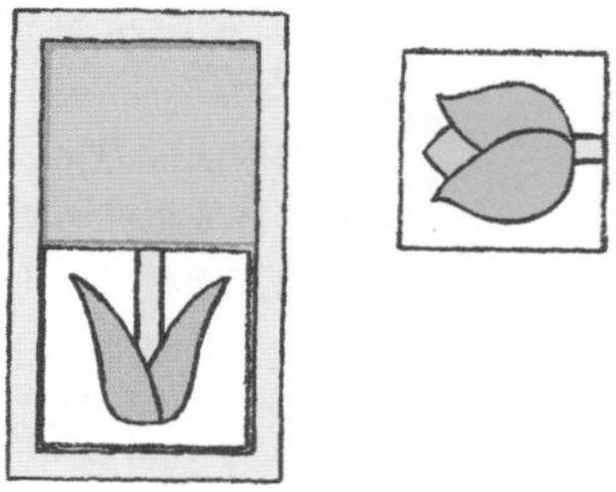

③絵の構成板の上の部分を指さしして「ここに入れて」と言います。

④子どもが90度右に回転させて入れます。

＊はじめのうちは、援助して回して正しい向きに一緒に入れるようにします。待たずに援助して正しい向きに入れます。間違えさせないことが大切です。

⑤「お花ができたね。上手にできたね」と言って、よくほめます。

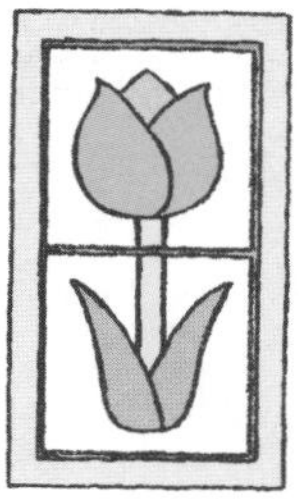

Step 4：上の切片 を180度回転させた向きに呈示

(1) 模範を示す

① 下の切片 を入れた絵の構成板を呈示します。「お花の絵をつくる勉強をするよ」と言います。
② 「先生がつくるから、見ててね」と言います。
③絵の構成板の上の切片を入れる枠の真横、右側に、上の切片 を180度回転させた向きに置きます。「よく見ててね」と言って、180度回転させて入れてみせます。
＊絵が回転しているところが見えるよう、指導者は、できるだけ切片の絵が手で隠れないように配慮します。
④ 「お花の絵ができたよ。よく見てたね」とほめます。

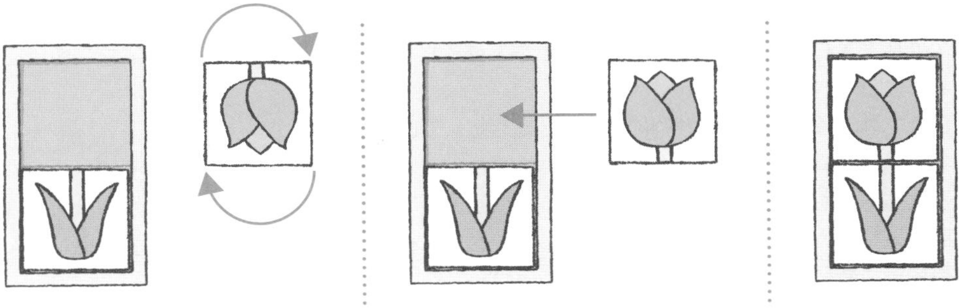

(2) 子どもが 上の切片 を入れる

① 下の切片 を入れた絵の構成板を呈示します。「お花の絵をつくる勉強をするよ」と言います。
②絵の構成板の上の切片を入れる枠の真横、右側に、上の切片 を、180度回転させた向きに呈示します。「見て」と言い、見たとき「見てるね」と言います。
③絵の構成板の上の部分を指さしして「ここに入れて」と言います。
④子どもが180度回転させて入れます。
＊はじめのうちは、援助して一緒に回して正しい向きに入れるようにします。待たずに援助して正しい向きに一緒に入れます。一緒に回して入れることが、「回して入れる」ということを理解し、できるようになることにつながります。回転させる方向は、子どもが回しやすい方でよいでしょう。
⑤ 「お花ができたね。上手にできたね」と言って、よくほめます。

ここまでできるようになったら、横に２分割の絵の構成の学習に進みます。
応用として、２切片とも呈示して、子どもが２切片とも入れるような学習をしてもよいでしょう。

2 左右に2分割の絵の構成の学習

1 左右に２分割の絵の構成の学習の系統性

上下の２分割の絵の構成ができるようになったら、左右の２分割の絵の構成を行います。

切片が少ない方がやさしいです。はじめは２切片の構成の学習から行います。２切片の構成ができるようになったら３切片の構成に進みます。

２切片の構成では、２切片とも呈示するより、１つの切片のみ呈示する方がやさしいです。１つの切片のみ呈示する場合は、もう一方の切片は、構成板の中にあらかじめ入れておきます。

一般的に、絵は頭部や前部が左側にあることが多いです。頭部や前部が左側にある場合は、左の切片を入れておいて子どもが右の切片を入れる方が、右の切片を入れておいて左の切片を入れるよりもやさしいです。

ここでは、頭部や前部が左側にある場合を想定しています。

右の切片は構成板の右側に、左の切片は構成板の左側に呈示した方がやさしいです。

子どもは右利きを想定していますが、右側に呈示した切片は右手で、左側に呈示した切片は左手で入れるように考えています。ただし、子どもによっては、どちらも右手（利き手）で入れる場合がありますが、それでもよいでしょう。

左右に２分割の絵の構成の学習の系統性は、次のようになります。

（1）左の切片 を入れておき、子どもが 右の切片 を入れる

切片は、構成板の右側に呈示します。

右の切片 の呈示のしかたのステップは、次のとおりです。

＊右の切片は、右手で入れることを想定しています。

Step 1 正しい向きに呈示

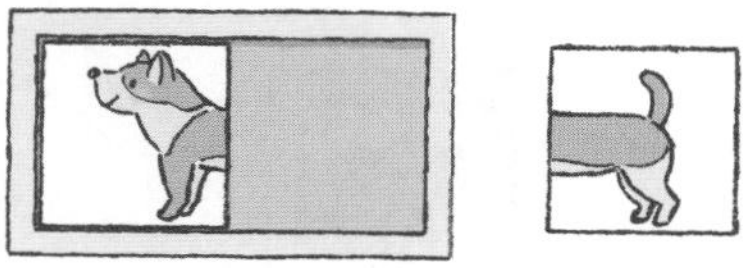

Step 2 90度右に回転させた向きに呈示

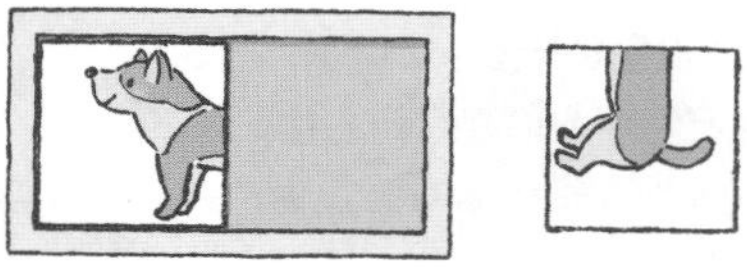

Step 3 90度左に回転させた向きに呈示

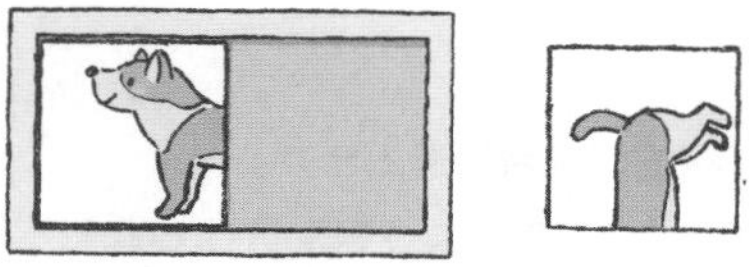

Step 4 180度回転させた向きに呈示

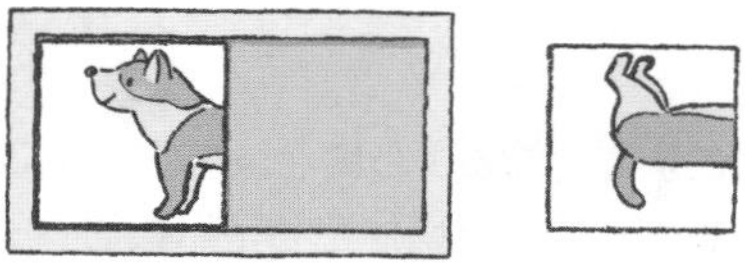

POINT 1つの切片を90度回して呈示する場合の順序について

左右に2分割の場合、切片の形は、正方形または縦長の長方形のことが多いです。ここでは正方形の切片を想定しています。正方形の切片を持って90度回す場合の右手の操作性を考えると、右に回転させて呈示したものを左に回転させて入れる方がやさしいです。

したがって、「90度右に回転させて呈示するステップ」の方が、「90度左に回転させて呈示するステップ」より、先になっています。

ただし、切片の大きさ・形（正方形か長方形か）子どもの手の大きさ・切片の持ち方・指や手首の使い方などによって、左に回転させて呈示した方がやさしい場合があります。

切片の大きさ・形や、子どもの実態などによって、順序を組み替えましょう。

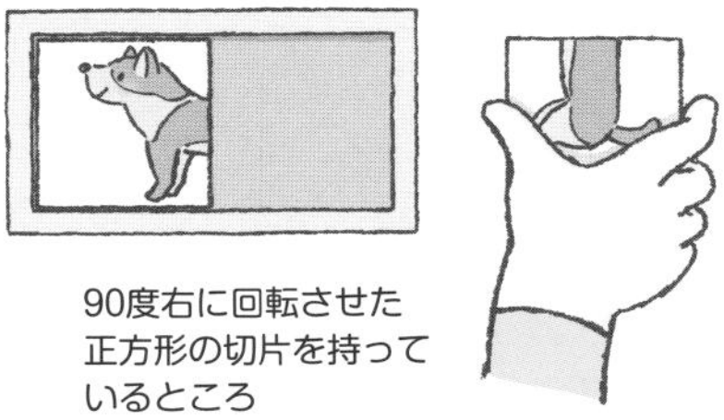

90度右に回転させた正方形の切片を持っているところ

（2）右の切片 を入れておき、子どもが 左の切片 を入れる

切片は、構成板の左側に呈示します。

左の切片 の呈示のしかたのステップは、次のとおりです。

＊左の切片は、左手で入れることを想定しています。

Step 1 正しい向きに呈示

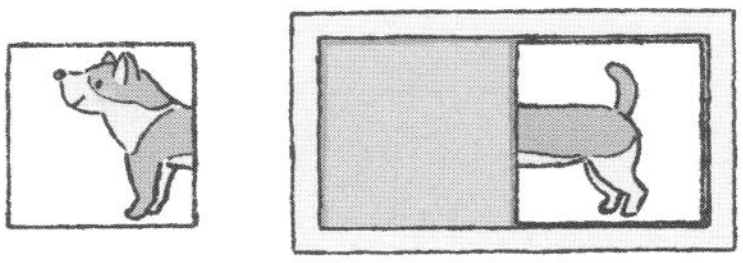

Step 2 90度右に回転させた向きに呈示

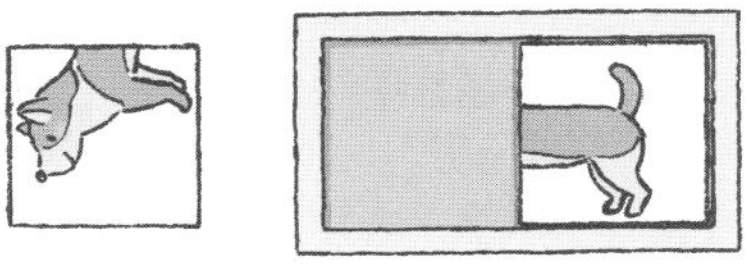

Step 3 90度左に回転させた向きに呈示

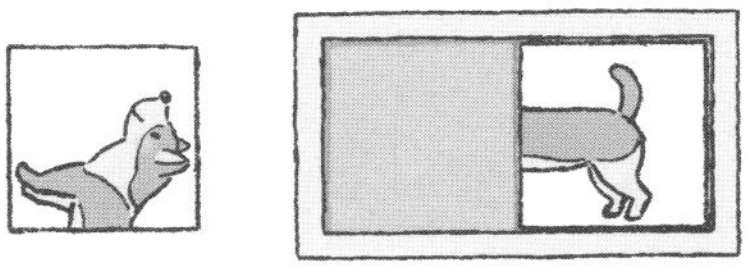

Step 4 180度回転させた向きに呈示

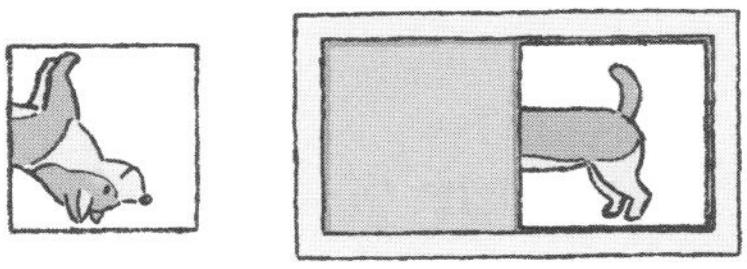

POINT 左の切片を90度回して呈示する場合の順序について

左右に2分割の場合、切片の形は、正方形または縦長の長方形のことが多いです。ここでは正方形の切片を想定しています。正方形の切片を持って90度回す場合の左手の操作性を考えると、左に回転させて呈示したものを右に回転させて入れる方がやさしいです。

したがって、「90度左に回転させて呈示するステップ」の方が、「90度右に回転させて呈示するステップ」より、先になっています。

ただし、子どもの手の大きさ・切片の持ち方・指や手首の使い方、切片の大きさ・形（正方形か長方形か）によって、右に回転させて呈示した方がやさしい場合があります。

子どもの実態や切片の大きさ・形によって、順序を組み替えましょう。

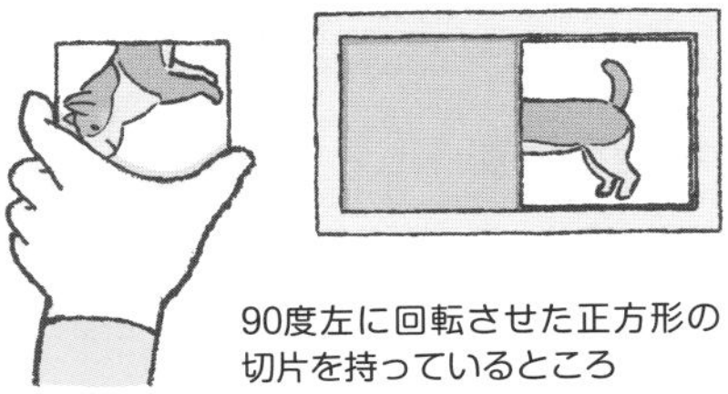

90度左に回転させた正方形の切片を持っているところ

2　左右に２分割の絵の構成の学習の教材について

例：「いぬ」の絵

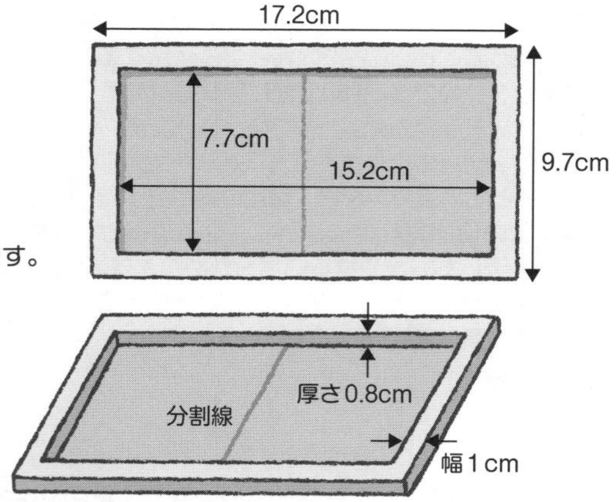

使用する教材

●絵の構成板

縦9.7cm、横17.2cmの板の上に、
幅１cm、厚さ0.8cmの外枠を貼ります。
うちのりは、縦7.7cm、横15.2cm、
深さ0.8cmになります。
中央に分割の線を書いておきます。

●「いぬ」の絵カードを同じ大きさに左右に２分割したもの

縦7.5cm、横15cm、厚さ１cmの「いぬ」の絵カードを、真ん中で左右に２分割したもの。
絵は、子どもが見て、それが何であるかがはっきりわかるように、色・形・輪郭の太さなどに配慮して描きます。背景は白を基本とします。
「いぬ」は１匹だけで、「いぬ」以外は描かないようにします。

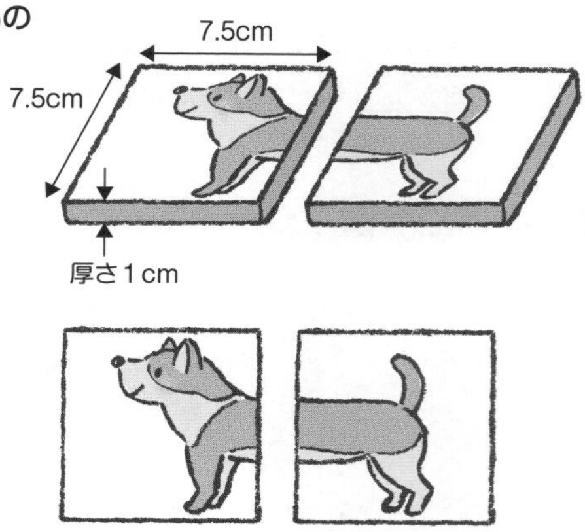

＊絵の構成板・絵カードとも、材質は木材が最適ですが、難しい場合は、スチレンボードなどで作成してもよいでしょう。
＊絵カードは、取り出しやすいように、入れたときに絵の構成板から２mm程度出るようにします。
＊絵カードの上を透明コートフィルムなどで覆うと、耐久性が増します。

3　左右に２分割の絵の構成の学習の方法とことばかけ

系統性の（１）
「左の切片を入れておき、子どもが右の切片を入れる」
＊以下、右の切片は右手で入れることを想定しています。

Step 1：右の切片を正しい向きに呈示

（１）模範を示す

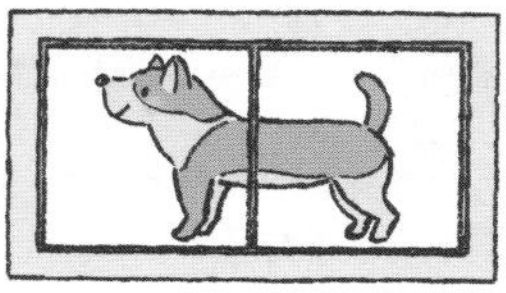

① 左の切片と右の切片を入れた絵の構成板を呈示します。「いぬの絵をつくる勉強をするよ」と言います。

② 左の切片 を入れた絵の構成板を呈示します。
「先生がつくるから、見ててね」と言います。
③絵の構成板の右側に、右の切片 を正しい向きに置きます。
「よく見ててね」と言って、入れてみせます。
④「いぬができたよ。よく見てたね」とほめます。

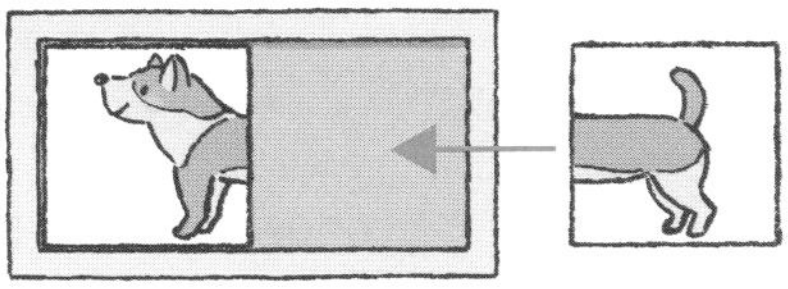

POINT 子どもが見ていることが大切

切片を呈示するとき「見て」と言い、見たら「見てるね」と言います。見ないときは切片をポインティング（トントンと音を立てながら指さしすること）しながら「ここ、見て」と言い、見たら「見てるね」と言います。
入れるところを子どもが見ていることが最も大切です。子どもの視線を常に把握しながら学習を行います。
指導者は、できるだけ切片の絵が手で隠れないようにして、構成板に入れるようにします。

（2）子どもが 右の切片 を入れる

① 左の切片 を入れた絵の構成板を呈示します。
「いぬの絵をつくる勉強をするよ」と言います。
②絵の構成板の右側に、右の切片 を、正しい向きで呈示します。「見て」と言い、見たとき「見てるね」と言います。
③絵の構成板の右の部分を指さしして「ここに入れて」と言います。
④子どもが入れます。
＊はじめのうちは、横向きや逆さに入れないように、援助して正しい向きに一緒に入れるようにします。間違えさせないことが大切です。間違えてから直したのでは定着しません。援助して、間違えさせないようにすることが理解と定着のポイントです。

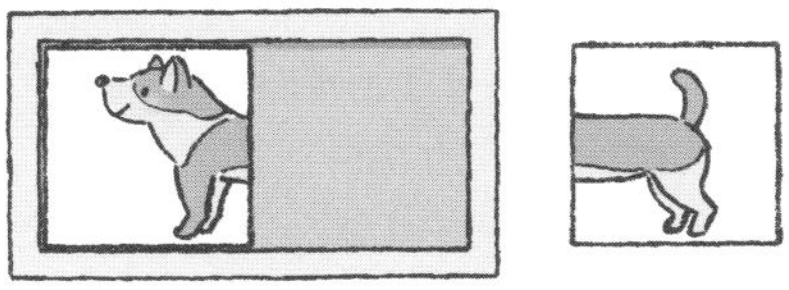

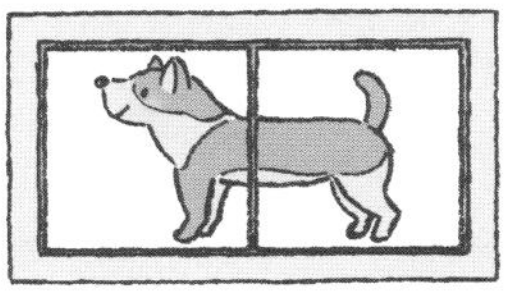

⑤「いぬができたね。上手にできたね」と言って、よくほめます。

Step 2： 右の切片 を90度右に回転させた向きに呈示

（1）模範を示す

① 左の切片 を入れた絵の構成板を呈示します。
「いぬの絵をつくる勉強をするよ」と言います。
②「先生がつくるから、見ててね」と言います。

③絵の構成板の右側に、右の切片 を90度右に回転させた向きに置きます。
「よく見ててね」と言って、90度左に回転させて入れてみせます。

＊絵が回転しているところが見えるよう、指導者は、できるだけ切片の絵が手で隠れないように配慮します。

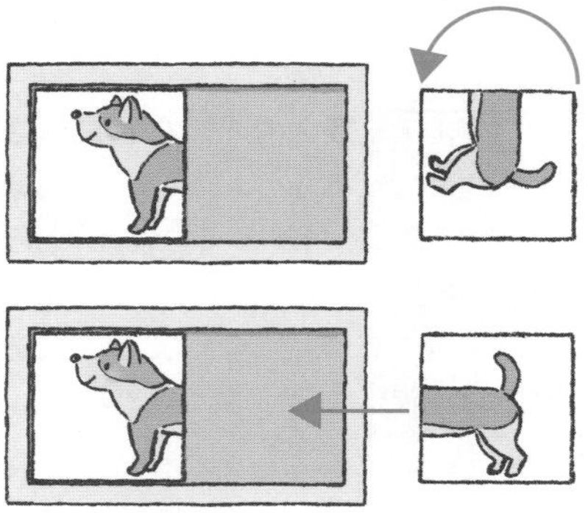

④「いぬの絵ができたよ。よく見てたね」とほめます。

（2）子どもが 右の切片 を入れる

① 左の切片 を入れた絵の構成板を呈示します。
「いぬの絵をつくる勉強をするよ」と言います。

②絵の構成板の右側に、右の切片 を90度右に回転させた向きに呈示します。「見て」と言い、見たとき「見てるね」と言います。

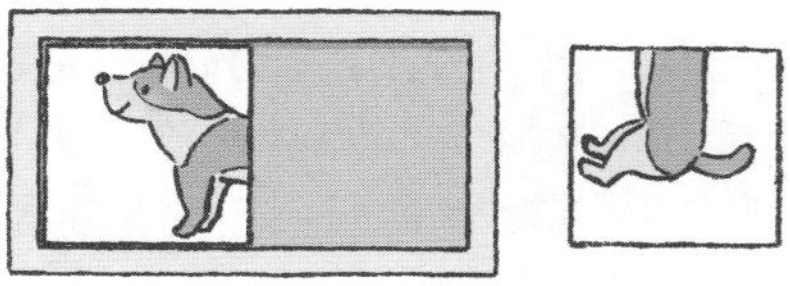

③絵の構成板の右の部分を指さしして「ここに入れて」と言います。

④子どもが90度左に回転させて入れます。

＊はじめのうちは、援助して一緒に回して正しい向きに入れるようにします。待たずに援助して正しい向きに一緒に入れます。一緒に回して入れることが、「回して入れる」ということを理解し、できるようになることにつながります。

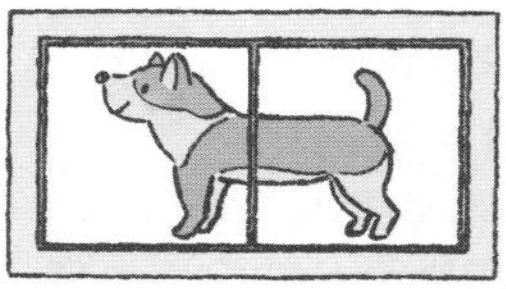

⑤「いぬができたね。上手にできたね」と言って、よくほめます。

POINT 子どもが切片を回転させる位置について

回転させて呈示した切片を絵の構成板に入れるとき、子どもによって、次の3つの行動をとる様子が見られます。

①絵の構成板の上で正しい向きに直す
②絵の構成板に移動する途中で正しい向きに直す
③絵の構成板の外（切片を呈示した位置）で正しい向きに直す

①は、まず切片を呈示された向きのまま絵の構成板の上に置き、それから切片を回して入れようとする子どもです。この段階では正しい向きに入れることがまだわかっていない場合もあります。子どもの手に手を添えて、正しい向きに回して入れることを教えることが大切です。間違って違う向きに入れてから直すのでは、学習が定着しません。
③は、切片を呈示した位置で、正しい向きに回してから移動させ、入れる子どもです。あらかじめ入っている切片の絵を見て、正しい向きを考えています。
②は、①と③の中間です。
③に近いほど、全体を見る力、空間認知の力が高まってきているといえます。

Step 3：右の切片を90度左に回転させた向きに呈示

（1）模範を示す

①左の切片を入れた絵の構成板を呈示します。
「いぬの絵をつくる勉強をするよ」と言います。

②「先生がつくるから、見ててね」と言います。

③絵の構成板の右側に、右の切片を90度左に回転させた向きに置きます。
「よく見ててね」と言って、90度右に回転させて入れてみせます。

＊絵が回転しているところが見えるよう、指導者は、できるだけ切片の絵が手で隠れないように配慮します。

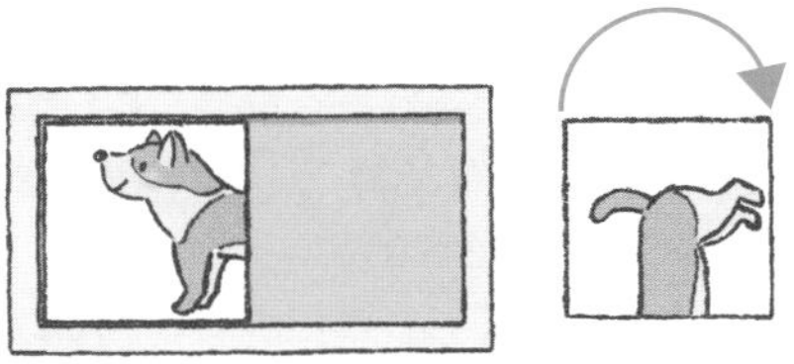

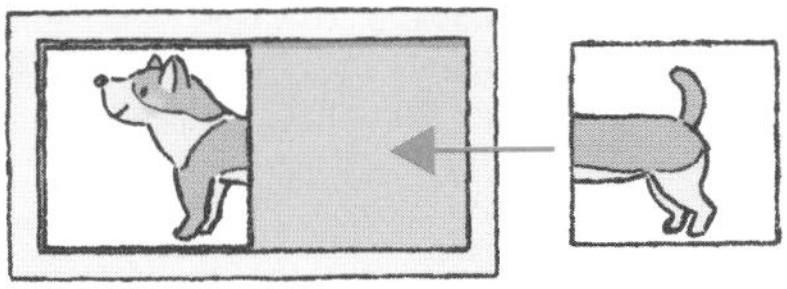

④「いぬができたよ。よく見てたね」とほめます。

（2）子どもが右の切片を入れる

①左の切片を入れた絵の構成板を呈示します。
「いぬの絵をつくる勉強をするよ」と言います。

②絵の構成板の右側に、右の切片を90度左に回転させた向きに呈示します。「見て」と言い、見たとき「見てるね」と言います。

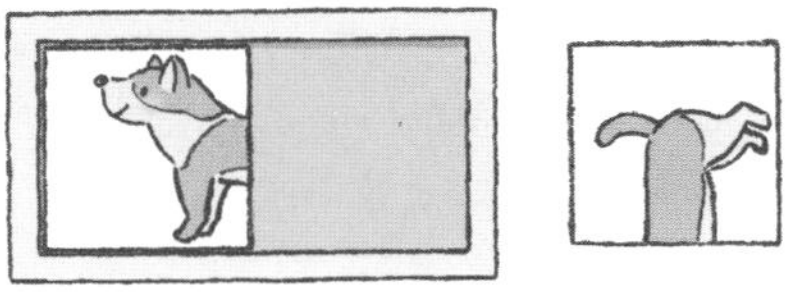

③絵の構成板の右の部分を指さしして「ここに入れて」と言います。

④子どもが90度右に回転させて入れます。

＊はじめのうちは、援助して一緒に回して正しい向きに入れるようにします。待たずに援助して正しい向きに一緒に入れます。一緒に回して入れることが、「回して入れる」ということを理解し、できるようになることにつながります。

⑤「いぬができたね。上手にできたね」と言って、よくほめます。

Step 4：右の切片 を180度回転させた向きに呈示

（1）模範を示す

①左の切片 を入れた絵の構成板を呈示します。
「いぬの絵をつくる勉強をするよ」と言います。

②「先生がつくるから、見ててね」と言います。

③絵の構成板の右側に、右の切片 を180度回転させた向きに置きます。
「よく見ててね」と言って、180度回転させて入れてみせます。

＊絵が回転しているところが見えるよう、指導者は、できるだけ切片の絵が手で隠れないように配慮します。

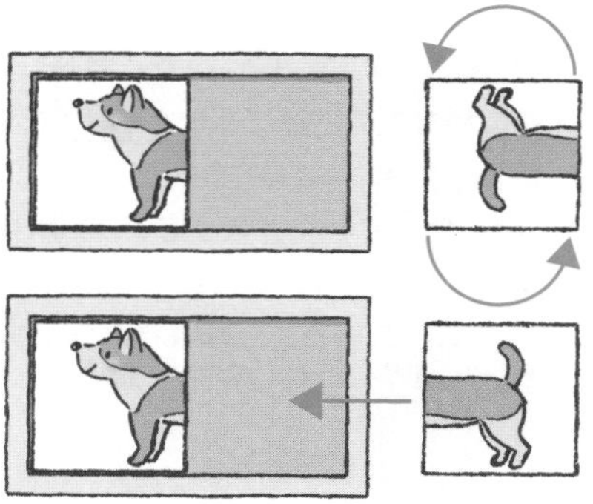

④「いぬができたよ。よく見てたね」とほめます。

（2）子どもが 右の切片 を入れる

①左の切片 を入れた絵の構成板を呈示します。
「いぬの絵をつくる勉強をするよ」と言います。

②絵の構成板の右側に、右の切片 を180度回転させた向きに呈示します。「見て」と言い、見たとき「見てるね」と言います。

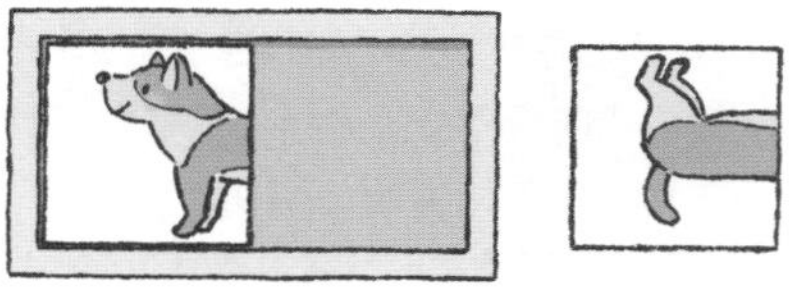

③絵の構成板の右の部分を指さしして「ここに入れて」と言います。

④子どもが180度回転させて入れます。

＊はじめのうちは、援助して一緒に回して正しい向きに入れるようにします。待たずに援助して正しい向きに一緒に入れます。一緒に回して入れることが、「回して入れる」ということを理解し、できるようになることにつながります。回転させる方向は、子どもが回しやすい方でよいでしょう。

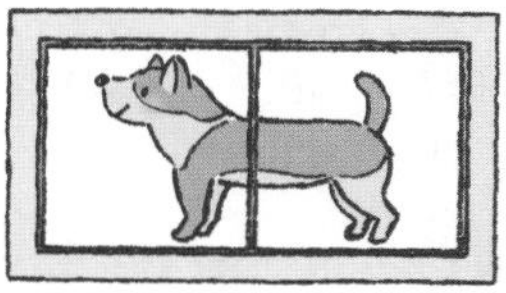

⑤「いぬができたね。上手にできたね」と言って、よくほめます。

系統性の（2）

「 右の切片 を入れておき、子どもが 左の切片 を入れる」

＊以下、左の切片は左手で入れることを想定しています。

Step 1 ： 左の切片 を正しい向きに呈示

（1）模範を示す

① 左の切片 と 右の切片 を入れた絵の構成板を呈示します。「いぬの絵をつくる勉強をするよ」と言います。

② 右の切片 を入れた絵の構成板を呈示します。「先生がつくるから、見ててね」と言います。

③絵の構成板の左側に、左の切片 を正しい向きに置きます。「よく見ててね」と言って、入れてみせます。

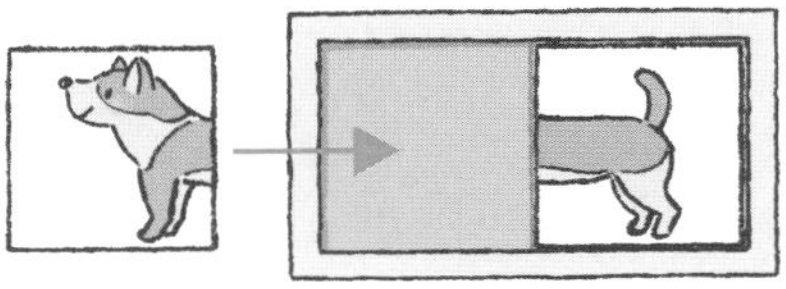

④「いぬができたよ。よく見てたね」とほめます。

POINT 子どもが見ていることが大切

切片を呈示するとき「見て」と言い、見たら「見てるね」と言います。見ないときは切片をポインティング（トントンと音を立てながら指さしすること）しながら「ここ、見て」と言い、見たら「見てるね」と言います。
入れるところを子どもが見ていることが最も大切です。子どもの視線を常に把握しながら学習を行います。
指導者は、できるだけ切片の絵が手で隠れないようにして、構成板に入れるようにします。

（2）子どもが 左の切片 を入れる

① 右の切片 を入れた絵の構成板を呈示します。「いぬの絵をつくる勉強をするよ」と言います。

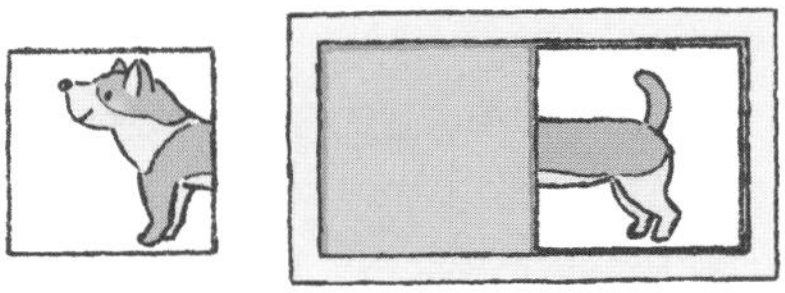

②絵の構成板の左側に、左の切片 を正しい向きで呈示します。「見て」と言い、見たとき「見てるね」と言います。

③絵の構成板の左の部分を指さしして「ここに入れて」と言います。

④子どもが入れます。

＊はじめのうちは、横向きや逆さに入れないように、援助して正しい向きに一緒に入れるようにします。間違えさせないことが大切です。間違えてから直したのでは定着しません。援助して、間違えさせないようにすることが理解と定着のポイントです。

⑤「いぬができたね。上手にできたね」と言って、よくほめます。

Step 2：左の切片 を90度左に回転させた向きに呈示

（1）模範を示す

① 右の切片 を入れた絵の構成板を呈示します。
「いぬの絵をつくる勉強をするよ」と言います。
②「先生がつくるから、見ててね」と言います。

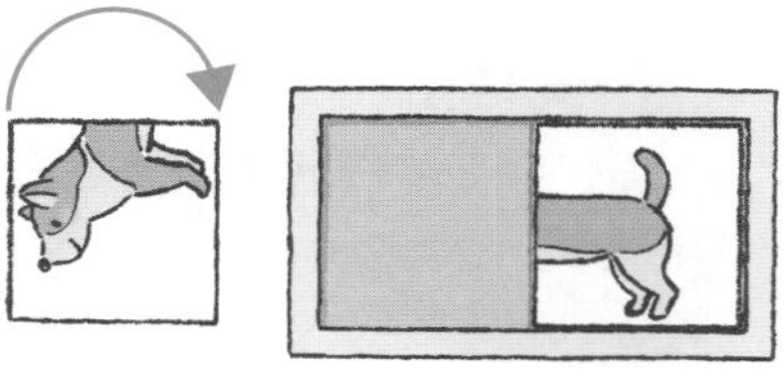

③絵の構成板の左側に、左の切片 を90度左に回転させた向きに置きます。
「よく見ててね」と言って、90度右に回転させて入れてみせます。
＊絵が回転しているところが見えるよう、指導者は、できるだけ切片の絵が手で隠れないように配慮します。

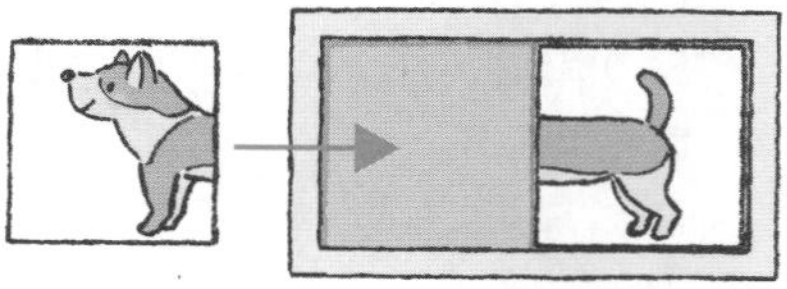

④「いぬの絵ができたよ。よく見てたね」とほめます。

（2）子どもが 左の切片 を入れる

① 右の切片 を入れた絵の構成板を呈示します。
「いぬの絵をつくる勉強をするよ」と言います。
②絵の構成板の左側に、左の切片 を90度左に回転させた向きに呈示します。「見て」と言い、見たとき「見てるね」と言います。

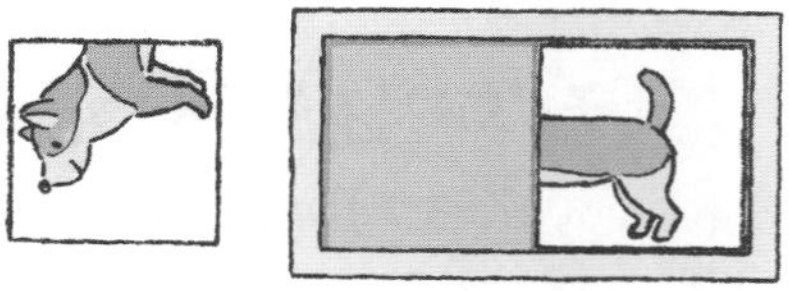

③絵の構成板の左の部分を指さしして「ここに入れて」と言います。
④子どもが90度右に回転させて入れます。
＊はじめのうちは、援助して一緒に回して正しい向きに入れるようにします。待たずに援助して正しい向きに一緒に入れます。一緒に回して入れることが、「回して入れる」ということを理解し、できるようになることにつながります。
⑤「いぬができたね。上手にできたね」と言って、よくほめます。

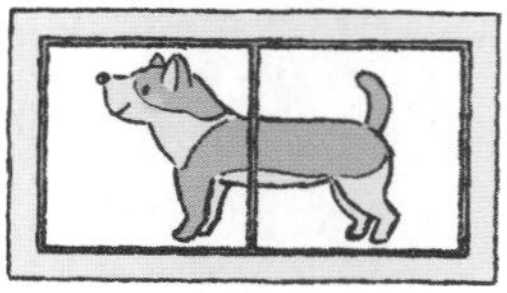

POINT　子どもが切片を回転させる位置について

回転させて呈示した切片を絵の構成板に入れるとき、子どもによって、次の3つの行動をとる様子が見られます。

①絵の構成板の上で正しい向きに直す
②絵の構成板に移動する途中で正しい向きに直す
③絵の構成板の外（切片を呈示した位置）で正しい向きに直す

①は、まず切片を呈示された向きのまま絵の構成板の上に置き、それから切片を回して入れようとする子どもです。この段階では正しい向きに入れることがまだわかっていない場合もあります。子どもの手に手を添えて、正しい向きに回して入れることを教えることが大切です。間違って違う向きに入れてから直すのでは、学習が定着しません。

③は、切片を呈示した位置で、正しい向きに回してから移動させ、入れる子どもです。あらかじめ入っている切片の絵を見て、正しい向きを考えています。

②は、①と③の中間です。

③に近いほど、全体を見る力、空間認知の力が高まってきているといえます。

Step 3：左の切片を90度右に回転させた向きに呈示

（1）模範を示す

① 右の切片 を入れた絵の構成板を呈示します。
「いぬの絵をつくる勉強をするよ」と言います。

②「先生がつくるから、見ててね」と言います。

③絵の構成板の左側に、左の切片 を90度右に回転させた向きに置きます。
「よく見ててね」と言って、90度左に回転させて入れてみせます。

＊絵が回転しているところが見えるよう、指導者は、できるだけ切片の絵が手で隠れないように配慮します。

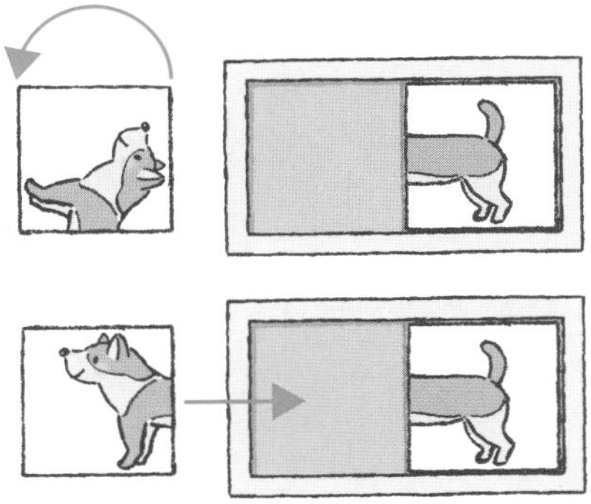

④「いぬができたよ。よく見てたね」とほめます。

（2）子どもが 左の切片 を入れる

① 右の切片 を入れた絵の構成板を呈示します。
「いぬの絵をつくる勉強をするよ」と言います。

②絵の構成板の左側に、左の切片 を90度右に回転させた向きに呈示します。「見て」と言い、見たとき「見てるね」と言います。

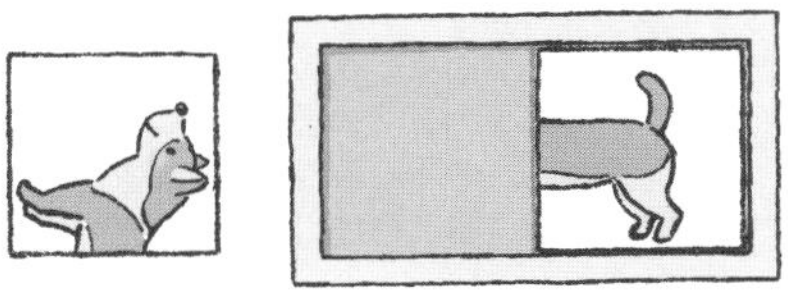

③絵の構成板の左の部分を指さしして「ここに入れて」と言います。

④子どもが90度左に回転させて入れます。

＊はじめのうちは、援助して一緒に回して正しい向きに入れるようにします。待たずに援助して正しい向きに一緒に入れます。一緒に回して入れることが、「回して入れる」ということを理解し、できるようになることにつながります。

⑤「いぬができたね。上手にできたね」と言って、よくほめます。

Step 4：左の切片 を180度回転させた向きに呈示

（1）模範を示す

① 右の切片 を入れた絵の構成板を呈示します。

「いぬの絵をつくる勉強をするよ」と言います。

②「先生がつくるから、見ててね」と言います。

③絵の構成板の左側に、左の切片 を180度回転させた向きに置きます。

「よく見ててね」と言って、180度回転させて入れてみせます。

＊絵が回転しているところが見えるよう、指導者は、できるだけ切片の絵が手で隠れないように配慮します。

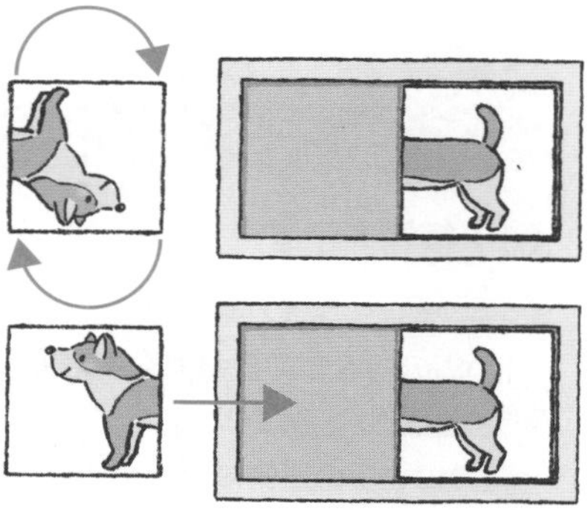

④「いぬができたよ。よく見てたね」とほめます。

（2）子どもが 左の切片 を入れる

① 右の切片 を入れた絵の構成板を呈示します。

「いぬの絵をつくる勉強をするよ」と言います。

②絵の構成板の左側に、左の切片 を180度回転させた向きに呈示します。「見て」と言い、見たとき「見てるね」と言います。

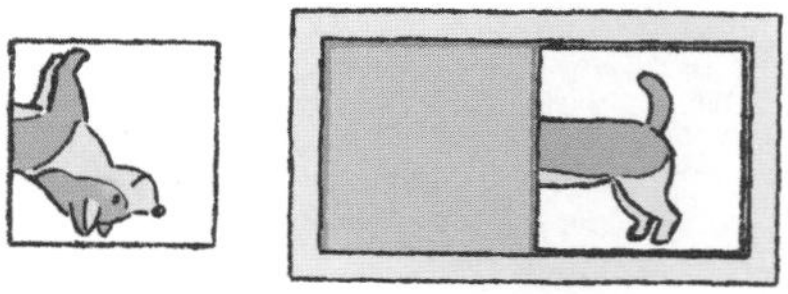

③絵の構成板の左の部分を指さしして「ここに入れて」と言います。

④子どもが180度回転させて入れます。

＊はじめのうちは、援助して一緒に回して正しい向きに入れるようにします。待たずに援助して正しい向きに一緒に入れます。一緒に回して入れることが、「回して入れる」ということを理解し、できるようになることにつながります。回転させる方向は、子どもが回しやすい方でよいでしょう。

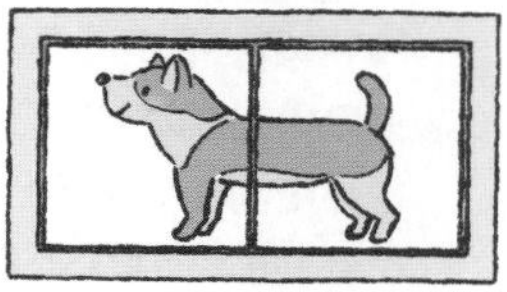

⑤「いぬができたね。上手にできたね」と言って、よくほめます。

3 上中下に3分割の絵の構成の学習

1 上中下に３分割の絵の構成の学習について

上下、左右の２分割の絵の構成の学習ができるようになったら、上中下に３分割の絵の構成の学習を行います。

上中下に３分割の絵の構成では、はじめは２つの切片を入れておき、子どもが１つの切片を入れて絵を構成するようにします。それができるようになったら、１つの切片を入れておき、子どもが２つの切片を入れて絵を構成するようにします。

ここでは、子どもは右利きとして述べます。

したがって、切片を１枚のみ呈示するときは、上中下とも絵の構成板の右側に呈示します。２枚の切片から１枚の切片を選ぶ学習のときは、選択する切片を絵の構成板の上方に左右に分けて呈示します。

2 上中下に３分割の絵の構成の学習の教材について

例：「男の子」の絵

使用する教材

●絵の構成板

縦17.2cm、横9.7cmの板の上に、幅１cm、厚さ0.8cmの外枠を貼ります。うちのりは、縦15.2cm、横7.7cm、深さ0.8cmになります。
３等分した位置に分割の線を書いておきます。

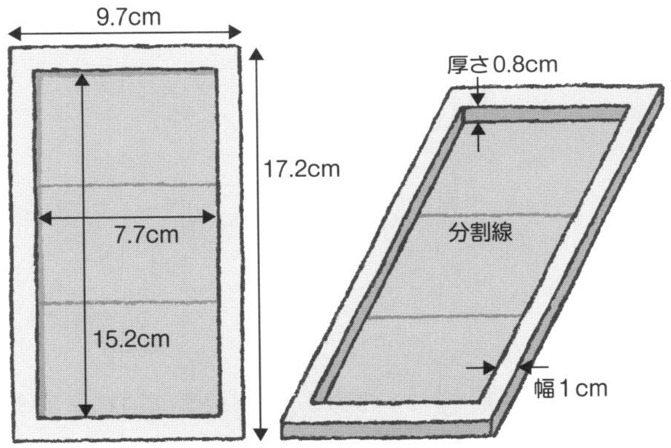

●「男の子」の絵カードを同じ大きさに上中下に３分割したもの

縦15cm、横7.5cm、厚さ１cmの「男の子」の絵カードを、上中下に３分割したもの。
絵は、子どもが見て、それが何であるかがはっきりわかるように、色・形・輪郭の太さなどに配慮して描きます。背景は白を基本とします。
「男の子」は一人だけで、「男の子」以外は描かないようにします。

＊絵の構成板・絵カードとも、材質は木材が最適ですが、難しい場合は、スチレンボードなどで作成してもよいでしょう。
＊絵カードは、取り出しやすいように、入れたときに絵の構成板から２㎜程度出るようにします。
＊絵カードの上を透明コートフィルムなどで覆うと、耐久性が増します。

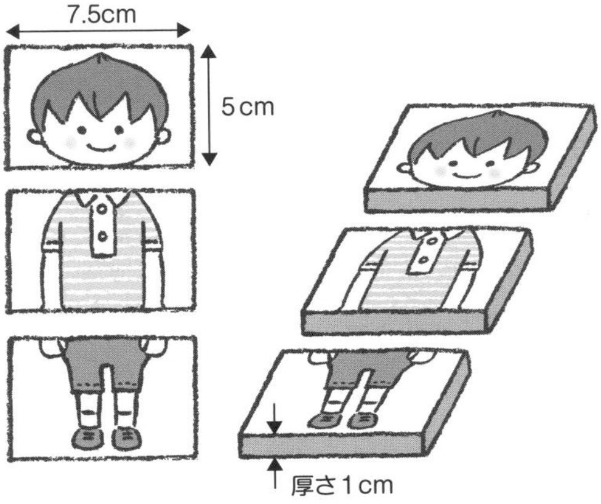

3　上中下に３分割の絵の構成の学習の系統性
ー切片を１つ入れる学習ー

上中下に３分割の絵の構成で、切片を１つ入れる学習の系統性は、次のようになります。

（1）上の切片 と 真ん中の切片 を入れておき、子どもが 下の切片 を入れる

切片は、構成板の右側に呈示します。
切片の呈示のしかたのステップは、次のとおりです。
＊右の切片は、右手で入れることを想定しています。

Step 1　正しい向きに呈示

Step 2　90度右に回転させた向きに呈示

Step 3　90度左に回転させた向きに呈示

Step 4　180度回転させた向きに呈示

POINT　１つの切片を90度回して呈示する場合の順序について

上中下に３分割の場合、１つずつの切片の形は、横長の長方形のことが多いです。横長の長方形を90度回転させると、縦長の長方形になります。縦長の長方形の切片を持って90度回す場合の右手の操作性を考えると、右に回転させて呈示したものを左に回転させて入れる方がやさしいです。

したがって、「90度右に回転させて呈示するステップ」の方が、「90度左に回転させて呈示するステップ」より、先になっています。

ただし、切片の大きさ・形（正方形か長方形か）、子どもの手の大きさ・切片の持ち方・指や手首の使い方などによって、90度左に回転させて呈示した方がやさしい場合があります。

切片の大きさ・形や、子どもの実態などによって、順序を組み替えましょう。

90度右に回転させた縦長の長方形の切片を持っているところ

（2）真ん中の切片 と 下の切片 を入れておき、子どもが 上の切片 を入れる

切片は、構成板の右側に呈示します。
切片の呈示のしかたのステップは、次のとおりです。

Step 1　正しい向きに呈示

Step 2　90度右に回転させた向きに呈示

Step 3　90度左に回転させた向きに呈示

Step 4　180度回転させた向きに呈示

（3）上の切片 と 下の切片 を入れておき、子どもが 真ん中の切片 を入れる

切片は、構成板の右側に呈示します。
切片の呈示のしかたのステップは、次のとおりです。

Step 1　正しい向きに呈示

Step 2　90度右に回転させた向きに呈示

Step 3　90度左に回転させた向きに呈示

Step 4　180度回転させた向きに呈示

4　上中下に３分割の絵の構成の学習の方法とことばかけ
−切片を１つ入れる学習−

系統性の(１)

「上の切片 と 真ん中の切片 を入れておき、子どもが 下の切片 を入れる」

Step １：下の切片 を正しい向きに呈示

(１)絵の全体像を示す

① 上の切片、真ん中の切片、下の切片 を入れた絵の構成板を呈示します。
「男の子の絵をつくる勉強をするよ」と言います。

(２)上の切片 と 真ん中の切片 を入れた構成板の呈示

① 上の切片 と 真ん中の切片 を入れた絵の構成板を呈示します。「見て」と言い、見たとき「見てるね」と言います。

(３)子どもが 下の切片 を入れる

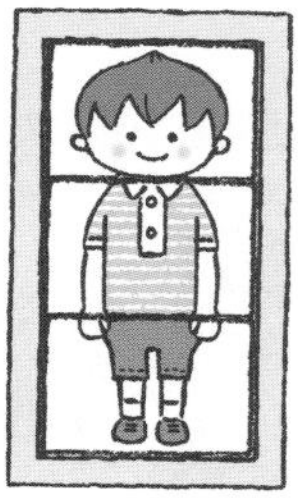

①絵の構成板の下の切片を入れる枠の真横、右側に、下の切片 を正しい向きに呈示します。「見て」と言い、見たとき「見てるね」と言います。
②絵の構成板の下の部分を指さしして「ここに入れて」と言います。
③子どもが入れます。
＊はじめのうちは、横向きや逆さに入れないように援助して正しい向きに一緒に入れるようにします。間違えさせないことが大切です。
④「男の子ができたね。上手にできたね」と言って、よくほめます。

Step 2：下の切片 を90度右に回転させた向きに呈示

（1）上の切片 と 真ん中の切片 を入れた構成板の呈示

①上の切片 と 真ん中の切片 を入れた絵の構成板を呈示します。「見て」と言い、見たとき「見てるね」と言います。

（2）子どもが 下の切片 を入れる

①絵の構成板の下の切片を入れる枠の真横、右側に、下の切片 を90度右に回転させた向きに呈示します。「見て」と言い、見たとき「見てるね」と言います。

②絵の構成板の下の部分を指さしして「ここに入れて」と言います。

③子どもが90度左に回転させて入れます。

＊はじめのうちは、援助して一緒に回して正しい向きに入れるようにします。一緒に回して入れることが、「回して入れる」ということを理解し、できるようになることにつながります。

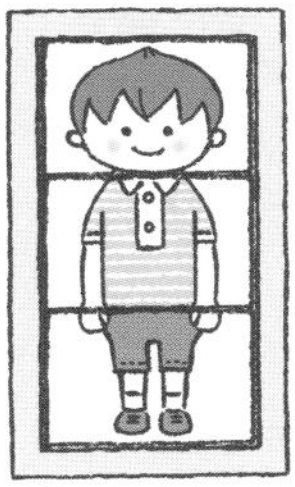

④「男の子ができたね。上手にできたね」と言って、よくほめます。

Step 3：下の切片 を90度左に回転させた向きに呈示

（1）上の切片 と 真ん中の切片 を入れた構成板の呈示

①上の切片 と 真ん中の切片 を入れた絵の構成板を呈示します。「見て」と言い、見たとき「見てるね」と言います。

（2）子どもが 下の切片 を入れる

①絵の構成板の下の切片を入れる枠の真横、右側に、下の切片 を90度左に回転させた向きに呈示します。「見て」と言い、見たとき「見てるね」と言います。

②絵の構成板の下の部分を指さしして「ここに入れて」と言います。

③子どもが90度右に回転させて入れます。

＊はじめのうちは、援助して一緒に回して正しい向きに入れるようにします。一緒に回して入れることが、「回して入れる」ということを理解し、できるようになることにつながります。

④「男の子ができたね。上手にできたね」と言って、よくほめます。

Step 4：下の切片 を180度回転させた向きに呈示

（1）上の切片 と 真ん中の切片 を入れた構成板の呈示

① 上の切片 と 真ん中の切片 を入れた絵の構成板を呈示します。「見て」と言い、見たとき「見てるね」と言います。

（2）子どもが 下の切片 を入れる

①絵の構成板の下の切片を入れる枠の真横、右側に、下の切片 を180度回転させた向きに呈示します。「見て」と言い、見たとき「見てるね」と言います。

②絵の構成板の下の部分を指さしして「ここに入れて」と言います。

③子どもが180度回転させて入れます。

＊回転させる方向は、子どもが回しやすい方でよいでしょう。

④「男の子ができたね。上手にできたね」と言って、よくほめます。

系統性の（2）

「真ん中の切片 と 下の切片 を入れておき、子どもが 上の切片 を入れる」

Step 1：上の切片 を正しい向きに呈示

（1）絵の全体像を示す

① 上の切片、真ん中の切片、下の切片 を入れた絵の構成板を呈示します。
「男の子の絵をつくる勉強をするよ」と言います。

（2）真ん中の切片 と 下の切片 を入れた構成板の呈示

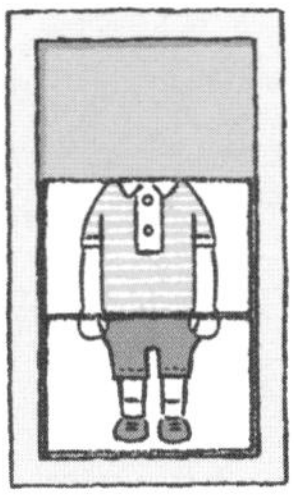

①真ん中の切片 と 下の切片 を入れた絵の構成板を呈示します。「見て」と言い、見たとき「見てるね」と言います。

（3）子どもが 上の切片 を入れる

①絵の構成板の上の切片を入れる枠の真横、右側に、上の切片 を正しい向きに呈示します。「見て」と言い、見たとき「見てるね」と言います。

②絵の構成板の上の部分を指さしして「ここに入れて」と言います。

③子どもが入れます。

＊はじめのうちは、横向きや逆さに入れないように援助して正しい向きに一緒に入れるようにします。間違えさせないことが大切です。

④「男の子ができたね。上手にできたね」と言って、よくほめます。

Step 2：上の切片 を90度右に回転させた向きに呈示

（1）真ん中の切片 と 下の切片 を入れた構成板の呈示

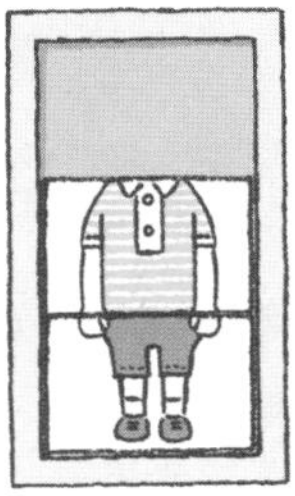

①真ん中の切片 と 下の切片 を入れた絵の構成板を呈示します。「見て」と言い、見たとき「見てるね」と言います。

（2）子どもが90度左に回転させて 上の切片 を入れる

①絵の構成板の上の切片を入れる枠の真横、右側に、上の切片 を90度右に回転させた向きに呈示します。「見て」と言い、見たとき「見てるね」と言います。

②絵の構成板の上の部分を指さしして「ここに入れて」と言います。

③子どもが90度左に回転させて入れます。

＊はじめのうちは、援助して一緒に回して正しい向きに入れるようにします。一緒に回して入れることが、「回して入れる」ということを理解し、できるようになることにつながります。

④「男の子ができたね。上手にできたね」と言って、よくほめます。

Step 3：上の切片 を90度左に回転させた向きに呈示

（1）真ん中の切片 と 下の切片 を入れた構成板の呈示

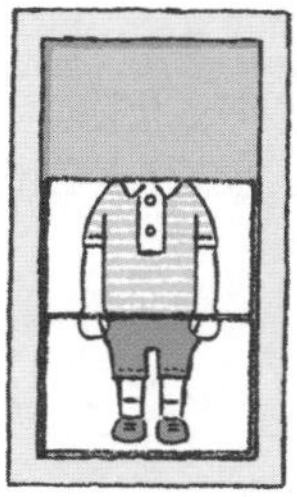

① 真ん中の切片 と 下の切片 を入れた絵の構成板を呈示します。「見て」と言い、見たとき「見てるね」と言います。

（2）子どもが90度右に回転させて上の切片 を入れる

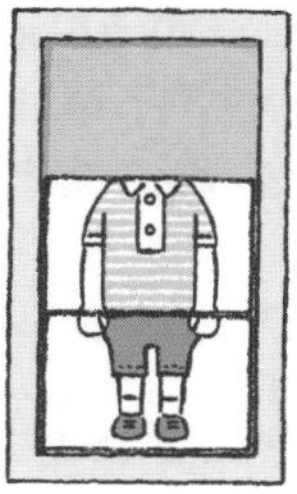

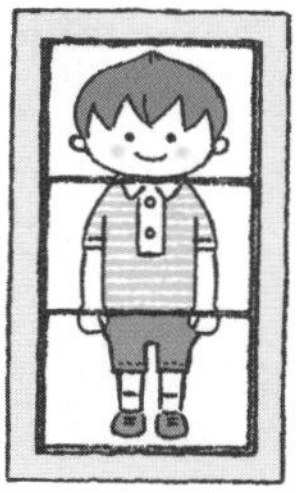

①絵の構成板の上の切片を入れる枠の真横、右側に、上の切片 を90度左に回転させた向きに呈示します。「見て」と言い、見たとき「見てるね」と言います。

②絵の構成板の上の部分を指さしして「ここに入れて」と言います。

③子どもが90度右に回転させて入れます。

④「男の子ができたね。上手にできたね」と言って、よくほめます。

Step 4：上の切片 を180度回転させた向きに呈示

（1）真ん中の切片 と 下の切片 を入れた構成板の呈示

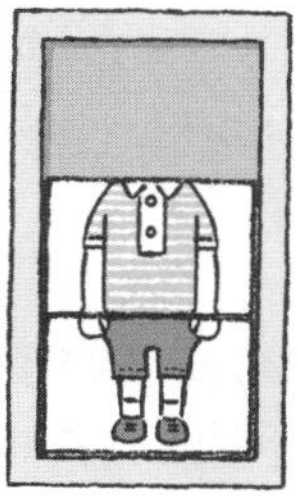

① 真ん中の切片 と 下の切片 を入れた絵の構成板を呈示します。「見て」と言い、見たとき「見てるね」と言います。

（2）子どもが 上の切片 を入れる

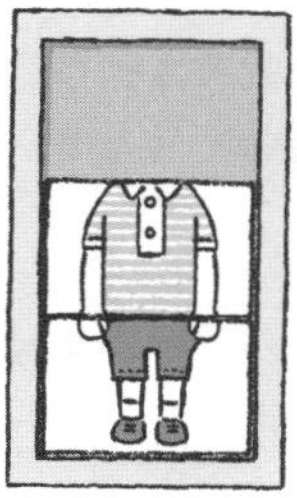

①絵の構成板の上の切片を入れる枠の真横、右側に、上の切片 を180度回転させた向きに呈示します。「見て」と言い、見たとき「見てるね」と言います。

②絵の構成板の上の部分を指さしして「ここに入れて」と言います。

③子どもが180度回転させて入れます。
＊回転させる方向は、子どもが回しやすい方でよいでしょう。
④「男の子ができたね。上手にできたね」と言って、よくほめます。

系統性の（3）
「上の切片 と 下の切片 を入れておき、子どもが 真ん中の切片 を入れる」

Step 1：真ん中の切片 を正しい向きに呈示

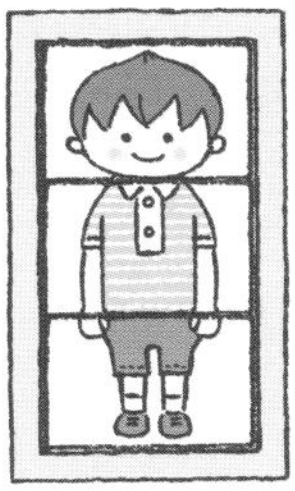

（1）絵の全体像を示す

① 上の切片、真ん中の切片、下の切片 を入れた絵の構成板を呈示します。
「男の子の絵をつくる勉強をするよ」と言います。

（2）上の切片 と 下の切片 を入れた構成板の呈示

① 上の切片 と 下の切片 を入れた絵の構成板を呈示します。「見て」と言い、見たとき「見てるね」と言います。

（3）子どもが 真ん中の切片 を入れる

①絵の構成板の真ん中の切片を入れる枠の真横、右側に、真ん中の切片 を正しい向きに呈示します。「見て」と言い、見たとき「見てるね」と言います。
②絵の構成板の真ん中の部分を指さしして「ここに入れて」と言います。
③子どもが入れます。
＊はじめのうちは、横向きや逆さに入れないように援助して正しい向きに一緒に入れるようにします。間違えさせないことが大切です。
④「男の子ができたね。上手にできたね」と言って、よくほめます。

Step 2：真ん中の切片 を90度右に回転させた向きに呈示

（1）上の切片 と 下の切片 を入れた構成板の呈示

① 上の切片 と 下の切片 を入れた絵の構成板を呈示します。「見て」と言い、見たとき「見てるね」と言います。

（2）子どもが90度左に回転させて 真ん中の切片 を入れる

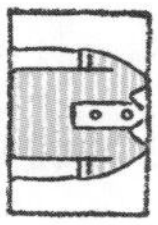

①絵の構成板の真ん中の切片を入れる枠の真横、右側に、真ん中の切片 を90度右に回転させた向きに呈示します。「見て」と言い、見たとき「見てるね」と言います。

②絵の構成板の真ん中の部分を指さしして「ここに入れて」と言います。

③子どもが90度左に回転させて入れます。

＊はじめのうちは、援助して一緒に回して正しい向きに入れるようにします。一緒に回して入れることが、「回して入れる」ということを理解し、できるようになることにつながります。

④「男の子ができたね。上手にできたね」と言って、よくほめます。

Step 3：真ん中の切片 を90度左に回転させた向きに呈示

（1）上の切片 と 下の切片 を入れた構成板の呈示

① 上の切片 と 下の切片 を入れた絵の構成板を呈示します。「見て」と言い、見たとき「見てるね」と言います。

（2）子どもが90度右に回転させて 真ん中の切片 を入れる

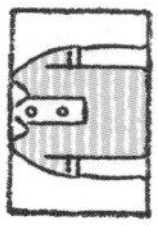

①絵の構成板の真ん中の切片を入れる枠の真横、右側に、真ん中の切片 を90度左に回転させた向きに呈示します。「見て」と言い、見たとき「見てるね」と言います。

②絵の構成板の真ん中の部分を指さしして「ここに入れて」と言います。

③子どもが90度右に回転させて入れます。

＊はじめのうちは、援助して一緒に回して正しい向きに入れるようにします。一緒に回して入れることが、「回して入れる」ということを理解し、できるようになることにつながります。

④「男の子ができたね。上手にできたね」と言って、よくほめます。

Step 4：真ん中の切片 を180度回転させた向きに呈示

(1) 上の切片 と 下の切片 を入れた構成板の呈示

① 上の切片 と 下の切片 を入れた絵の構成板を呈示します。「見て」と言い、見たとき「見てるね」と言います。

(2) 子どもが180度回転させて 真ん中の切片 を入れる

①絵の構成板の真ん中の切片を入れる枠の真横、右側に、真ん中の切片 を180度回転させた向きに呈示します。「見て」と言い、見たとき「見てるね」と言います。

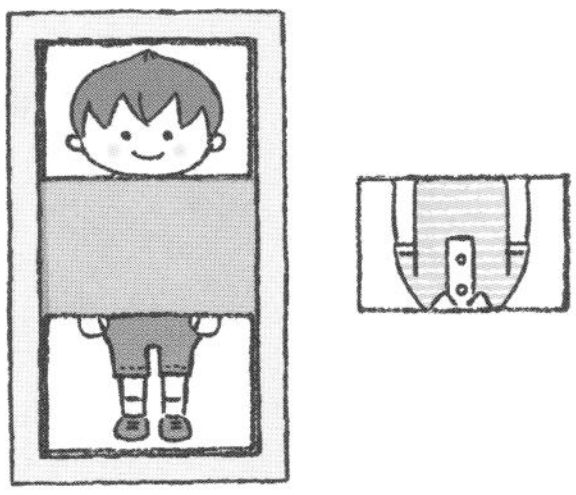

②絵の構成板の真ん中の部分を指さしして「ここに入れて」と言います。

③子どもが180度回転させて入れます。

＊回転させる方向は、子どもが回しやすい方でよいでしょう。

④「男の子ができたね。上手にできたね」と言って、よくほめます。

5　上中下に３分割の絵の構成の学習の系統性
ー切片を２つ入れる学習ー

上中下に３分割の絵の構成で、切片を２つ入れる学習の系統性は、次のようになります。

（1）真んの切片 を入れておき、子どもが 上の切片 を入れてから 下の切片 を入れる

上の切片 を先に入れ、そのあとで 下の切片 を入れる学習です。
指導者が、上の切片 が入る枠をポインティングし、「ここに入るのはどれですか」と聞きます。子どもが 上の切片 を視線で選びます。
切片は、２枚とも構成板の上方に左右に分けて呈示します。
２枚の切片の呈示の位置と呈示の順序によって難易度が異なります。
上の切片 を右側に呈示した方が、利き手側にあるので選びやすいです。
（右利きの場合は、右空間の方が視覚的に優位であることが多いです。）
上の切片 を後から呈示した方が、記憶に残りやすく、また視線が後から呈示した 上の切片 にあるときに「ここに入るのはどれですか」と言われるので、選びやすいです。
上の切片 を入れた後、残っている 下の切片 をよく見て入れます。

切片の呈示のしかたのステップは、次のとおりです。＊①②は、呈示する順番（以下すべて同じ）

Step 1　右側（利き手側）後出し
先に 下の切片 を左側に呈示し、
後から 上の切片 を右側に呈示します。

Step 2　左側（反利き手側）後出し
先に 下の切片 を右側に呈示し、
後から 上の切片 を左側に呈示します。

Step 3　右側（利き手側）先出し
先に 上の切片 を右側に呈示し、
後から 下の切片 を左側に呈示します。

Step 4　左側（反利き手側）先出し
先に 上の切片 を左側に呈示し、
後から 下の切片 を右側に呈示します。

＊Step 1 〜 Step 4 の呈示のしかたについては、【方法とことばかけ】（ 6 154ページ〜）で詳しく述べます。

(2) 真ん中の切片 を入れておき、子どもが 下の切片 を入れてから 上の切片 を入れる

下の切片 を先に入れ、そのあとで 上の切片 を入れる学習です。
指導者が、下の切片 が入る枠をポインティングし、「ここに入るのはどれですか」と聞きます。子どもが 下の切片 を視線で選びます。
切片は、2枚とも構成板の上方に左右に分けて呈示します。
2枚の切片の呈示の位置と呈示の順序によって難易度が異なります。
下の切片 を右側に呈示した方が、利き手側にあるので選びやすいです。
下の切片 を後から呈示した方が、記憶に残りやすく、また視線が 下の切片 にあるときに「ここに入るのはどれですか」と言われるので、選びやすいです。
下の切片 を入れた後、残っている 上の切片 をよく見て入れます。

切片の呈示のしかたのステップは、次のとおりです。

Step 1 右側(利き手側)後出し
先に 上の切片 を左側に呈示し、
後から 下の切片 を右側に呈示します。

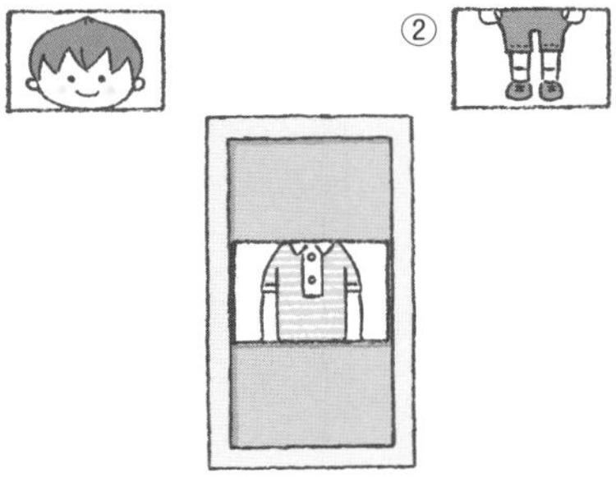

Step 2 左側(反利き手側)後出し
先に 上の切片 を右側に呈示し、
後から 下の切片 を左側に呈示します。

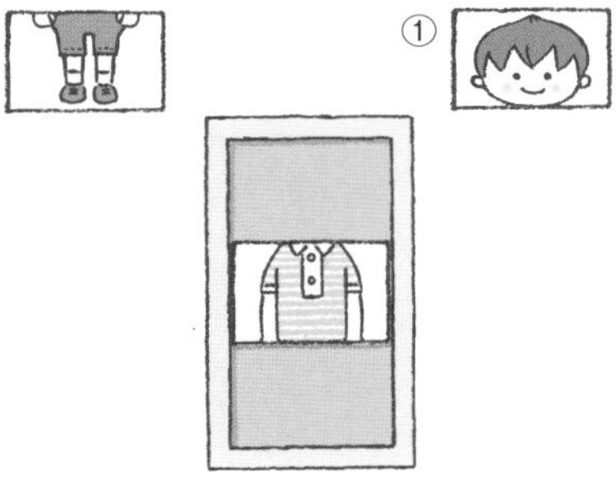

Step 3 右側(利き手側)先出し
先に 下の切片 を右側に呈示し、
後から 上の切片 を左側に呈示します。

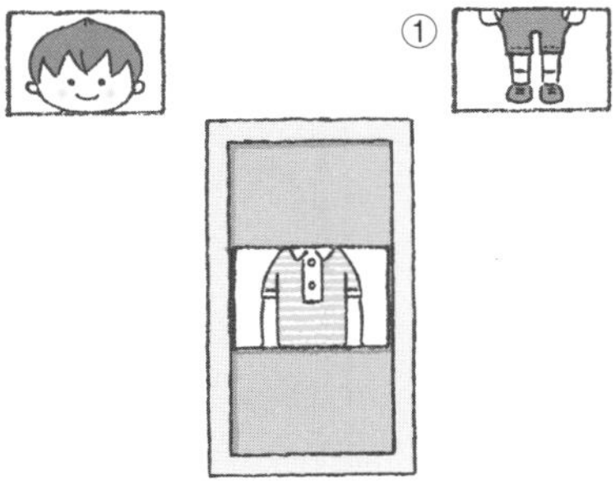

Step 4 左側(反利き手側)先出し
先に 下の切片 を左側に呈示し、
後から 上の切片 を右側に呈示します。

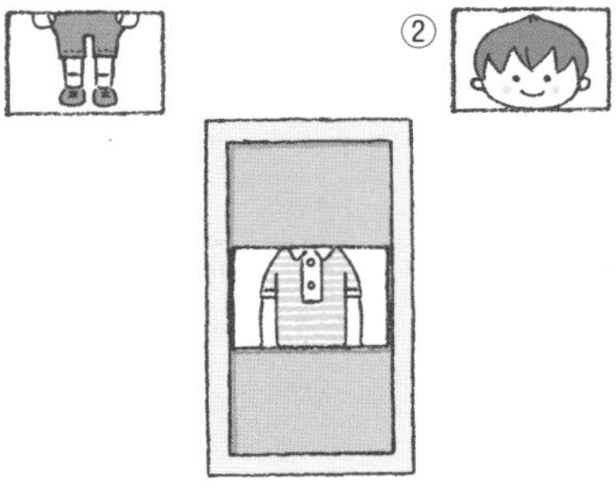

＊Step 1～Step 4の呈示のしかたについては、【方法とことばかけ】(6 154ページ～)で詳しく述べます。

※(1)と(2)は、子どもの実態に応じて学習の順番を逆にしてもよいです。

（3）上の切片を入れておき、子どもが真ん中の切片を入れてから下の切片を入れる

真ん中の切片を先に入れ、そのあとで下の切片を入れる学習です。
指導者が、真ん中の切片が入る枠をポインティングし、「ここに入るのはどれですか」と聞きます。子どもが真ん中の切片を視線で選びます。
切片は、２枚とも構成板の上方に左右に分けて呈示します。
２枚の切片の呈示の位置と呈示の順序によって難易度が異なります。
真ん中の切片を右側に呈示した方が、利き手側にあるので選びやすいです。
真ん中の切片を後から呈示した方が、記憶に残りやすく、また視線が真ん中の切片にあるときに「ここに入るのはどれですか」と言われるので、選びやすいです。
真ん中の切片を入れた後、残っている下の切片をよく見て入れます。

切片の呈示のしかたのステップは、次のとおりです。

Step 1　右側（利き手側）後出し
先に下の切片を左側に呈示し、
後から真ん中の切片を右側に呈示します。

Step 2　左側（反利き手側）後出し
先に下の切片を右側に呈示し、
後から真ん中の切片を左側に呈示します。

Step 3　右側（利き手側）先出し
先に真ん中の切片を右側に呈示し、
後から下の切片を左側に呈示します。

Step 4　左側（反利き手側）先出し
先に真ん中の切片を左側に呈示し、
後から下の切片を右側に呈示します。

（4）上の切片を入れておき、子どもが 下の切片 を入れてから 真ん中の切片 を入れる

下の切片 を先に入れ、そのあとで 真ん中の切片 を入れる学習です。
指導者が、下の切片 が入る枠をポインティングし、「ここに入るのはどれですか」と聞きます。子どもが 下の切片 を視線で選びます。
切片は、２枚とも構成板の上方に左右に分けて呈示します。
２枚の切片の呈示の位置と呈示の順序によって難易度が異なります。
下の切片 を右側に呈示した方が、利き手側にあるので選びやすいです。
下の切片 を後から呈示した方が、記憶に残りやすく、また視線が 下の切片 にあるときに「ここに入るのはどれですか」と言われるので、選びやすいです。
下の切片 を入れた後、残っている 真ん中の切片 をよく見て入れます。

切片の呈示のしかたのステップは、次のとおりです。

Step 1 **右側（利き手側）後出し**
先に 真ん中の切片 を左側に呈示し、
後から 下の切片 を右側に呈示します。

Step 2 **左側（反利き手側）後出し**
先に 真ん中の切片 を右側に呈示し、
後から 下の切片 を左側に呈示します。

Step 3 **右側（利き手側）先出し**
先に 下の切片 を右側に呈示し、
後から 真ん中の切片 を左側に呈示します。

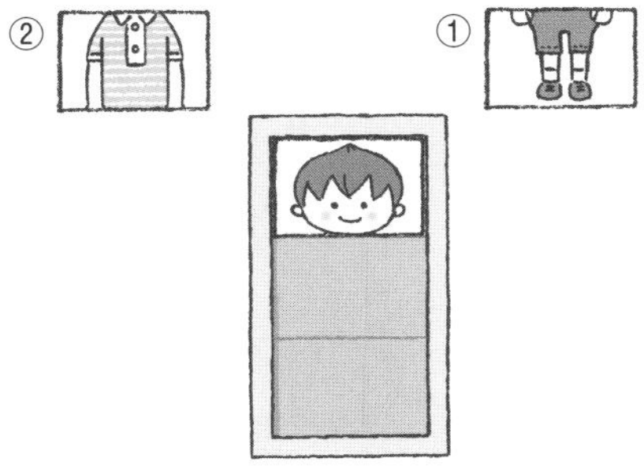

Step 4 **左側（反利き手側）先出し**
先に 下の切片 を左側に呈示し、
後から 真ん中の切片 を右側に呈示します。

※（3）と（4）は、子どもの実態に応じて学習の順番を逆にしてもよいです。

（5）下の切片 を入れておき、子どもが 真ん中の切片 を入れてから 上の切片 を入れる

真ん中の切片 を先に入れ、そのあとで 上の切片 を入れる学習です。
指導者が、真ん中の切片 が入る枠をポインティングし、「ここに入るのはどれですか」と聞きます。子どもが 真ん中の切片 を視線で選びます。
切片は、２枚とも構成板の上方に左右に分けて呈示します。
２枚の切片の呈示の位置と呈示の順序によって難易度が異なります。
真ん中の切片 を右側に呈示した方が、利き手側にあるので選びやすいです。
真ん中の切片 を後から呈示した方が、記憶に残りやすく、また視線が 真ん中の切片 にあるときに「ここに入るのはどれですか」と言われるので、選びやすいです。
真ん中の切片 を入れた後、残っている 上の切片 をよく見て入れます。

切片の呈示のしかたのステップは、次のとおりです。

Step 1 右側（利き手側）後出し
先に 上の切片 を左側に呈示し、
後から 真ん中の切片 を右側に呈示します。

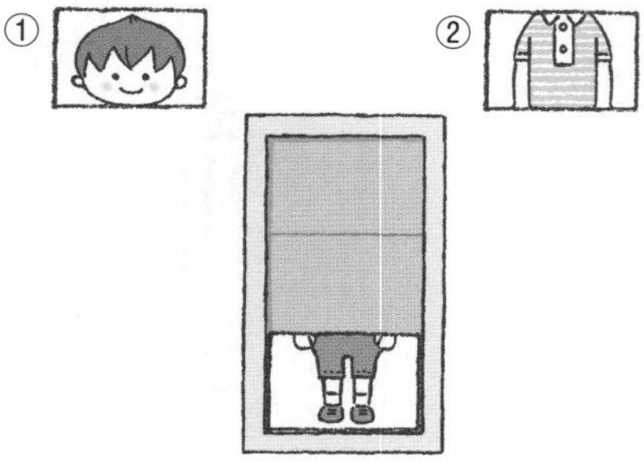

Step 2 左側（反利き手側）後出し
先に 上の切片 を右側に呈示し、
後から 真ん中の切片 を左側に呈示します。

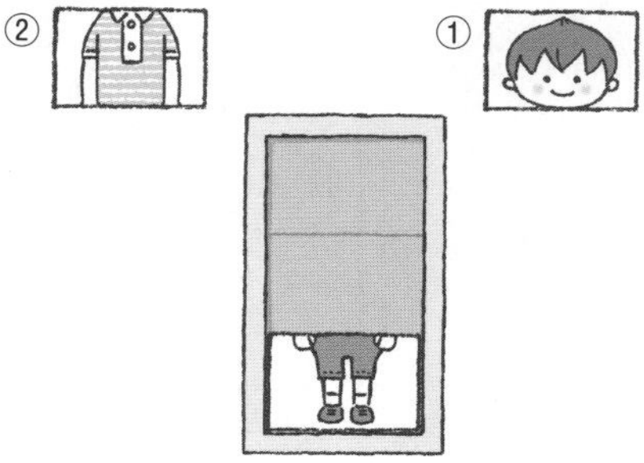

Step 3 右側（利き手側）先出し
先に 真ん中の切片 を右側に呈示し、
後から 上の切片 を左側に呈示します。

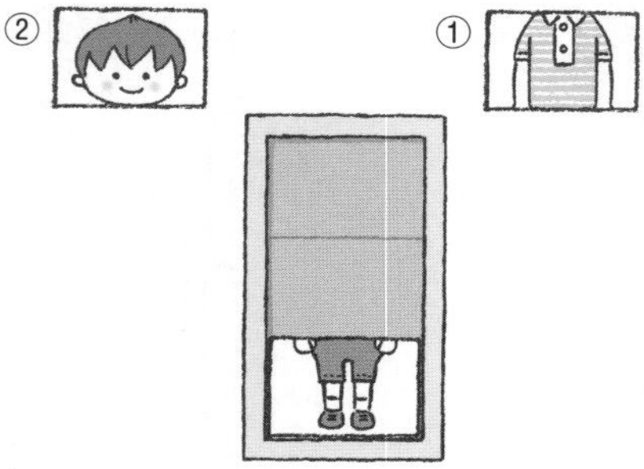

Step 4 左側（反利き手側）先出し
先に 真ん中の切片 を左側に呈示し、
後から 上の切片 を右側に呈示します。

（6）下の切片 を入れておき、子どもが 上の切片 を入れてから 真ん中の切片 を入れる

上の切片 を先に入れ、そのあとで 真ん中の切片 を入れる学習です。

指導者が、上の切片 が入る枠をポインティングし、「ここに入るのはどれですか」と聞きます。子どもが 上の切片 を視線で選びます。

切片は、２枚とも構成板の上方に左右に分けて呈示します。

２枚の切片の呈示の位置と呈示の順序によって難易度が異なります。

上の切片 を右側に呈示した方が、利き手側にあるので選びやすいです。

上の切片 を後から呈示した方が、記憶に残りやすく、また視線が 上の切片 にあるときに「ここに入るのはどれですか」と言われるので、選びやすいです。

上の切片 を入れた後、残っている 真ん中の切片 をよく見て入れます。

切片の呈示のしかたのステップは、次のとおりです。

Step 1　右側（利き手側）後出し

先に 真ん中の切片 を左側に呈示し、
後から 上の切片 を右側に呈示します。

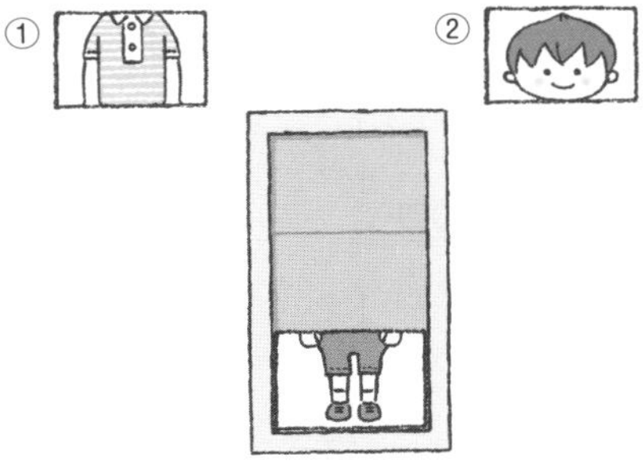

Step 2　左側（反利き手側）後出し

先に 真ん中の切片 を右側に呈示し、
後から 上の切片 を左側に呈示します。

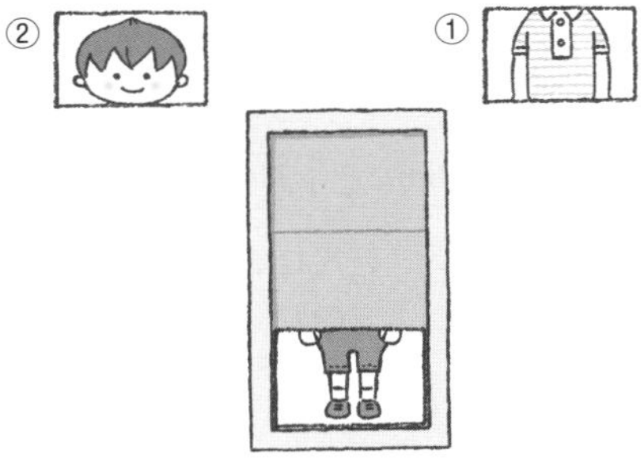

Step 3　右側（利き手側）先出し

先に 上の切片 を右側に呈示し、
後から 真ん中の切片 を左側に呈示します。

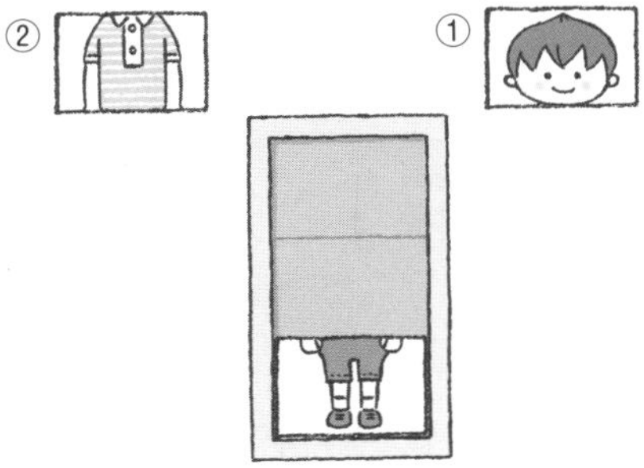

Step 4　左側（反利き手側）先出し

先に 上の切片 を左側に呈示し、
後から 真ん中の切片 を右側に呈示します。

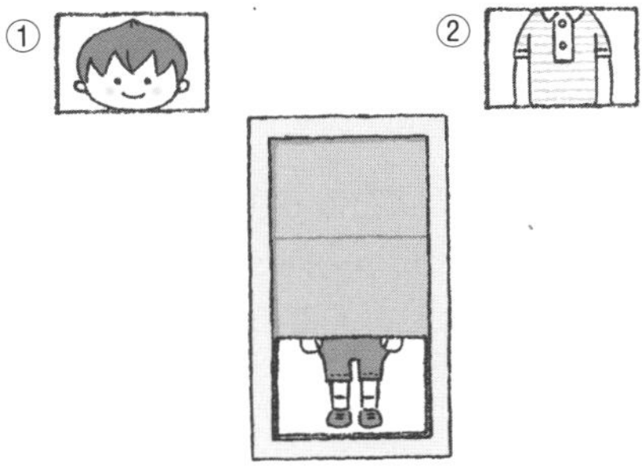

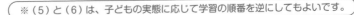

※（5）と（6）は、子どもの実態に応じて学習の順番を逆にしてもよいです。

6 上中下に３分割の絵の構成の学習の方法とことばかけ
ー切片を２つ入れる学習ー

系統性の（1）

「 真ん中の切片 を入れておき、子どもが 上の切片 を入れてから 下の切片 を入れる」

Step 1： 上の切片 を右側後出しで呈示

（1）絵の全体像を示す

① 上の切片 、 真ん中の切片 、 下の切片 を入れた絵の構成板を呈示します。
「男の子の絵をつくる勉強をするよ」と言います。

（2） 上の切片 と 下の切片 の呈示

① 真ん中の切片 を入れた絵の構成板を呈示します。

②絵の構成板の上方の左側、手の届かないところに、 下の切片 を正しい向きに呈示します。
「見て」と言い、見たとき「見てるね」と言います。見ないときは 下の切片 をポインティングして視線を誘導します。

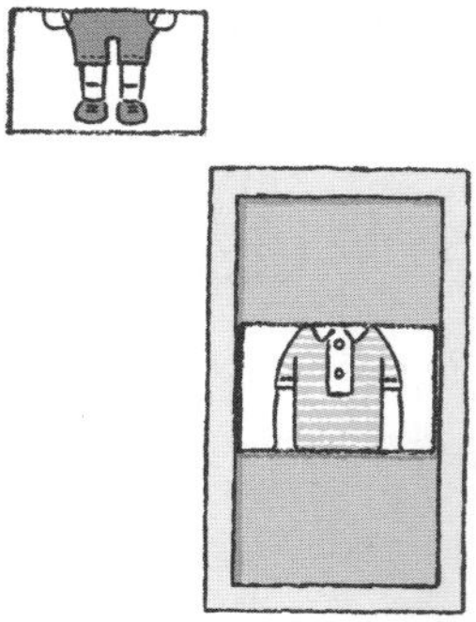

③絵の構成板の上方の右側、手の届かないところに、 上の切片 を正しい向きに呈示します。「見て」と言い、見たとき「見てるね」と言います。見ないときは 上の切片 をポインティングして視線を誘導します。

POINT　選択肢の切片は、子どもの手の届かないところに呈示する

選択肢の切片を、子どもの手の届くところに呈示すると、よく見ないで、先に呈示された切片や利き手の近くに呈示された切片を取ってしまうことがよく見られます。よく見て、見比べて選択することが大切です。
選択肢の切片は、子どもの手の届かないところに呈示し、子どもが視線で選ぶようにすることが最も重要です。

(3) 子どもが 上の切片 を入れる

①絵の構成板の上の部分を指さしして、「ここに入るのはどれですか？」と言います。
②子どもが 上の切片 を見ます。
③見た瞬間に「そうだね」と言ってポインティングします。そして、上の切片 を絵の構成板の右側に移動させます。

④絵の構成板の上の部分を指さしして、「ここに入れて」と言います。
⑤子どもが入れます。
＊はじめのうちは、横向きや逆さに入れないように、援助して正しい向きに一緒に入れるようにします。間違えさせないことが大切です。
⑥「上手にできたね」と言って、よくほめます。

(4) 子どもが 下の切片 を入れる

①絵の構成板の下の部分を指さしして、「ここに入るのはどれですか？」と言います。
②子どもが 下の切片 を見ます。
③見た瞬間に「そうだね」と言ってポインティングします。そして、下の切片 を絵の構成板の右側に移動させます。

④絵の構成板の下の部分を指さしして、「ここに入れて」と言います。
⑤子どもが入れます。
⑥「男の子ができたね。上手にできたね」と言って、よくほめます。

Step 2：上の切片 を左側後出しで呈示

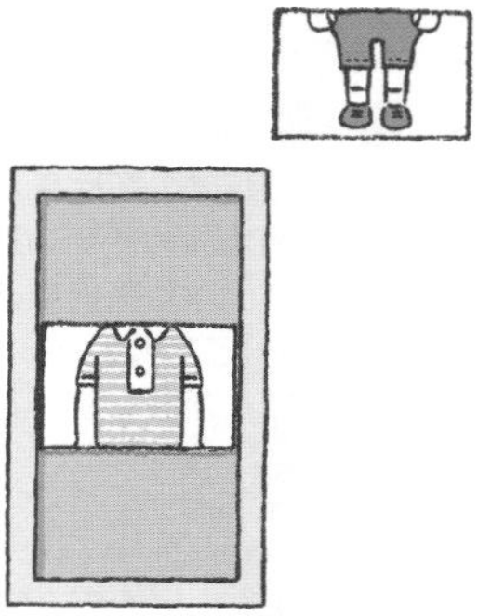

（1）上の切片 と 下の切片 の呈示

① 真ん中の切片 を入れた絵の構成板を呈示します。
②絵の構成板の上方の右側、手の届かないところに、下の切片 を正しい向きに呈示します。
「見て」と言い、見たとき「見てるね」と言います。見ないときは 下の切片 をポインティングして視線を誘導します。
③絵の構成板の上方の左側、手の届かないところに、上の切片 を正しい向きに呈示します。「見て」と言い、見たとき「見てるね」と言います。見ないときは 上の切片 をポインティングして視線を誘導します。

（2）子どもが 上の切片 を入れる

①絵の構成板の上の部分を指さしして、「ここに入るのはどれですか？」と言います。
②子どもが 上の切片 を見ます。
③見た瞬間に「そうだね」と言ってポインティングします。そして、上の切片 を絵の構成板の右側に移動させます。
④絵の構成板の上の部分を指さしして、「ここに入れて」と言います。
⑤子どもが入れます。
⑥「上手にできたね」と言って、よくほめます。

（3）子どもが 下の切片 を入れる

①絵の構成板の下の部分を指さしして、「ここに入るのはどれですか？」と言います。
②子どもが 下の切片 を見ます。
③見た瞬間に「そうだね」と言って、下の切片 を絵の構成板の右側に移動させます。
④絵の構成板の下の部分を指さしして、「ここに入れて」と言います。
⑤子どもが入れます。
⑥「男の子ができたね。上手にできたね」と言って、よくほめます。

Step 3：上の切片 を右側先出しで呈示

（1）上の切片 と 下の切片 の呈示

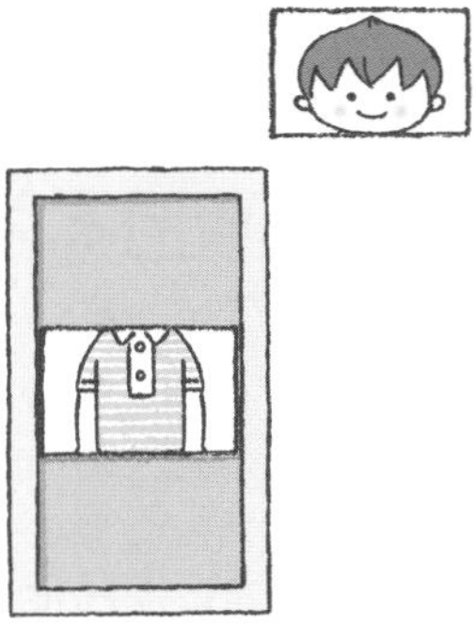

① 真ん中の切片 を入れた絵の構成板を呈示します。
②絵の構成板の上方の右側、手の届かないところに、上の切片 を正しい向きに呈示します。
「見て」と言い、見たとき「見てるね」と言います。見ないときは 上の切片 をポインティングして視線を誘導します。
③絵の構成板の上方の左側、手の届かないところに、下の切片 を正しい向きに呈示します。「見て」と言い、見たとき「見てるね」と言います。見ないときは 下の切片 をポインティングして視線を誘導します。

（2）子どもが 上の切片 を入れる

①絵の構成板の上の部分を指さしして、「ここに入るのはどれですか？」と言います。
②子どもが 上の切片 を見ます。
③見た瞬間に「そうだね」と言ってポインティングします。そして、上の切片 を絵の構成板の右側に移動させます。
④絵の構成板の上の部分を指さしして、「ここに入れて」と言います。
⑤子どもが入れます。
⑥「上手にできたね」と言って、よくほめます。

（3）子どもが 下の切片 を入れる

①絵の構成板の下の部分を指さしして、「ここに入るのはどれですか？」と言います。
②子どもが 下の切片 を見ます。
③見た瞬間に「そうだね」と言ってポインティングします。そして、下の切片 を絵の構成板の右側に移動させます。
④絵の構成板の下の部分を指さしして、「ここに入れて」と言います。
⑤子どもが入れます。
⑥「男の子ができたね。上手にできたね」と言って、よくほめます。

Step 4：上の切片 を左側先出しで呈示

（1）上の切片 と 下の切片 の呈示

① 真ん中の切片 を入れた絵の構成板を呈示します。

②絵の構成板の上方の左側、手の届かないところに、上の切片 を正しい向きに呈示します。
「見て」と言い、見たとき「見てるね」と言います。見ないときは 上の切片 をポインティングして視線を誘導します。

③絵の構成板の上方の右側、手の届かないところに、下の切片 を正しい向きに呈示します。「見て」と言い、見たとき「見てるね」と言います。見ないときは 下の切片 をポインティングして視線を誘導します。

（2）子どもが 上の切片 を入れる

①絵の構成板の上の部分を指さしして、「ここに入るのはどれですか？」と言います。

②子どもが 上の切片 を見ます。

③見た瞬間に「そうだね」と言ってポインティングします。そして、上の切片 を絵の構成板の右側に移動させます。

④絵の構成板の上の部分を指さしして、「ここに入れて」と言います。

⑤子どもが入れます。

⑥「上手にできたね」と言って、よくほめます。

（3）子どもが 下の切片 を入れる

①絵の構成板の下の部分を指さしして、「ここに入るのはどれですか？」と言います。

②子どもが 下の切片 を見ます。

③見た瞬間に「そうだね」と言って、下の切片 を絵の構成板の右側に移動させます。

④絵の構成板の下の部分を指さしして、「ここに入れて」と言います。

⑤子どもが入れます。

⑥「男の子ができたね。上手にできたね」と言って、よくほめます。

系統性の（2）
「真ん中の切片 を入れておき、子どもが 下の切片 を入れてから 上の切片 を入れる」

Step 1：下の切片 を右側後出しで呈示

（1）絵の全体像を示す

① 上の切片、真ん中の切片、下の切片 を入れた絵の構成板を呈示します。
「男の子の絵をつくる勉強をするよ」と言います。

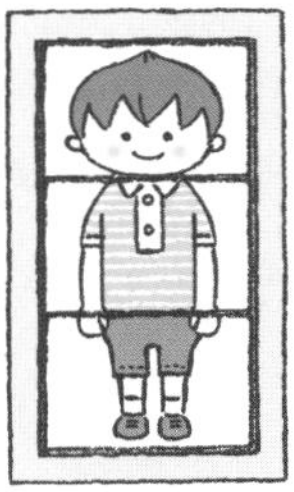

（2）上の切片 と 下の切片 の呈示

① 真ん中の切片 を入れた絵の構成板を呈示します。
②絵の構成板の上方の左側、手の届かないところに、上の切片 を正しい向きに呈示します。
「見て」と言い、見たとき「見てるね」と言います。見ないときは 上の切片 をポインティングして視線を誘導します。

③絵の構成板の上方の右側、手の届かないところに、下の切片 を正しい向きに呈示します。「見て」と言い、見たとき「見てるね」と言います。見ないときは 下の切片 をポインティングして視線を誘導します。

POINT　選択肢の切片は、子どもの手の届かないところに呈示する

選択肢の切片を、子どもの手の届くところに呈示すると、よく見ないで、先に呈示された切片や利き手の近くに呈示された切片を取ってしまうことがよく見られます。よく見て、見比べて選択することが大切です。
選択肢の切片は、子どもの手の届かないところに呈示するようにします。

（3）子どもが 下の切片 を入れる

①絵の構成板の下の部分を指さしして、「ここに入るのはどれですか？」と言います。

②子どもが 下の切片 を見ます。

③見た瞬間に「そうだね」と言ってポインティングします。そして、下の切片 を絵の構成板の右側に移動させます。

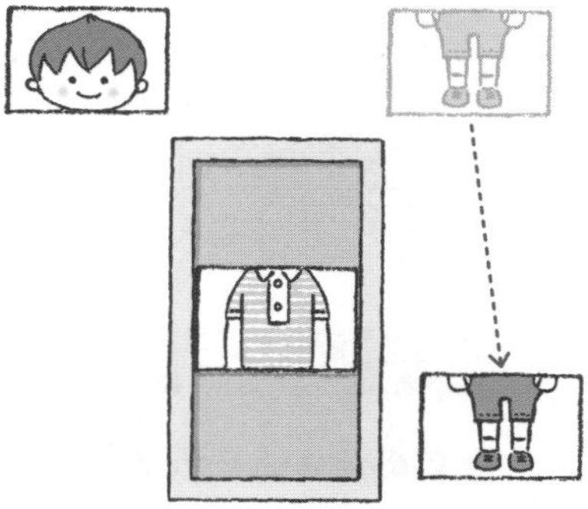

④絵の構成板の下の部分を指さしして、「ここに入れて」と言います。

⑤子どもが入れます。

＊はじめのうちは、横向きや逆さに入れないように、援助して正しい向きに一緒に入れるようにします。間違えさせないことが大切です。

⑥「上手にできたね」と言って、よくほめます。

（4）子どもが 上の切片 を入れる

①絵の構成板の上の部分を指さしして、「ここに入るのはどれですか？」と言います。

②子どもが 上の切片 を見ます。

③見た瞬間に「そうだね」と言ってポインティングします。そして、上の切片 を絵の構成板の右側に移動させます。

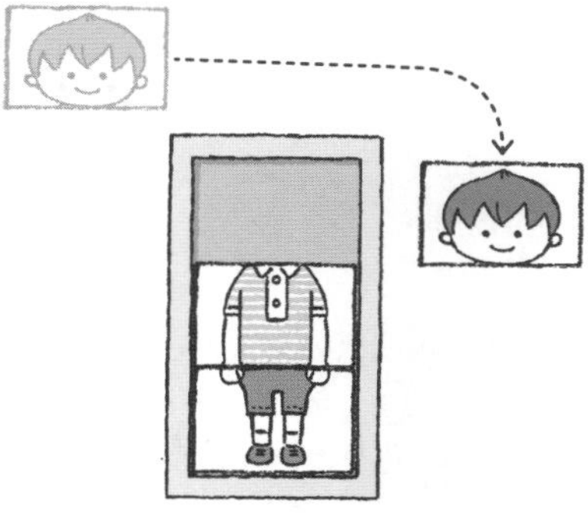

④絵の構成板の上の部分を指さしして、「ここに入れて」と言います。

⑤子どもが入れます。

＊はじめのうちは、横向きや逆さに入れないように、援助して正しい向きに一緒に入れるようにします。間違えさせないことが大切です。

⑥「男の子ができたね。上手にできたね」と言って、よくほめます。

Step 2：下の切片 を左側後出しで呈示

（1）上の切片 と 下の切片 の呈示

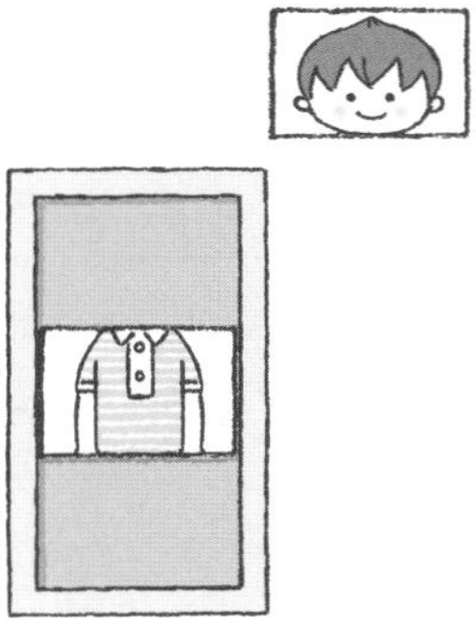

① 真ん中の切片 を入れた絵の構成板を呈示します。

②絵の構成板の上方の右側、手の届かないところに、上の切片 を正しい向きに呈示します。
「見て」と言い、見たとき「見てるね」と言います。見ないときは 上の切片 をポインティングして視線を誘導します。

③絵の構成板の上方の左側、手の届かないところに、下の切片 を正しい向きに呈示します。「見て」と言い、見たとき「見てるね」と言います。見ないときは 下の切片 をポインティングして視線を誘導します。

（2）子どもが 下の切片 を入れる

①絵の構成板の下の部分を指さしして、「ここに入るのはどれですか？」と言います。

②子どもが 下の切片 を見ます。

③見た瞬間に「そうだね」と言ってポインティングします。そして、下の切片 を絵の構成板の右側に移動させます。

④絵の構成板の下の部分を指さしして、「ここに入れて」と言います。

⑤子どもが入れます。

⑥「上手にできたね」と言って、よくほめます。

（3）子どもが 上の切片 を入れる

①絵の構成板の上の部分を指さしして、「ここに入るのはどれですか？」と言います。

②子どもが 上の切片 を見ます。

③見た瞬間に「そうだね」と言ってポインティングします。そして、上の切片 を絵の構成板の右側に移動させます。

④絵の構成板の上の部分を指さしして、「ここに入れて」と言います。

⑤子どもが入れます。

⑥「男の子ができたね。上手にできたね」と言って、よくほめます。

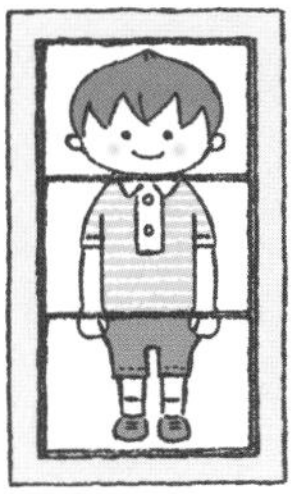

Step 3：下の切片 を右側先出しで呈示

（1）上の切片 と 下の切片 の呈示

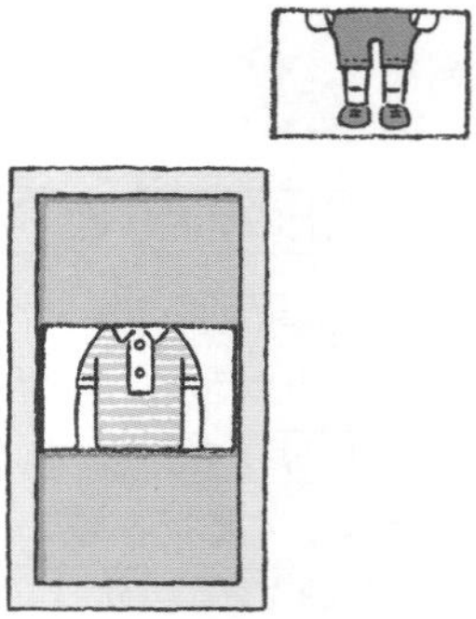

① 真ん中の切片 を入れた絵の構成板を呈示します。
②絵の構成板の上方の右側、手の届かないところに、下の切片 を正しい向きに呈示します。
「見て」と言い、見たとき「見てるね」と言います。見ないときは 下の切片 をポインティングして視線を誘導します。
③絵の構成板の上方の左側、手の届かないところに、上の切片 を正しい向きに呈示します。「見て」と言い、見たとき「見てるね」と言います。見ないときは 上の切片 をポインティングして視線を誘導します。

（2）子どもが 下の切片 を入れる

①絵の構成板の下の部分を指さしして、「ここに入るのはどれですか？」と言います。
②子どもが 下の切片 を見ます。
③見た瞬間に「そうだね」と言ってポインティングします。そして、下の切片 を絵の構成板の右側に移動させます。
④絵の構成板の下の部分を指さしして、「ここに入れて」と言います。
⑤子どもが入れます。
⑥「上手にできたね」と言って、よくほめます。

（3）子どもが 上の切片 を入れる

①絵の構成板の上の部分を指さしして、「ここに入るのはどれですか？」と言います。
②子どもが 上の切片 を見ます。
③見た瞬間に「そうだね」と言ってポインティングします。そして、上の切片 を絵の構成板の右側に移動させます。
④絵の構成板の下の部分を指さしして、「ここに入れて」と言います。
⑤子どもが入れます。
⑥「男の子ができたね。上手にできたね」と言って、よくほめます。

Step 4：下の切片 を左側先出しで呈示

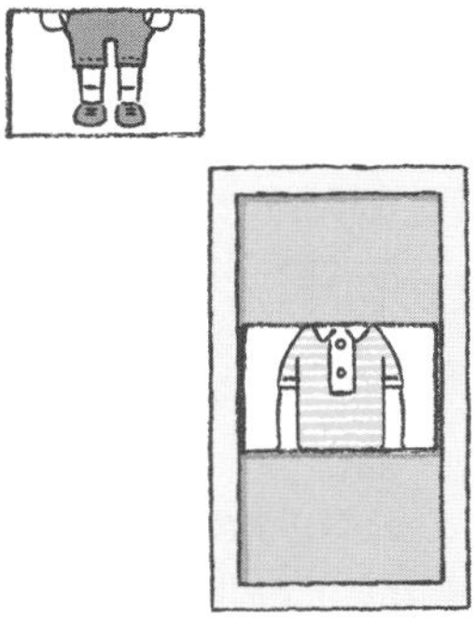

(1) 上の切片 と 下の切片 の呈示

① 真ん中の切片 を入れた絵の構成板を呈示します。
②絵の構成板の上方の左側、手の届かないところに、 下の切片 を正しい向きに呈示します。
「見て」と言い、見たとき「見てるね」と言います。見ないときは 下の切片 をポインティングして視線を誘導します。
③絵の構成板の上方の右側、手の届かないところに、 上の切片 を正しい向きに呈示します。「見て」と言い、見たとき「見てるね」と言います。見ないときは 上の切片 をポインティングして視線を誘導します。

(2) 子どもが 下の切片 を入れる

①絵の構成板の下の部分を指さしして、「ここに入るのはどれですか？」と言います。
②子どもが 下の切片 を見ます。
③見た瞬間に「そうだね」と言ってポインティングします。そして、 下の切片 を絵の構成板の右側に移動させます。
④絵の構成板の下の部分を指さしして、「ここに入れて」と言います。
⑤子どもが入れます。
⑥「上手にできたね」と言って、よくほめます。

(3) 子どもが 上の切片 を入れる

①絵の構成板の上の部分を指さしして、「ここに入るのはどれですか？」と言います。
②子どもが 上の切片 を見ます。
③見た瞬間に「そうだね」と言ってポインティングします。そして、 上の切片 を絵の構成板の右側に移動させます。
④絵の構成板の上の部分を指さしして、「ここに入れて」と言います。
⑤子どもが入れます。
⑥「男の子ができたね。上手にできたね」と言って、よくほめます。

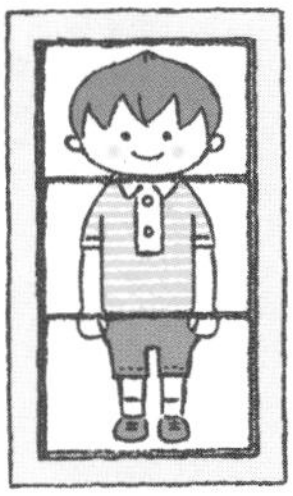

> **系統性の(1)「 真ん中の切片 を入れておき、子どもが 上の切片 を入れてから 下の切片 を入れる」と、**
> **系統性の(2)「 真ん中の切片 を入れておき、子どもが 下の切片 を入れてから 上の切片 を入れる」は、**
> 子どもの実態に応じて順番を逆にしてもよいです。

系統性の(3)
「上の切片 を入れておき、子どもが 真ん中の切片 を入れてから 下の切片 を入れる」

方法とことばかけは、**系統性の(1)「真ん中の切片 を入れておき、子どもが 上の切片 を入れてから 下の切片 を入れる」**に準じて行います。(154ページ~)

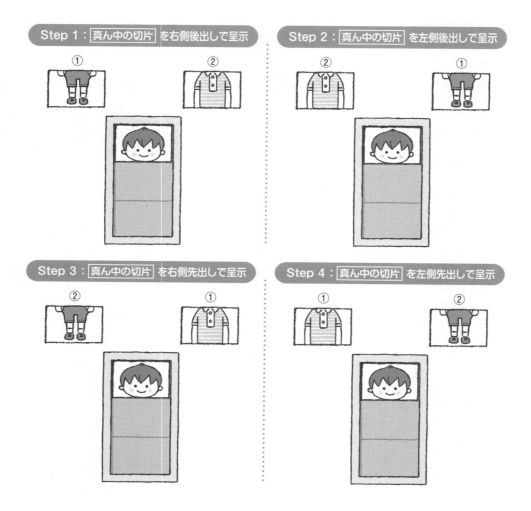

Step 1:真ん中の切片 を右側後出しで呈示

Step 2:真ん中の切片 を左側後出しで呈示

Step 3:真ん中の切片 を右側先出しで呈示

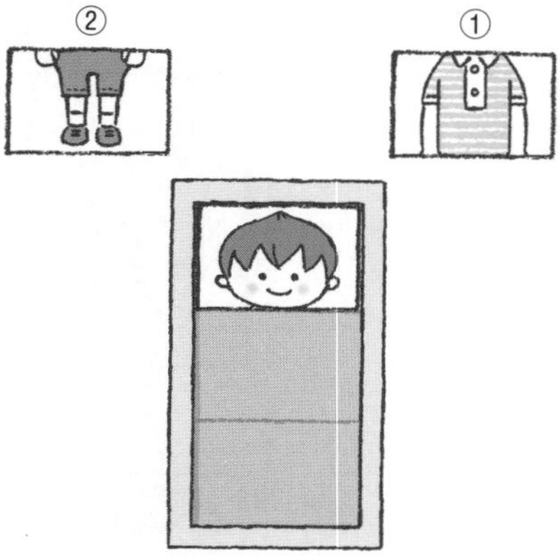

Step 4:真ん中の切片 を左側先出しで呈示

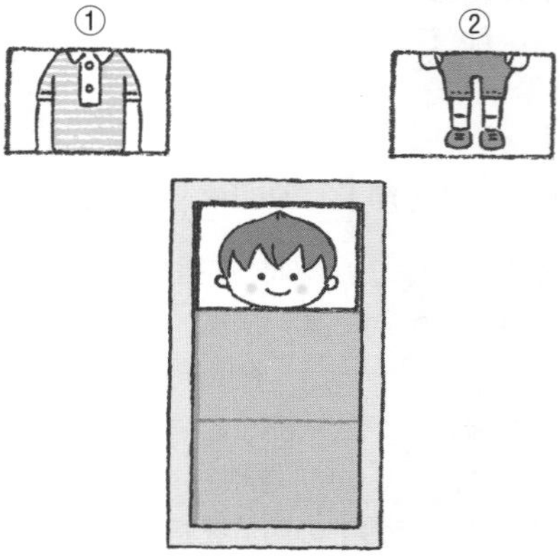

系統性の（4）
「上の切片 を入れておき、子どもが 下の切片 を入れてから 真ん中の切片 を入れる」

方法とことばかけは、**系統性の（1）「真ん中の切片 を入れておき、子どもが 上の切片 を入れてから 下の切片 を入れる」**に準じて行います。（154ページ～）

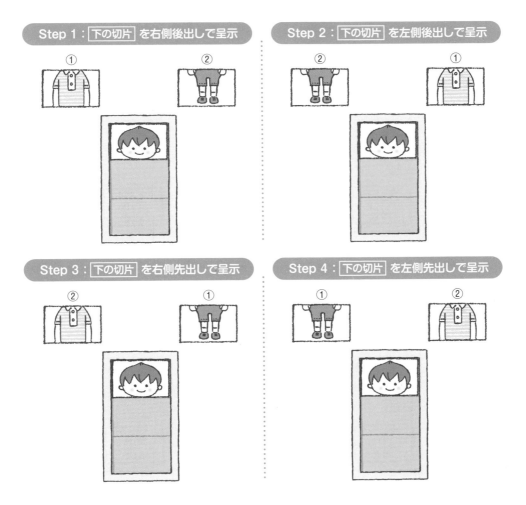

Step 1：下の切片 を右側後出しで呈示

Step 2：下の切片 を左側後出しで呈示

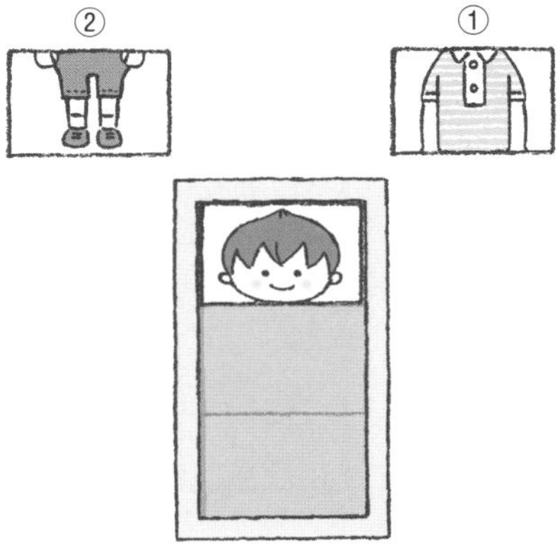

Step 3：下の切片 を右側先出しで呈示

Step 4：下の切片 を左側先出しで呈示

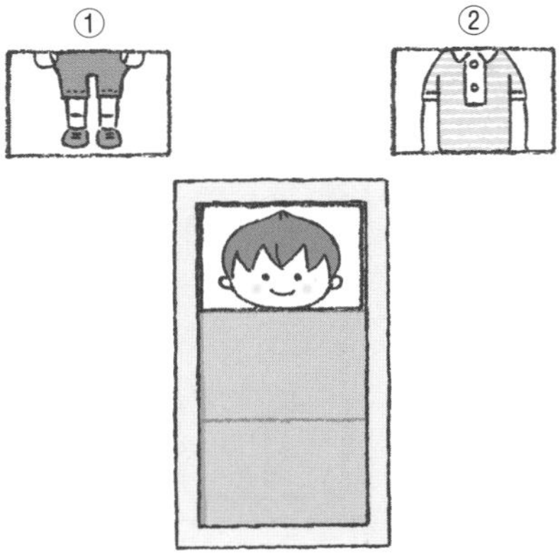

系統性の（3）「上の切片 を入れておき、子どもが 真ん中の切片 を入れてから 下の切片 を入れる」と、
系統性の（4）「上の切片 を入れておき、子どもが 下の切片 を入れてから 真ん中の切片 を入れる」は、
子どもの実態に応じて順番を逆にしてもよいです。

系統性の（5）
「下の切片 を入れておき、子どもが 真ん中の切片 を入れてから 上の切片 を入れる」

方法とことばかけは、「**系統性の（1）真ん中の切片 を入れておき、子どもが 上の切片 を入れてから 下の切片 を入れる**」に準じて行います。（154ページ～）

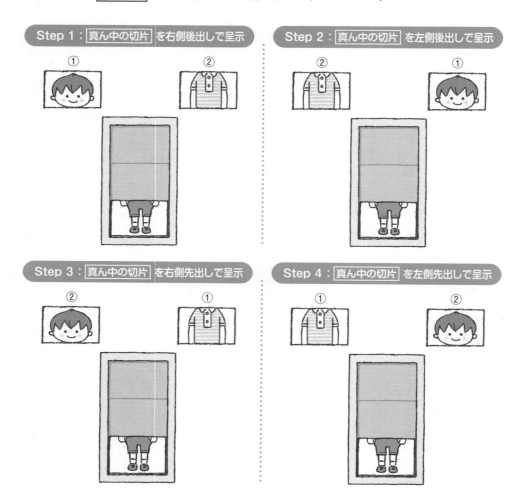

Step 1：真ん中の切片 を右側後出しで呈示

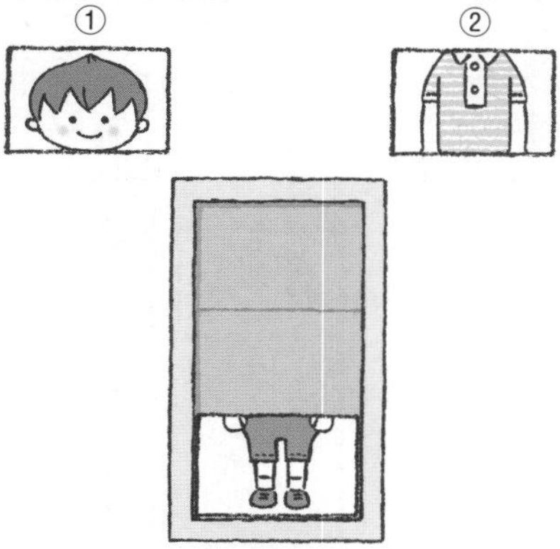

Step 2：真ん中の切片 を左側後出しで呈示

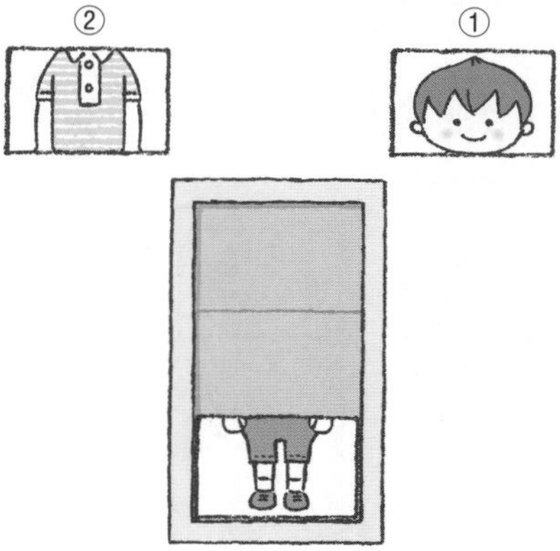

Step 3：真ん中の切片 を右側先出しで呈示

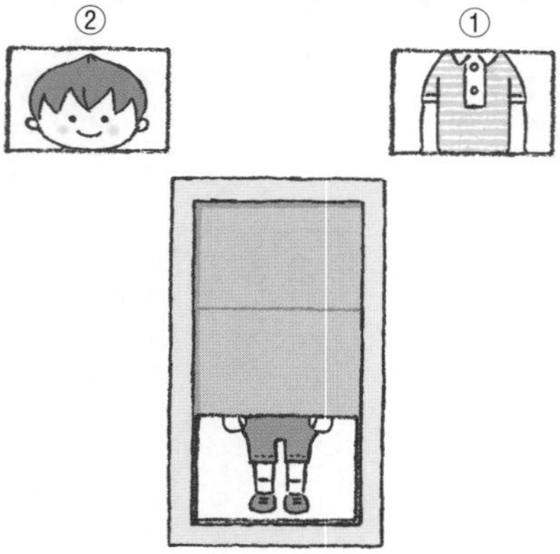

Step 4：真ん中の切片 を左側先出しで呈示

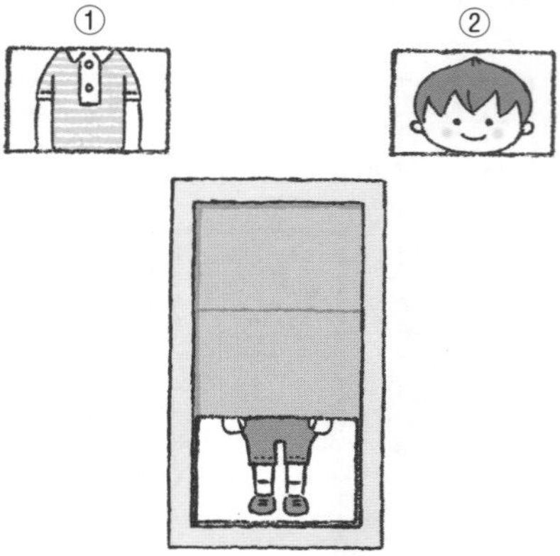

系統性の(6)
「下の切片 を入れておき、子どもが 上の切片 を入れてから 真ん中の切片 を入れる」

方法とことばかけは、「**系統性の(1) 真ん中の切片 を入れておき、子どもが 上の切片 を入れてから 下の切片 を入れる**」に準じて行います。(154ページ～)

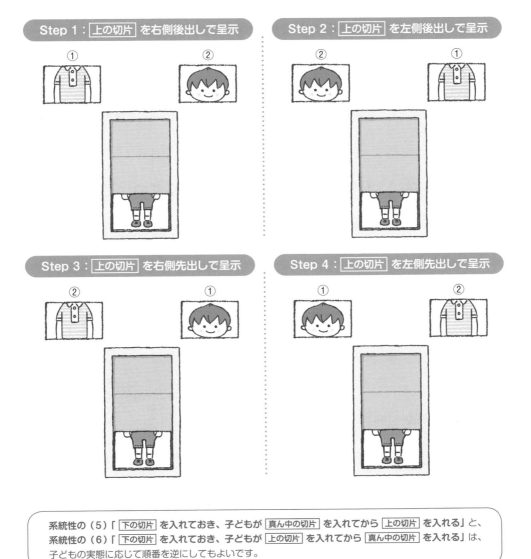

Step 1：上の切片 を右側後出しで呈示

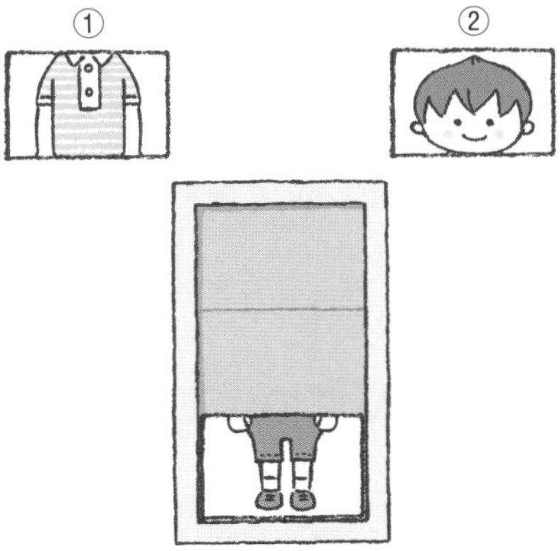

Step 2：上の切片 を左側後出しで呈示

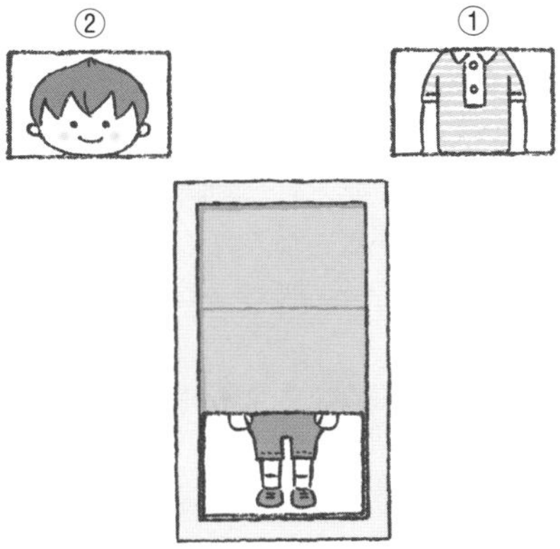

Step 3：上の切片 を右側先出しで呈示

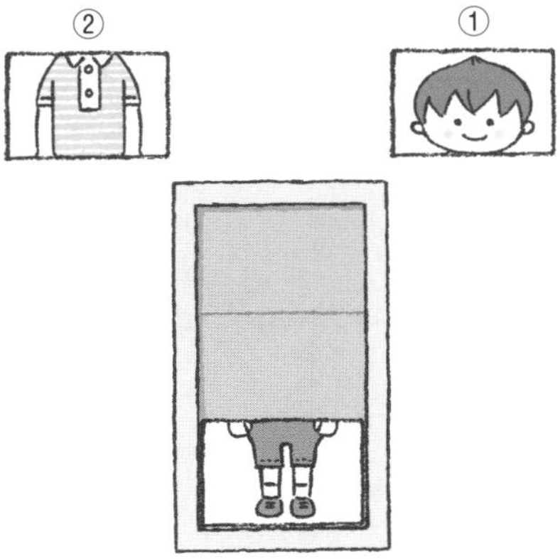

Step 4：上の切片 を左側先出しで呈示

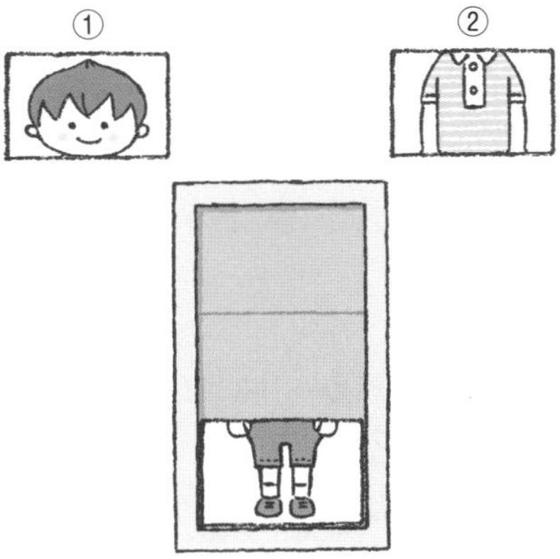

> **系統性の(5)「下の切片 を入れておき、子どもが 真ん中の切片 を入れてから 上の切片 を入れる」**と、**系統性の(6)「下の切片 を入れておき、子どもが 上の切片 を入れてから 真ん中の切片 を入れる」**は、子どもの実態に応じて順番を逆にしてもよいです。

ここまでできるようになったら、左中右に3分割の絵の構成の学習に進みます。
応用として、3切片とも呈示して、子どもが3切片とも入れるような学習をしてもよいでしょう。

4 左中右に3分割の絵の構成の学習

1 左中右に３分割の絵の構成の学習について

上中下に３分割の絵の構成の学習ができるようになったら、左中右に３分割の絵の構成の学習を行います。

左中右の３分割の絵の構成でも、はじめは２つの切片を入れておき、子どもが１つの切片を入れて絵を構成するようにします。それができるようになったら、１つの切片を入れておき、子どもが２つの切片を入れて絵を構成するようにします。

右・中の切片は構成板の右側に、左の切片は構成板の左側に呈示して学習します。

子どもは右利きを想定していますが、右側に呈示した切片は右手で、左側に呈示した切片は左手で入れるように考えています。ただし、子どもによっては、左側に呈示した切片も右手（利き手）で入れる場合がありますが、それでもよいでしょう。

２枚の切片から１枚の切片を選ぶ学習のときは、選択する切片を構成板の上方に左右に分けて呈示します。子どもが視線で選んだ正しい切片を、指導者が構成板の右側または左側に置いてからそれを子どもが入れるようにします。

2 左中右に３分割の絵の構成の学習の教材について

例：「さかな」の絵

使用する教材

●絵の構成板

縦9.7cm、横17.2cmの板の上に、幅１cm、厚さ0.8cmの外枠を貼ります。
うちのりは、縦7.7cm、横15.2cm、深さ0.8cmになります。
３等分した位置に分割の線を書いておきます。

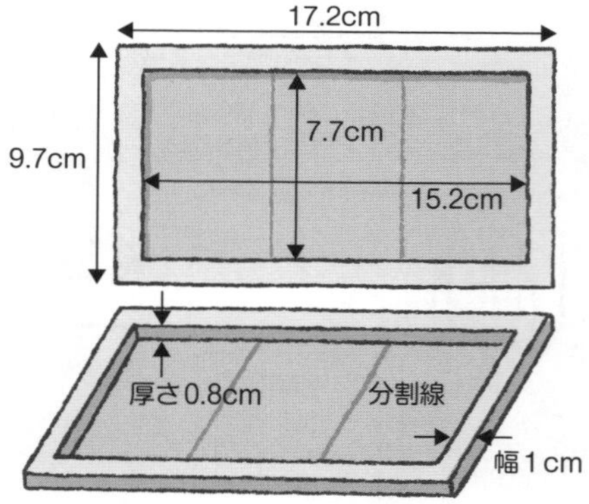

●「さかな」の絵カードを同じ大きさに左中右に３分割したもの

縦7.5cm、横15cm、厚さ1cmの「さかな」の絵カードを、左中右に3分割したもの。
絵は、子どもが見て、それが何であるかがはっきりわかるように、色・形・輪郭の太さなどに配慮して描きます。背景は白を基本とします。
「さかな」は１匹だけで、「さかな」以外は描かないようにします。

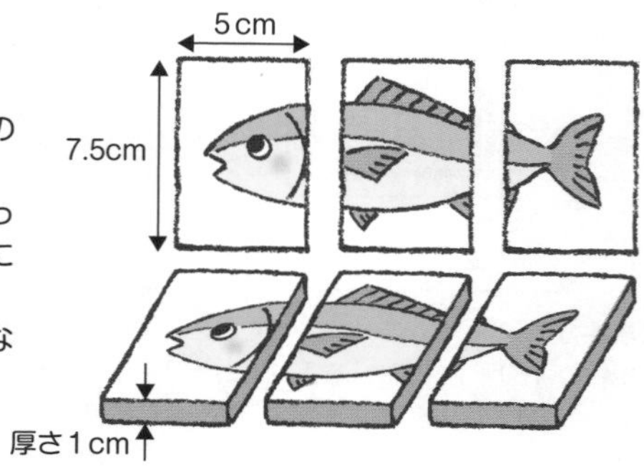

＊絵の構成板・絵カードとも、材質は木材が最適ですが、難しい場合は、スチレンボードなどで作成してもよいでしょう。
＊絵カードは、取り出しやすいように、入れたときに絵の構成板から２㎜程度出るようにします。
＊絵カードの上を透明コートフィルムなどで覆うと、耐久性が増します。

3　左中右に３分割の絵の構成の学習の系統性
－切片を１つ入れる学習－

左中右に３分割の絵の構成で、切片を１つ入れる学習の系統性は、次のようになります。

（1）左の切片 と 真ん中の切片 を入れておき、子どもが 右の切片 を入れる

切片の呈示のしかたのステップは、次のとおりです。

＊右の切片は、右手で入れることを想定しています。

Step 1　正しい向きに呈示

Step 2　90度左に回転させた向きに呈示

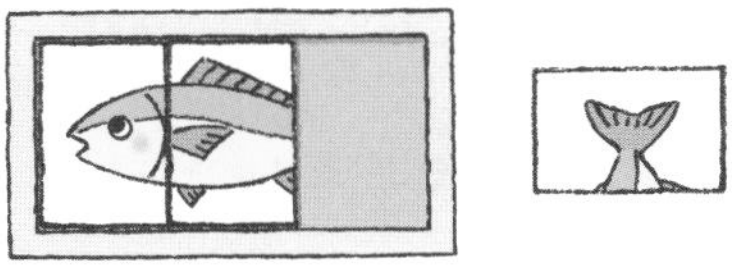

Step 3　90度右に回転させた向きに呈示

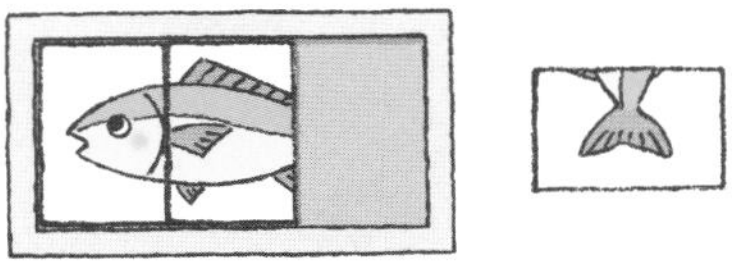

Step 4　180度回転させた向きに呈示

POINT　１つの切片を90度回して呈示する場合の順序について

左中右に３分割の場合、１つずつの切片の形は、縦長の長方形のことが多いです。縦長の長方形を90度回転させると、横長の長方形になります。横長の長方形の切片を持って90度回す場合の右手の操作性を考えると、左に回転させて呈示したものを右に回転させて入れる方がやさしいです。したがって、右・中の切片を入れる場合は、「90度左に回転させて呈示するステップ」の方が、「90度右に回転させて呈示するステップ」より、先になっています。

90度左に回転させた
横長の長方形の切片を
持っているところ

左の切片は、左手で入れるので、「90度右に回転させて呈示するステップ」の方が、「90度左に回転させて呈示するステップ」より、先になっています。
ただし、切片の大きさ・形（正方形か長方形か）、子どもの手の大きさ・切片の持ち方・指や手首の使い方などによって、90度右に回転させて呈示した方がやさしい場合があります。
切片の大きさ・形や、子どもの実態などによって、順序を組み替えましょう。

（2）真ん中の切片 と 右の切片 を入れておき、子どもが 左の切片 を入れる

切片の呈示位置は、構成板の左側です。
切片の呈示のステップは、次のとおりです。　＊左の切片は、左手で入れることを想定しています。

Step 1　正しい向きに呈示

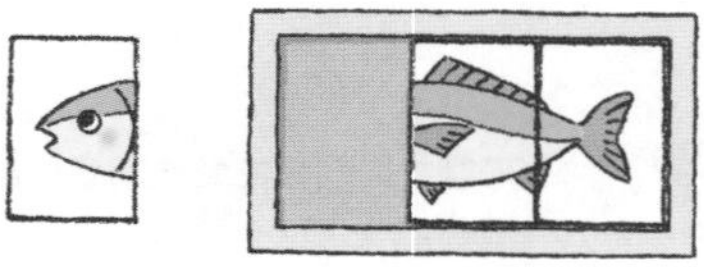

Step 2　90度右に回転させた向きに呈示

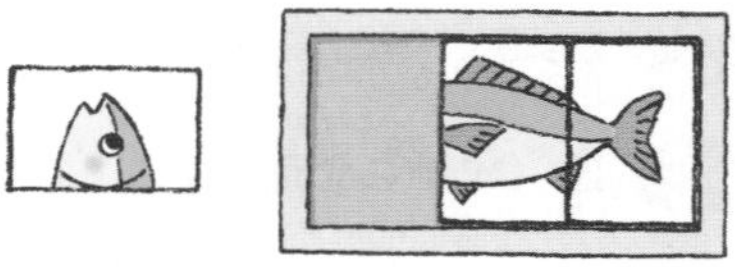

Step 3　90度左に回転させた向きに呈示

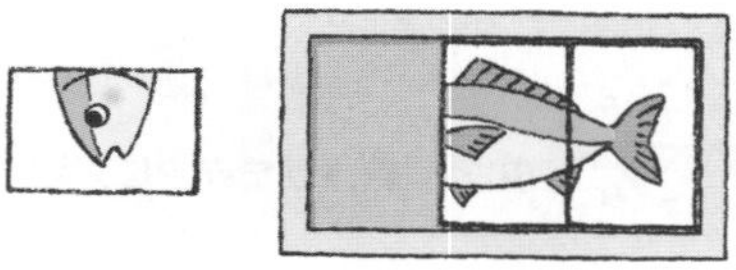

Step 4　180度回転させた向きに呈示

（3）左の切片 と 右の切片 を入れておき、子どもが 真ん中の切片 を入れる

切片の呈示位置は、構成板の右側です。
切片の呈示のステップは、次のとおりです。　＊真ん中の切片は、右手で入れることを想定しています。

Step 1　正しい向きに呈示

Step 2　90度左に回転させた向きに呈示

Step 3　90度右に回転させた向きに呈示

Step 4　180度回転させた向きに呈示

4 左中右に３分割の絵の構成の学習の方法とことばかけ
－切片を１つ入れる学習－

系統性の（１）
「 左の切片 と 真ん中の切片 を入れておき、子どもが 右の切片 を入れる」

Step 1： 右の切片 を正しい向きに呈示

（１）絵の全体像を示す

① 左の切片 、 真ん中の切片 、 右の切片 を入れた絵の構成板を呈示します。
「さかなの絵をつくる勉強をするよ」と言います。

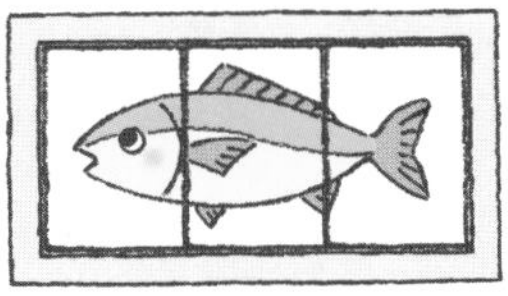

（２） 左の切片 と 真ん中の切片 を入れた構成板の呈示

① 左の切片 と 真ん中の切片 を入れた絵の構成板を呈示します。「見て」と言い、見たとき「見てるね」と言います。

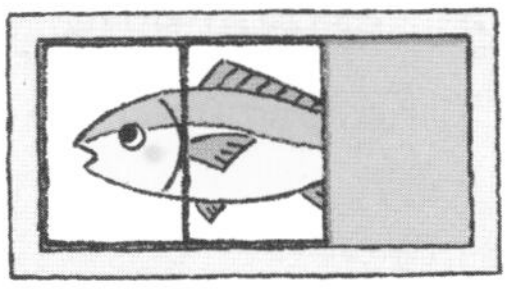

（３）子どもが 右の切片 を入れる

①絵の構成板の右側に、 右の切片 を、正しい向きに呈示します。「見て」と言い、見たとき「見てるね」と言います。
②絵の構成板の右の部分を指さしして「ここに入れて」と言います。
③子どもが入れます。
＊はじめのうちは、横向きや逆さに入れないように援助して正しい向きに一緒に入れるようにします。間違えさせないことが大切です。
④「さかなができたね。上手にできたね」と言って、よくほめます。

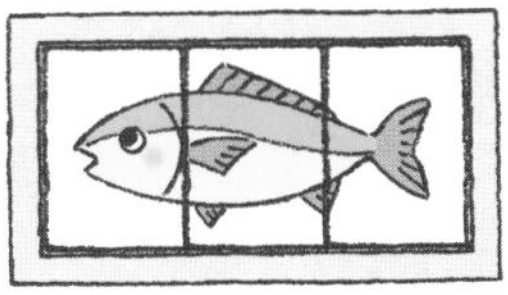

Step 2： 右の切片 を90度左に回転させた向きに呈示

（１） 左の切片 と 真ん中の切片 を入れた構成板の呈示

① 左の切片 と 真ん中の切片 を入れた絵の構成板を呈示します。「見て」と言い、見たとき「見てるね」と言います。

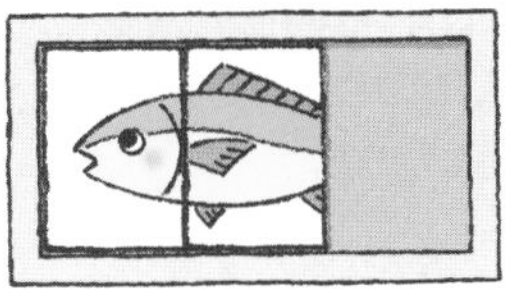

（2）子どもが 右の切片 を入れる

①絵の構成板の右側に、右の切片 を、90度左に回転させた向きで呈示します。「見て」と言い、見たとき「見てるね」と言います。
②絵の構成板の右の部分を指さしして「ここに入れて」と言います。
③子どもが90度右に回転させて入れます。
＊はじめのうちは、援助して一緒に回して正しい向きに入れるようにします。
一緒に回して入れることが、「回して入れる」ということを理解し、できるようになることにつながります。

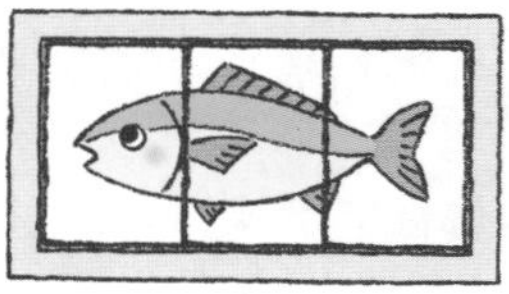

④「さかなができたね。上手にできたね」と言って、よくほめます。

Step 3：右の切片 を90度右に回転させた向きに呈示

（1）左の切片 と 真ん中の切片 を入れた構成板の呈示

① 左の切片 と 真ん中の切片 を入れた絵の構成板を呈示します。「見て」と言い、見たとき「見てるね」と言います。

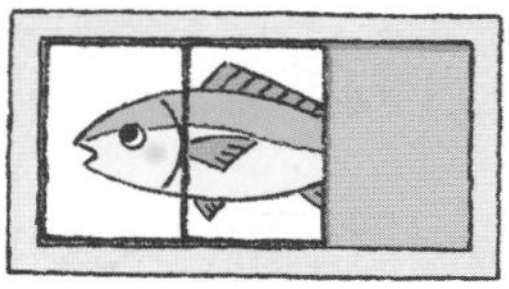

（2）子どもが 右の切片 を入れる

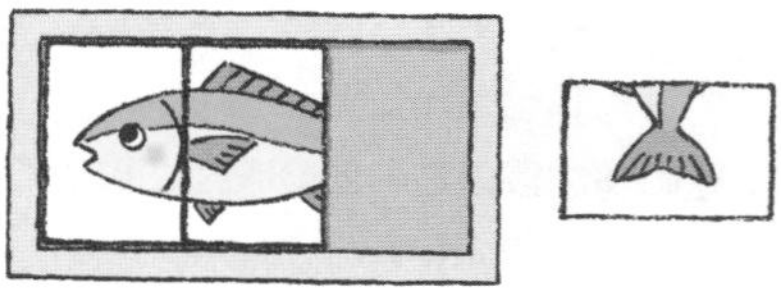

①絵の構成板の右側に、右の切片 を、90度右に回転させた向きに呈示します。「見て」と言い、見たとき「見てるね」と言います。
②絵の構成板の右の部分を指さしして「ここに入れて」と言います。
③子どもが90度左に回転させて入れます。
④「さかなができたね。上手にできたね」と言って、よくほめます。

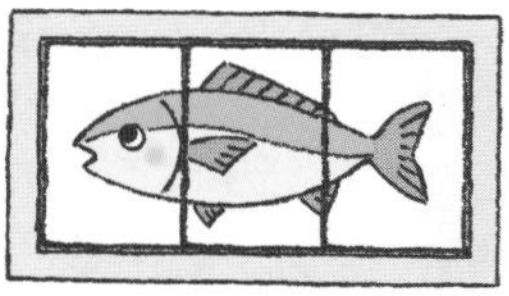

Step 4：右の切片 を180度回転させた向きに呈示

（1）左の切片 と 真ん中の切片 を入れた構成板の呈示

① 左の切片 と 真ん中の切片 を入れた絵の構成板を呈示します。「見て」と言い、見たとき「見てるね」と言います。

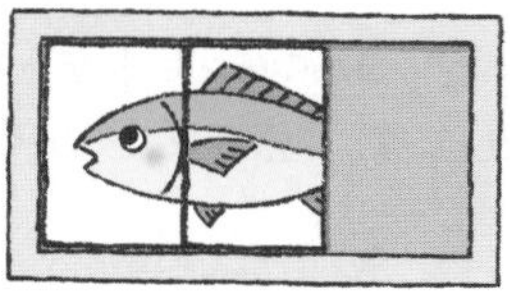

（2）子どもが 右の切片 を入れる

①絵の構成板の右側に、右の切片 を、180度回転させた向きに呈示します。「見て」と言い、見たとき「見てるね」と言います。
②絵の構成板の右の部分を指さしして「ここに入れて」と言います。
③子どもが180度回転させて入れます。
＊回転させる方向は、子どもが回しやすい方でよいでしょう。
④「さかなができたね。上手にできたね」と言って、よくほめます。

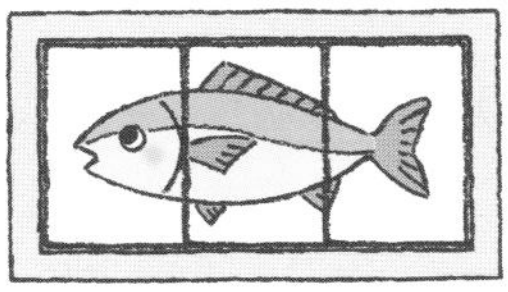

系統性の（2）
「真ん中の切片 と 右の切片 を入れておき、子どもが 左の切片 を入れる」

Step 1：左の切片 を正しい向きに呈示

（1）絵の全体像を示す

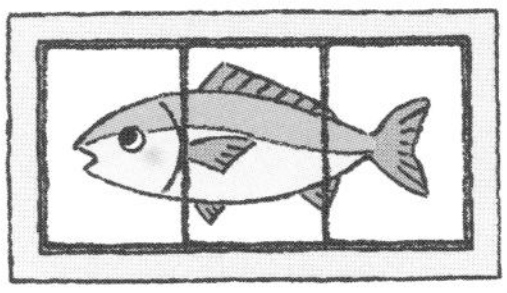

① 左の切片、真ん中の切片、右の切片 を入れた絵の構成板を呈示します。
「さかなの絵をつくる勉強をするよ」と言います。

（2）真ん中の切片 と 右の切片 を入れた構成板の呈示

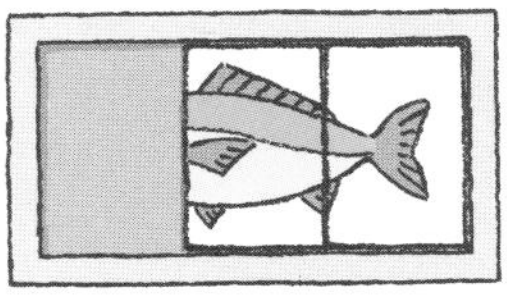

① 真ん中の切片 と 右の切片 を入れた絵の構成板を呈示します。「見て」と言い、見たとき「見てるね」と言います。

（3）子どもが 左の切片 を入れる

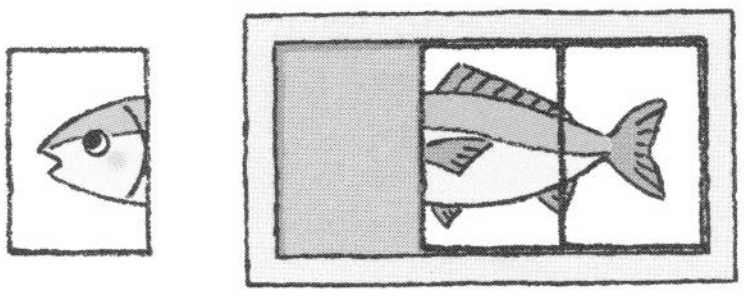

①絵の構成板の右側に、左の切片 を、正しい向きに呈示します。「見て」と言い、見たとき「見てるね」と言います。
②絵の構成板の左の部分を指さしして「ここに入れて」と言います。
③子どもが入れます。
＊はじめのうちは、横向きや逆さに入れないように援助して正しい向きに一緒に入れるようにします。間違えさせないことが大切です。
④「さかなができたね。上手にできたね」と言って、よくほめます。

Step 2：左の切片 を90度右に回転させた向きに呈示

（1）真ん中の切片 と 右の切片 を入れた構成板の呈示

① 真ん中の切片 と 右の切片 を入れた絵の構成板を呈示します。「見て」と言い、見たとき「見てるね」と言います。

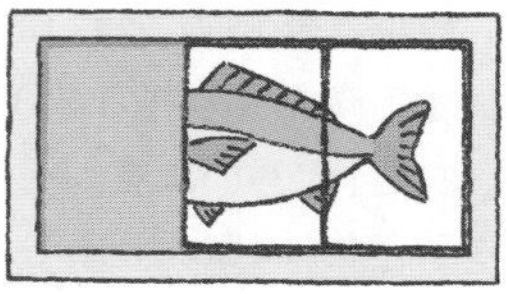

（2）子どもが 左の切片 を入れる

①絵の構成板の左側に、左の切片 を、90度右に回転させた向きに呈示します。「見て」と言い、見たとき「見てるね」と言います。

②絵の構成板の左の部分を指さしして「ここに入れて」と言います。

③子どもが90度左に回転させて入れます。

＊はじめのうちは、援助して一緒に回して正しい向きに入れるようにします。
一緒に回して入れることが、「回して入れる」ということを理解し、できるようになることにつながります。

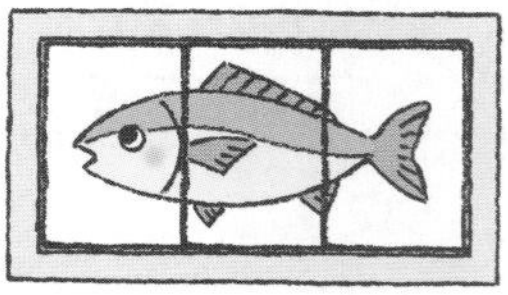

④「さかながてきたね。上手にできたね」と言って、よくほめます。

Step 3：左の切片 を90度左に回転させた向きに呈示

（1）真ん中の切片 と 右の切片 を入れた構成板の呈示

① 真ん中の切片 と 右の切片 を入れた絵の構成板を呈示します。「見て」と言い、見たとき「見てるね」と言います。

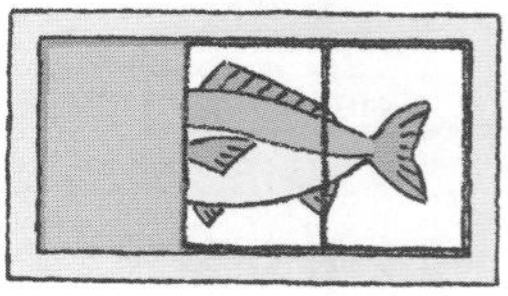

（2）子どもが 左の切片 を入れる

①絵の構成板の左側に、左の切片 を、90度左に回転させた向きで呈示します。「見て」と言い、見たとき「見てるね」と言います。

②絵の構成板の左の部分を指さしして「ここに入れて」と言います。

③子どもが90度右に回転させて入れます。

④「さかながてきたね。上手にできたね」と言って、よくほめます。

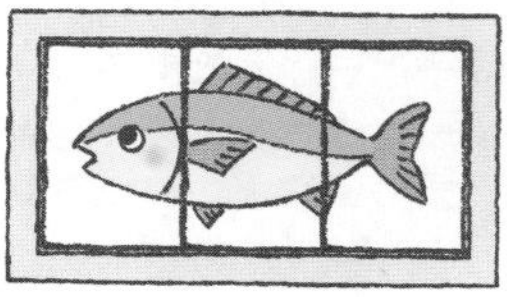

Step 4：左の切片 を180度回転させた向きに呈示

(1) 真ん中の切片 と 右の切片 を入れた構成板の呈示

① 真ん中の切片 と 右の切片 を入れた絵の構成板を呈示します。「見て」と言い、見たとき「見てるね」と言います。

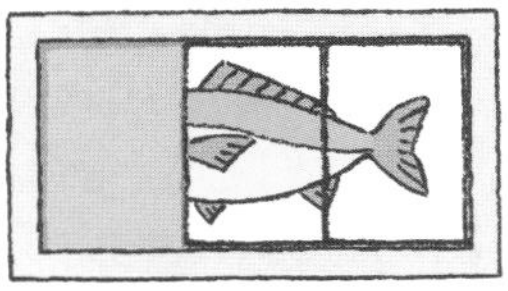

(2) 子どもが 左の切片 を入れる

①絵の構成板の左側に、左の切片 を、180度回転させた向きに呈示します。「見て」と言い、見たとき「見てるね」と言います。

②絵の構成板の左の部分を指さしして「ここに入れて」と言います。

③子どもが180度回転させて入れます。

＊回転させる方向は、子どもが回しやすい方でよいでしょう。

④「さかながてきたね。上手にできたね」と言って、よくほめます。

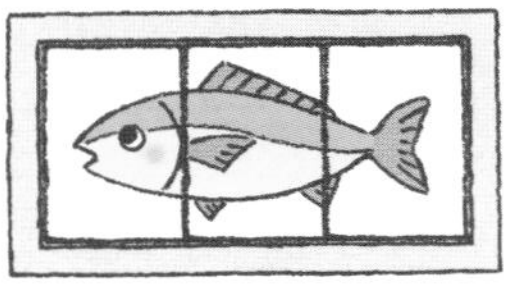

系統性の(3)

「左の切片 と 右の切片 を入れておき、子どもが 真ん中の切片 を入れる」

Step 1：真ん中の切片 を正しい向きに呈示

(1) 絵の全体像を示す

① 左の切片、真ん中の切片、右の切片 を入れた絵の構成板を呈示します。

「さかなの絵をつくる勉強をするよ」と言います。

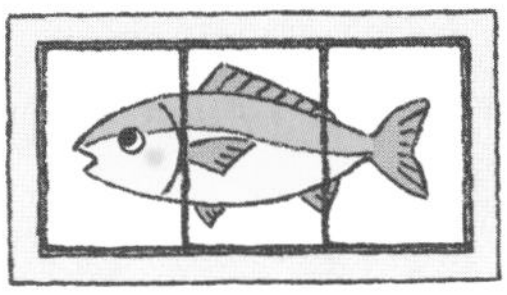

(2) 左の切片 と 右の切片 を入れた構成板の呈示

① 左の切片 と 右の切片 を入れた絵の構成板を呈示します。「見て」と言い、見たとき「見てるね」と言います。

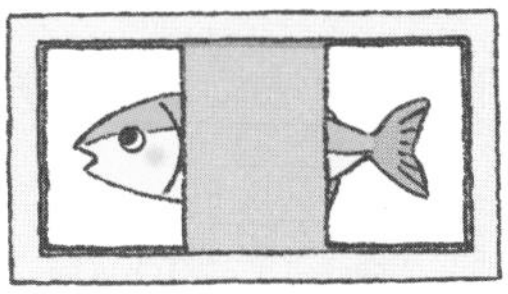

(3) 子どもが 真ん中の切片 を入れる

①絵の構成板の右側に、真ん中の切片 を、正しい向きに呈示します。「見て」と言い、見たとき「見てるね」と言います。

②絵の構成板の真ん中の部分を指さしして「ここに入れて」と言います。

③子どもが入れます。

＊はじめのうちは、横向きや逆さに入れないように援助して正しい向きに一緒に入れるようにします。間違えさせないことが大切です。

④「さかなができたね。上手にできたね」と言って、よくほめます。

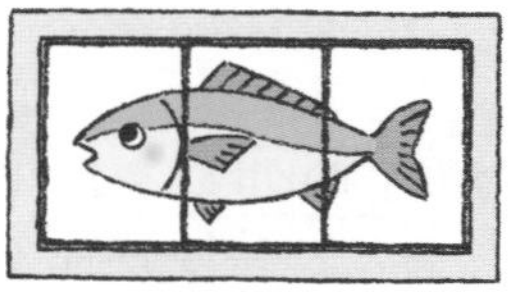

Step 2：真ん中の切片 を90度左に回転させた向きに呈示

(1) 左の切片 と 右の切片 を入れた構成板の呈示

① 左の切片 と 右の切片 を入れた絵の構成板を呈示します。「見て」と言い、見たとき「見てるね」と言います。

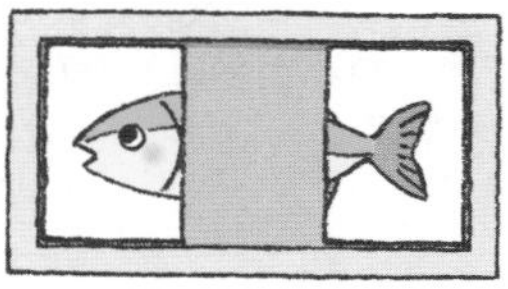

(2) 子どもが 真ん中の切片 を入れる

①絵の構成板の右側に、真ん中の切片 を、90度左に回転させた向きに呈示します。「見て」と言い、見たとき「見てるね」と言います。

②絵の構成板の真ん中の部分を指さしして「ここに入れて」と言います。

③子どもが90度右に回転させて入れます。

＊はじめのうちは、援助して一緒に回して正しい向きに入れるようにします。
一緒に回して入れることが、「回して入れる」ということを理解し、できるようになることにつながります。

④「さかなができたね。上手にできたね」と言って、よくほめます。

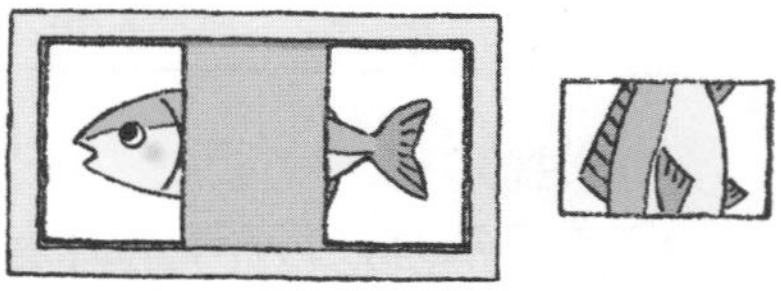

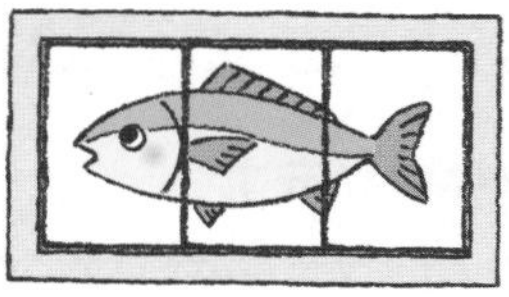

Step 3：真ん中の切片 を90度右に回転させた向きに呈示

(1) 左の切片 と 右の切片 を入れた構成板の呈示

① 左の切片 と 右の切片 を入れた絵の構成板を呈示します。「見て」と言い、見たとき「見てるね」と言います。

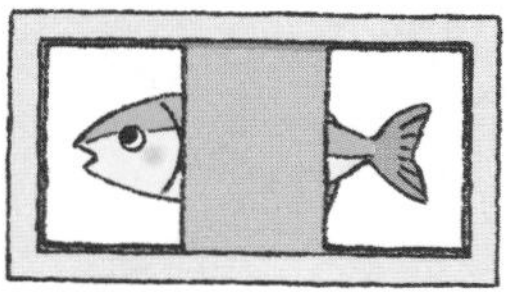

(2) 子どもが 真ん中の切片 を入れる

①絵の構成板の右側に、真ん中の切片 を、90度右に回転させた向きに呈示します。「見て」と言い、見たとき「見てるね」と言います。

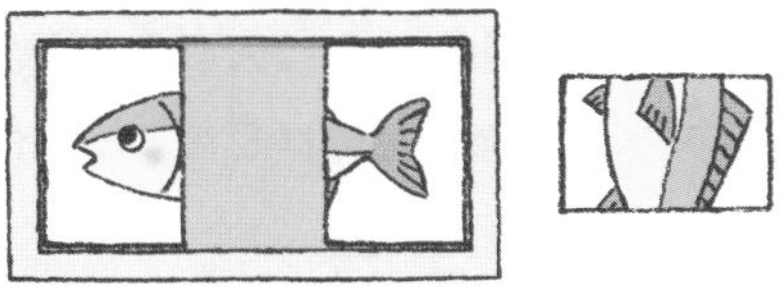

②絵の構成板の真ん中の部分を指さしして「ここに入れて」と言います。
③子どもが90度左に回転させて入れます。
④「さかなができたね。上手にできたね」と言って、よくほめます。

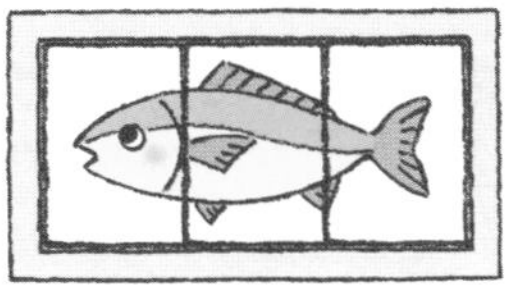

Step 4：真ん中の切片 を180度回転させた向きに呈示

(1) 左の切片 と 右の切片 を入れた構成板の呈示

① 左の切片 と 右の切片 を入れた絵の構成板を呈示します。「見て」と言い、見たとき「見てるね」と言います。

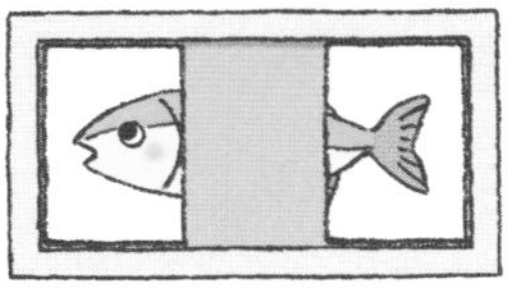

(2) 子どもが 真ん中の切片 を入れる

①絵の構成板の右側に、真ん中の切片 を、180度回転させた向きで呈示します。「見て」と言い、見たとき「見てるね」と言います。
②絵の構成板の真ん中の部分を指さしして「ここに入れて」と言います。

③子どもが180度回転させて入れます。
＊はじめのうちは、援助して一緒に回して正しい向きに入れるようにします。待たずに援助して正しい向きに一緒に入れます。一緒に回して入れることが、「回して入れる」ということを理解し、できるようになることにつながります。回転させる方向は、子どもが回しやすい方でよいでしょう。
④「さかなができたね。上手にできたね」と言って、よくほめます。

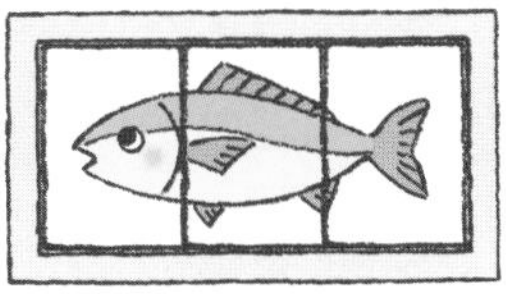

5　左中右に3分割の絵の構成の学習の系統性
－切片を2つ入れる学習－

左中右に3分割の絵の構成で、切片を2つ入れる学習の系統性は、次のようになります。

(1) 真ん中の切片 を入れておき、子どもが 左の切片 を入れてから 右の切片 を入れる

左の切片 を先に入れ、そのあとで 右の切片 を入れる学習です。
指導者が、左の切片 が入る枠をポインティングし、「ここに入るのはどれですか」と聞きます。子どもが 左の切片 を視線で選びます。
切片は、2枚とも構成板の上方に左右に分けて呈示します。
2枚の切片の呈示の位置と呈示の順序によって難易度が異なります。
一般的に、絵は頭部や前部が左側にあることが多いです。したがって、子どもが右利きの場合でも、絵の頭部や前部を左側に呈示し、絵の尾部や後部を右側に呈示した方がやさしいです。
左の切片 を後から呈示した方が、記憶に残りやすく、また視線が後から呈示した 左の切片 にあるときに「ここに入るのはどれですか」と言われるので、選びやすいです。
左の切片 を入れた後、残っている 右の切片 をよく見て入れます。

切片の呈示のしかたのステップは、次のとおりです。＊①②は、呈示する順番（以下すべて同じ）

Step 1　左側後出し
先に 右の切片 を右側に呈示し、
後から 左の切片 を左側に呈示します。

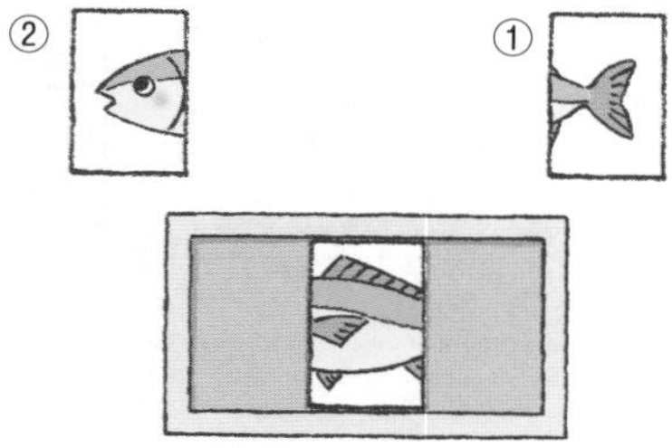

Step 2　右側後出し
先に 右の切片 を左側に呈示し、
後から 左の切片 を右側に呈示します。

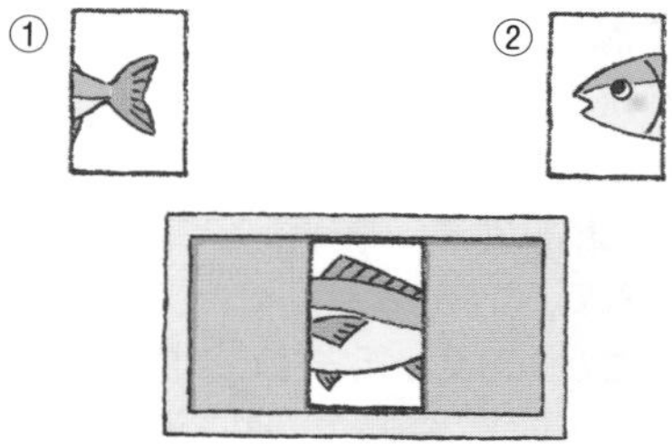

Step 3　左側先出し
先に 左の切片 を左側に呈示し、
後から 右の切片 を右側に呈示します。

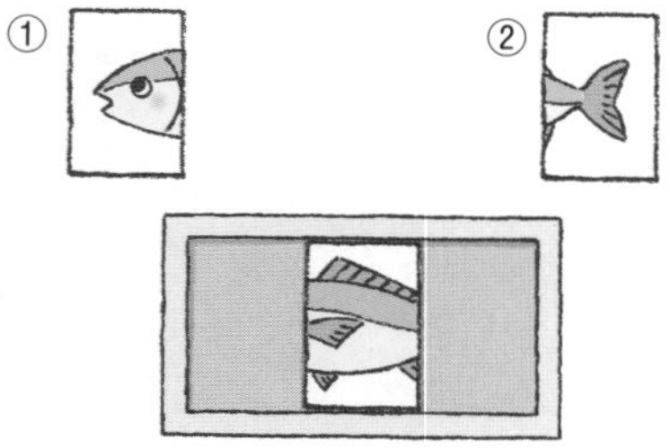

Step 4　右側先出し
先に 左の切片 を右側に呈示し、
後から 右の切片 を左側に呈示します。

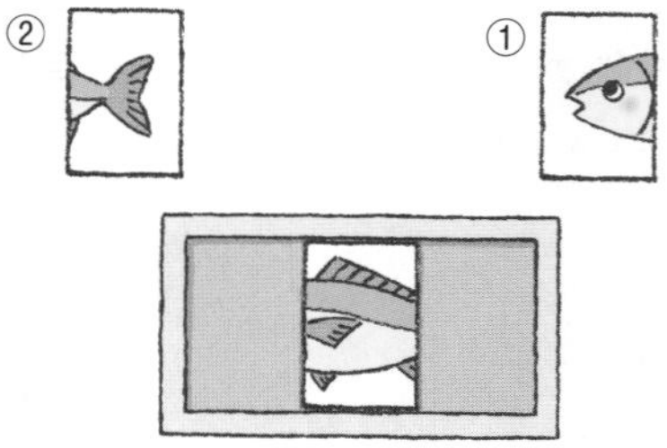

＊上記の Step 1 ～ Step 4 の学習順序を基本としますが、子どもの実態に応じて入れ替えてもよいでしょう。以下、系統性（2）～系統性（6）の中の Step 1 ～ Step 4 の学習順序についても同様です。

＊ Step 1 ～ Step 4 の呈示のしかたについては、【方法とことばかけ】（ 6 184ページ～）で詳しく述べます。

（2）真ん中の切片を入れておき、子どもが右の切片を入れてから左の切片を入れる

右の切片を先に入れ、そのあとで左の切片を入れる学習です。
指導者が、右の切片が入る枠をポインティングし、「ここに入るのはどれですか」と聞きます。子どもが右の切片を視線で選びます。
切片は、２枚とも構成板の上方に左右に分けて呈示します。
２枚の切片の呈示の位置と呈示の順序によって難易度が異なります。
右の切片を右側に呈示した方が、利き手側にあるので選びやすいです。
右の切片を後から呈示した方が、記憶に残りやすく、また視線が後から呈示した右の切片にあるときに「ここに入るのはどれですか」と言われるので、選びやすいです。
右の切片を入れた後、残っている左の切片をよく見て入れます。

切片の呈示のしかたのステップは、次のとおりです。

Step 1　右側後出し
先に左の切片を左側に呈示し、
後から右の切片を右側に呈示します。

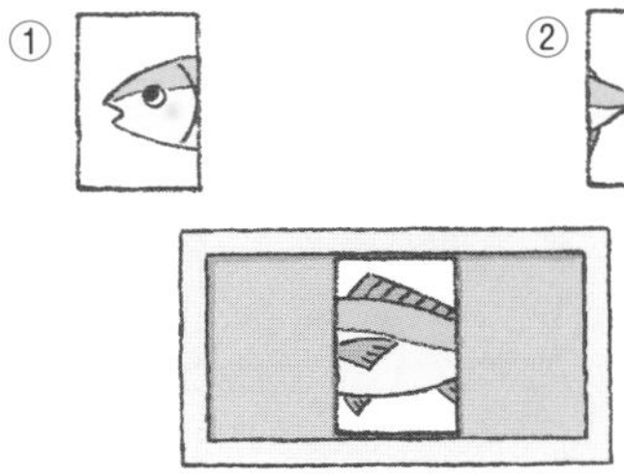

Step 2　左側後出し
先に左の切片を右側に呈示し、
後から右の切片を左側に呈示します。

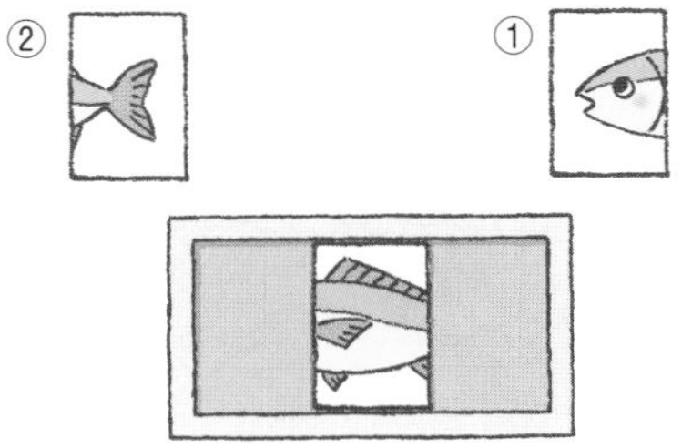

Step 3　右側先出し
先に右の切片を右側に呈示し、
後から左の切片を左側に呈示します。

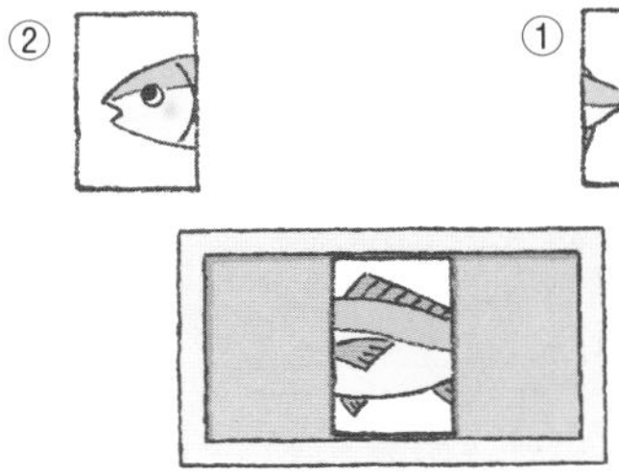

Step 4　左側先出し
先に右の切片を左側に呈示し、
後から左の切片を右側に呈示します。

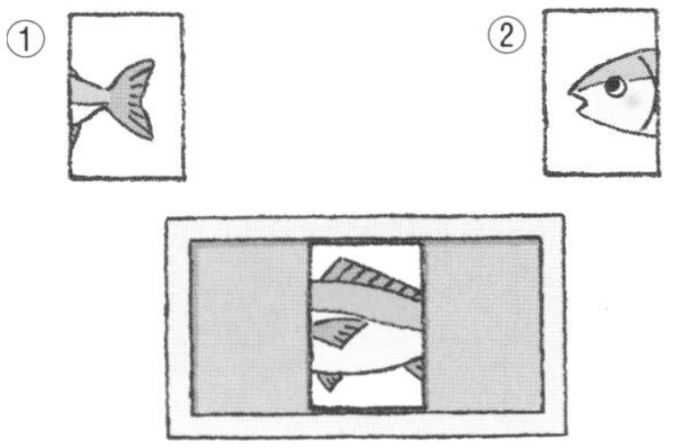

＊Step 1～Step 4の呈示のしかたについては、【方法とことばかけ】（6 184ページ～）で詳しく述べます。

※（1）と（2）は、子どもの実態に応じて学習の順番を逆にしてもよいです。

（3）左の切片 を入れておき、子どもが 真ん中の切片 を入れてから 右の切片 を入れる

真ん中の切片 を先に入れ、そのあとで 右の切片 を入れる学習です。
指導者が、真ん中の切片 が入る枠をポインティングし、「ここに入るのはどれですか」と聞きます。子どもが 真ん中の切片 を視線で選びます。
切片は、2枚とも構成板の上方に左右に分けて呈示します。
2枚の切片の呈示の位置と呈示の順序によって難易度が異なります。
真ん中の切片 を後から呈示した方が、記憶に残りやすく、また視線が 真ん中の切片 にあるときに「ここに入るのはどれですか」と言われるので、選びやすいです。
真ん中の切片 を入れた後、残っている 右の切片 をよく見て入れます。

切片の呈示のしかたのステップは、次のとおりです。

Step 1 左側後出し

先に 右の切片 を右側に呈示し、
後から 真ん中の切片 を左側に呈示します。

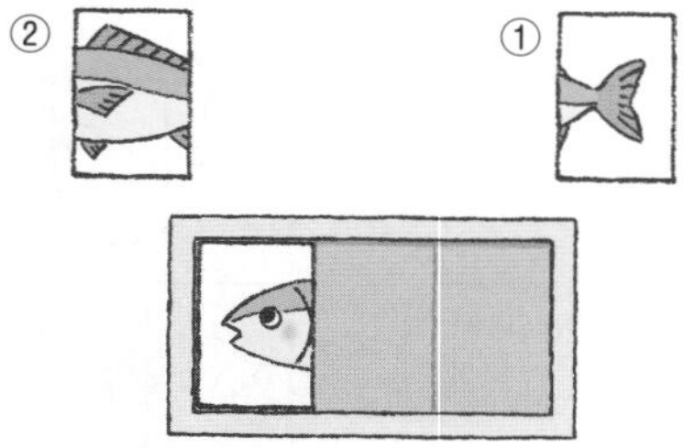

Step 2 右側後出し

先に 右の切片 を左側に呈示し、
後から 真ん中の切片 を右側に呈示します。

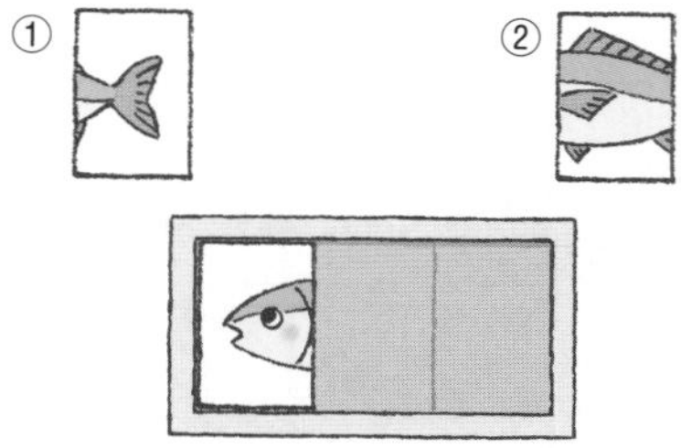

Step 3 左側先出し

先に 真ん中の切片 を左側に呈示し、
後から 右の切片 を右側に呈示します。

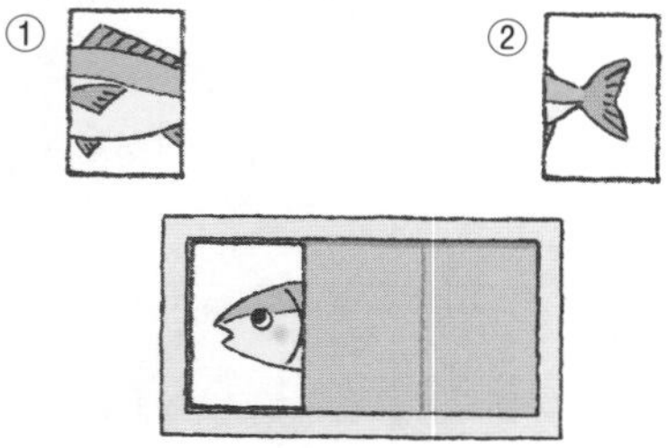

Step 4 右側先出し

先に 真ん中の切片 を右側に呈示し、
後から 右の切片 を左側に呈示します。

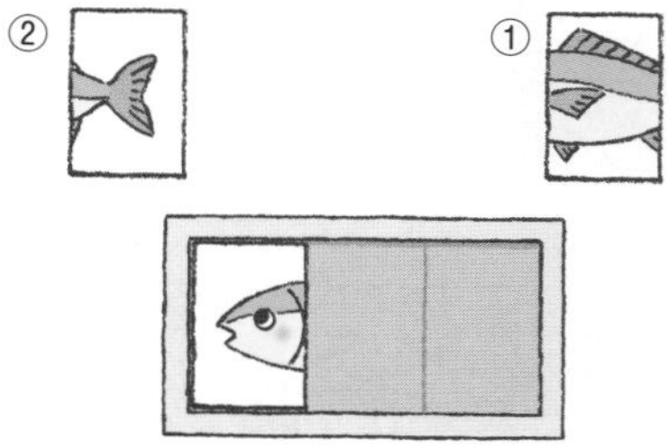

（4）左の切片 を入れておき、子どもが 右の切片 を入れてから 真ん中の切片 を入れる

右の切片 を先に入れ、そのあとで 真ん中の切片 を入れる学習です。
指導者が、右の切片 が入る枠をポインティングし、「ここに入るのはどれですか」と聞きます。子どもが 右の切片 を視線で選びます。
切片は、2枚とも構成板の上方に左右に分けて呈示します。
2枚の切片の呈示の位置と呈示の順序によって難易度が異なります。
右の切片 を後から呈示した方が、記憶に残りやすく、また視線が 右の切片 にあるときに「ここに入るのはどれですか」と言われるので、選びやすいです。
右の切片 を入れた後、残っている 真ん中の切片 をよく見て入れます。

切片の呈示のしかたのステップは、次のとおりです。

Step 1 **右側後出し**
先に 真ん中の切片 を左側に呈示し、
後から 右の切片 を右側に呈示します。

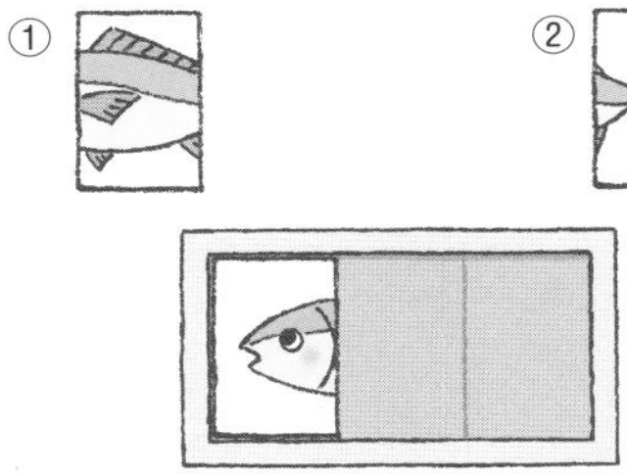

Step 2 **左側後出し**
先に 真ん中の切片 を右側に呈示し、
後から 右の切片 を左側に呈示します。

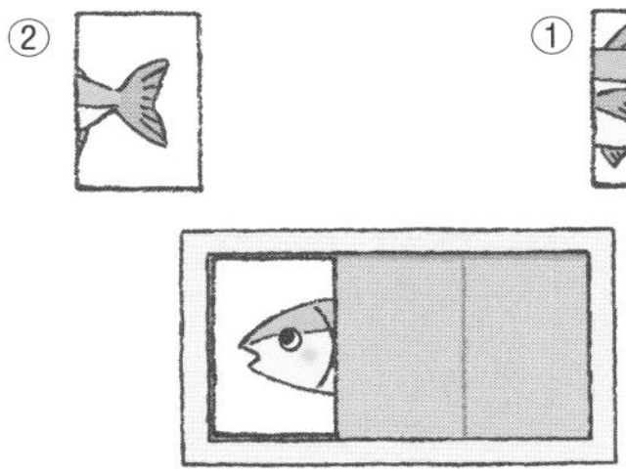

Step 3 **右側先出し**
先に 右の切片 を右側に呈示し、
後から 真ん中の切片 を左側に呈示します。

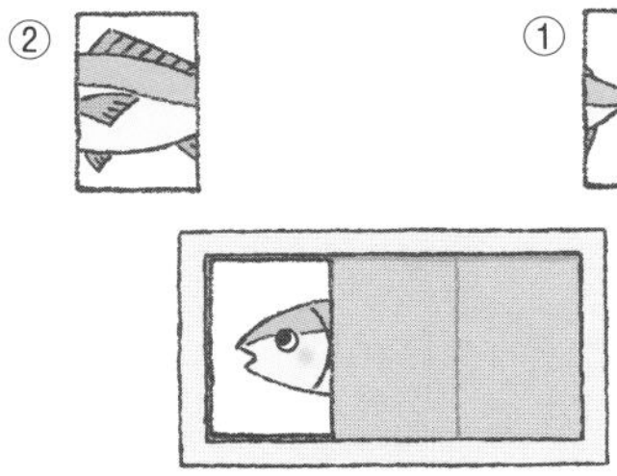

Step 4 **左側先出し**
先に 右の切片 を左側に呈示し、
後から 真ん中の切片 を右側に呈示します。

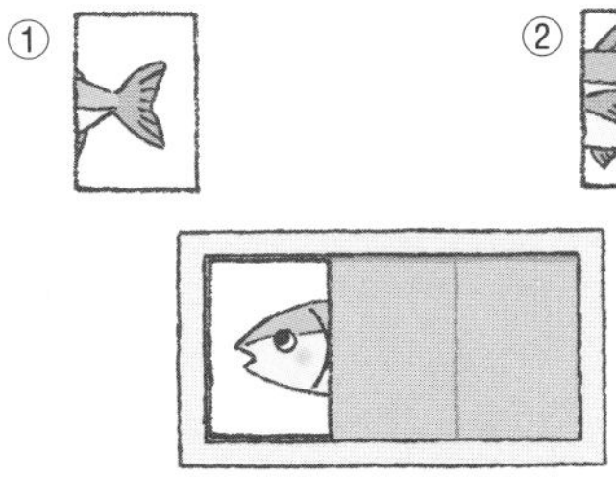

※（3）と（4）は、子どもの実態に応じて学習の順番を逆にしてもよいです。

（5）右の切片 を入れておき、子どもが 真ん中の切片 を入れてから 左の切片 を入れる

真ん中の切片 を先に入れ、そのあとで 左の切片 を入れる学習です。
指導者が、真ん中の切片 が入る枠をポインティングし、「ここに入るのはどれですか」と聞きます。子どもが 真ん中の切片 を視線で選びます。
切片は、２枚とも構成板の上方に左右に分けて呈示します。
２枚の切片の呈示の位置と呈示の順序によって難易度が異なります。
真ん中の切片 を後から呈示した方が、記憶に残りやすく、また視線が 真ん中の切片 にあるときに「ここに入るのはどれですか」と言われるので、選びやすいです。
真ん中の切片 を入れた後、残っている 左の切片 をよく見て入れます。

切片の呈示のしかたのステップは、次のとおりです。

Step 1 右側後出し
先に 左の切片 を左側に呈示し、
後から 真ん中の切片 を右側に呈示します。

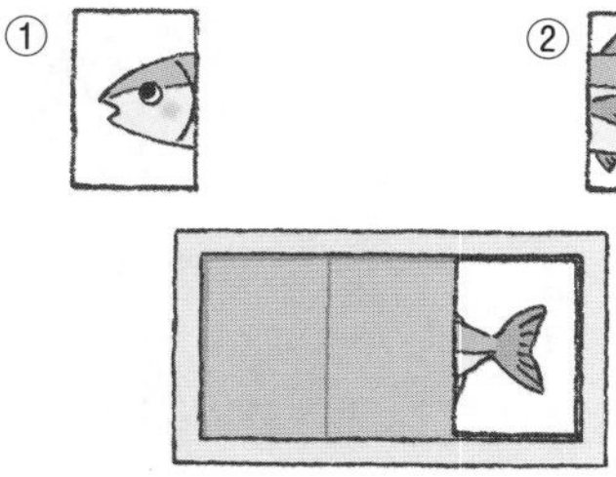

Step 2 左側後出し
先に 左の切片 を右側に呈示し、
後から 真ん中の切片 を左側に呈示します。

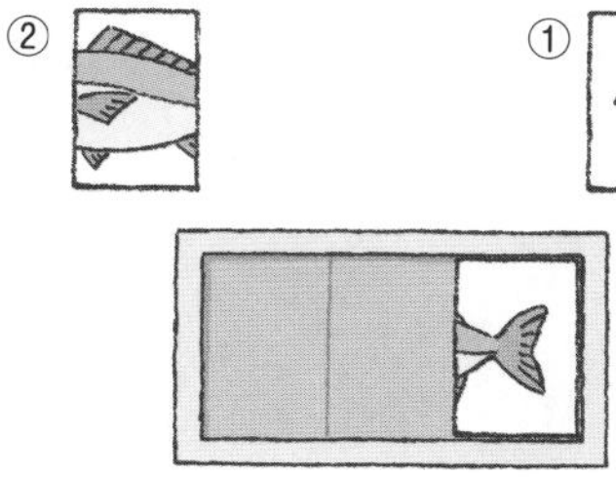

Step 3 右側先出し
先に 真ん中の切片 を右側に呈示し、
後から 左の切片 を左側に呈示します。

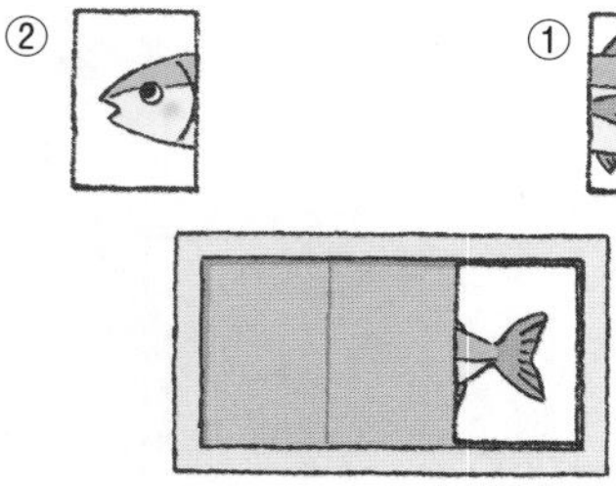

Step 4 左側先出し
先に 真ん中の切片 を左側に呈示し、
後から 左の切片 を右側に呈示します。

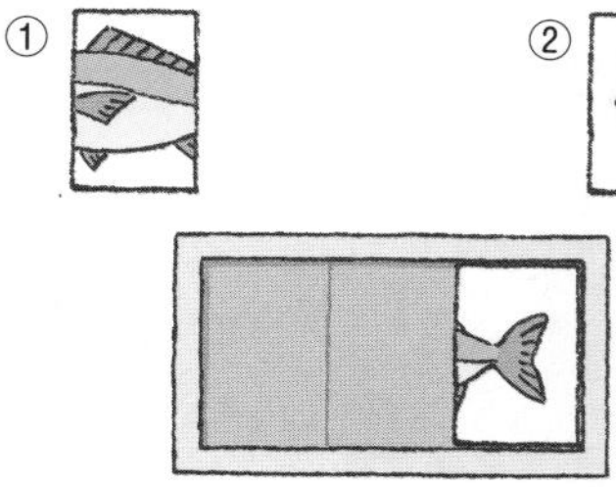

(6) 右の切片 を入れておき、子どもが 左の切片 を入れてから 真ん中の切片 を入れる

左の切片 を先に入れ、そのあとで 真ん中の切片 を入れる学習です。
指導者が、左の切片 が入る枠をポインティングし、「ここに入るのはどれですか」と聞きます。子どもが 左の切片 を視線で選びます。
切片は、2枚とも構成板の上方に左右に分けて呈示します。
2枚の切片の呈示の位置と呈示の順序によって難易度が異なります。
左の切片 を後から呈示した方が、記憶に残りやすく、また視線が 左の切片 にあるときに「ここに入るのはどれですか」と言われるので、選びやすいです。
左の切片 を入れた後、残っている 真ん中の切片 をよく見て入れます。

切片の呈示のしかたのステップは、次のとおりです。

Step 1 **右側後出し**
先に 真ん中の切片 を左側に呈示し、
後から 左の切片 を右側に呈示します。

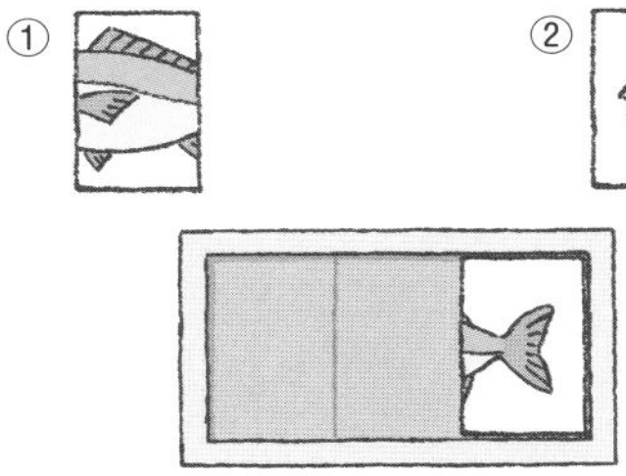

Step 2 **左側後出し**
先に 真ん中の切片 を右側に呈示し、
後から 左の切片 を左側に呈示します。

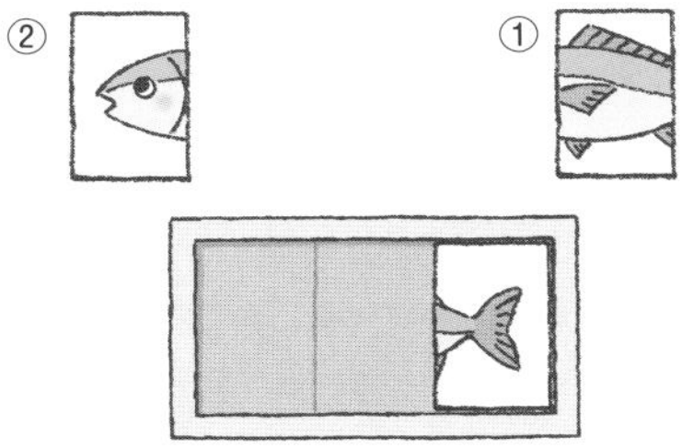

Step 3 **右側先出し**
先に 左の切片 を右側に呈示し、
後から 真ん中の切片 を左側に呈示します。

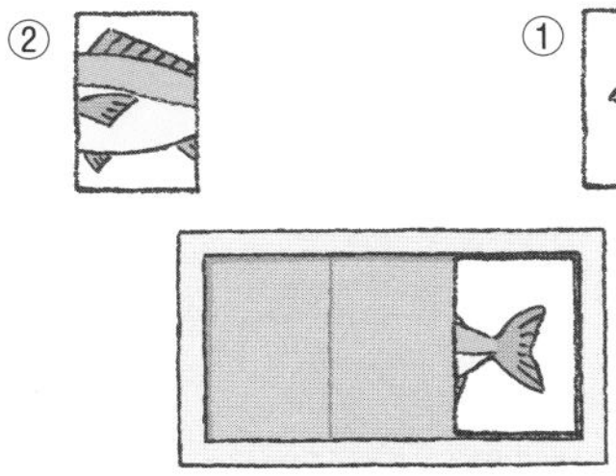

Step 4 **左側先出し**
先に 左の切片 を左側に呈示し、
後から 真ん中の切片 を右側に呈示します。

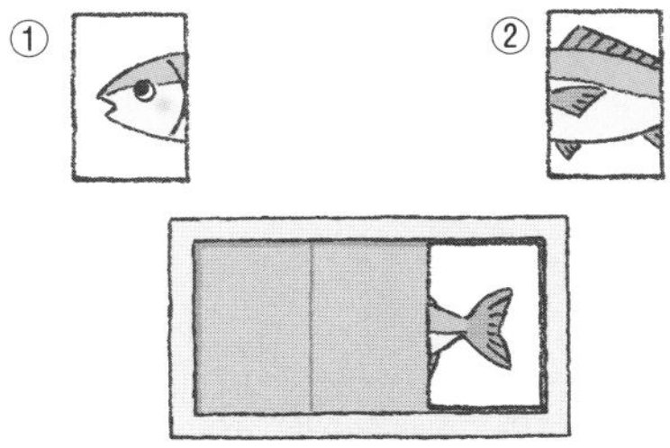

※(5)と(6)は、子どもの実態に応じて学習の順番を逆にしてもよいです。

6 左中右に3分割の絵の構成の学習の方法とことばかけ
ー切片を2つ入れる学習ー

系統性の(1)

「真ん中の切片 を入れておき、子どもが 左の切片 を入れてから 右の切片 を入れる」

Step 1：左の切片 を左側後出しで呈示

(1) 絵の全体像を示す

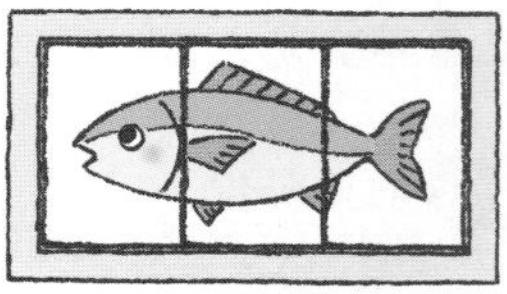

① 左の切片、真ん中の切片、右の切片 を入れた絵の構成板を呈示します。
「さかなの絵をつくる勉強をするよ」と言います。

(2) 左の切片 と 右の切片 の呈示

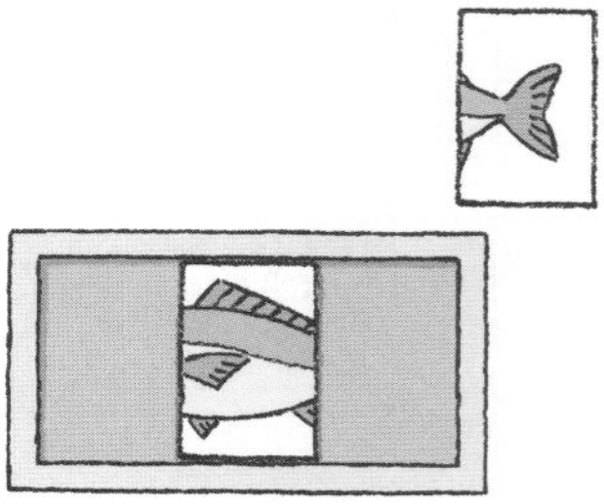

① 真ん中の切片 を入れた絵の構成板を呈示します。
②絵の構成板の上の右側、手の届かないところに、右の切片 を正しい向きに呈示します。
「見て」と言い、見たとき「見てるね」と言います。
見ないときは 右の切片 をポインティングして視線を誘導します。

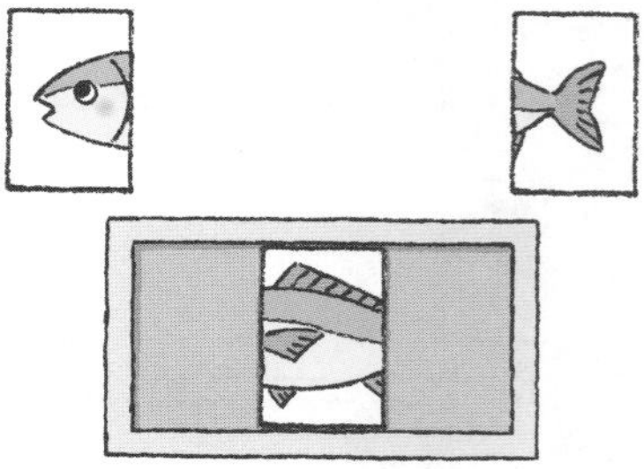

③絵の構成板の上の左側、手の届かないところに、左の切片 を正しい向きに呈示します。
「見て」と言い、見たとき「見てるね」と言います。
見ないときは 左の切片 をポインティングして視線を誘導します。

POINT 選択肢の切片は、子どもの手の届かないところに呈示する

選択肢の切片を、子どもの手の届くところに呈示すると、よく見ないで、先に呈示された切片や利き手の近くに呈示された切片を取ってしまうことがよく見られます。よく見て、見比べて選択することが大切です。
選択肢の切片は、子どもの手の届かないところに呈示し、子どもが視線で選ぶようにすることが最も重要です。

(3) 子どもが 左の切片 を入れる

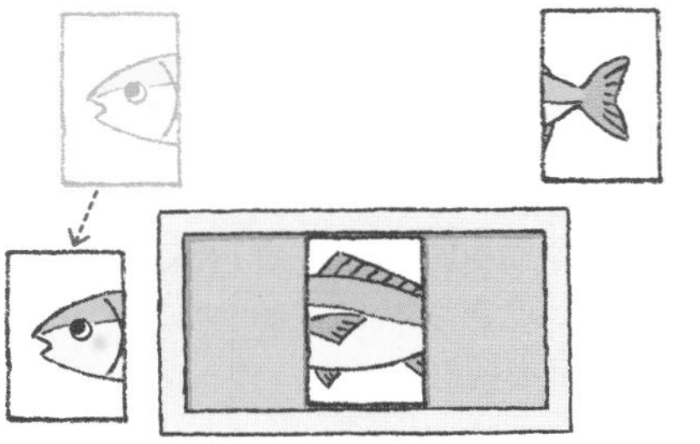

①絵の構成板の左の部分を指さしして、「ここに入るのはどれですか？」と言います。
②子どもが 左の切片 を見ます。
③見た瞬間に「そうだね」と言ってポインティングします。そして、左の切片 を絵の構成板の左側に移動させます。

④絵の構成板の左の部分を指さしして、「ここに入れて」と言います。
⑤子どもが入れます。

＊はじめのうちは、横向きや逆さに入れないように、援助して正しい向きに一緒に入れるようにします。間違えさせないことが大切です。間違えてから直したのでは定着しません。援助して、間違えさせないようにすることが理解と定着のポイントです。

⑥「上手にできたね」と言って、よくほめます。

(4) 子どもが 右の切片 を入れる

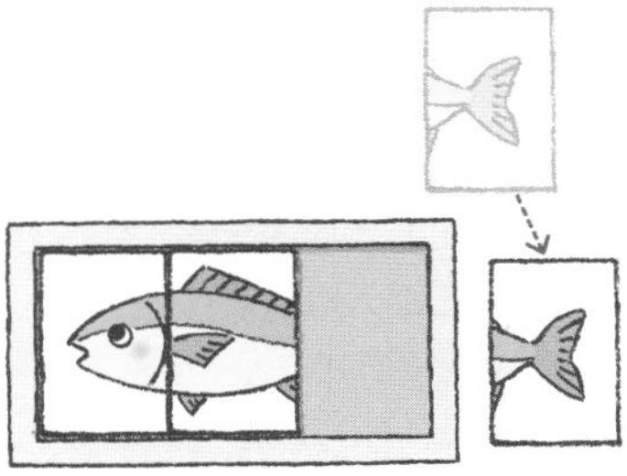

①絵の構成板の右の部分を指さしして、「ここに入るのはどれですか？」と言います。
②子どもが 右の切片 を見ます。
③見た瞬間に「そうだね」と言ってポインティングします。そして、右の切片 を絵の構成板の右側に移動させます。

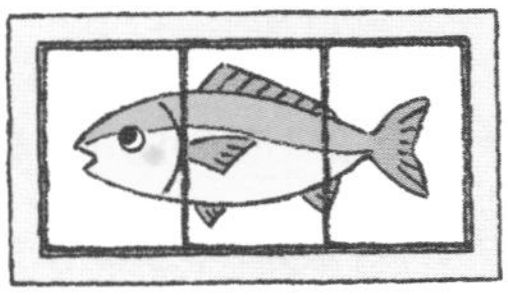

④絵の構成板の右の部分を指さしして、「ここに入れて」と言います。
⑤子どもが入れます。
⑥「さかなの絵ができたね。上手にできたね」と言って、よくほめます。

Step 2： 左の切片 を右側後出しで呈示

(1) 左の切片 と 右の切片 の呈示

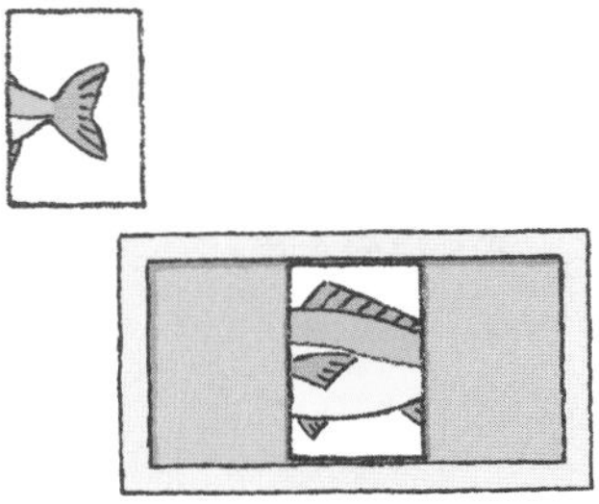

① 真ん中の切片 を入れた絵の構成板を呈示します。
②絵の構成板の上の左側、手の届かないところに、右の切片 を正しい向きに呈示します。
「見て」と言い、見たとき「見てるね」と言います。
見ないときは 右の切片 をポインティングして視線を誘導します。

③絵の構成板の上の右側、手の届かないところに、左の切片 を正しい向きに呈示します。「見て」と言い、見たとき「見てるね」と言います。見ないときは 左の切片 をポインティングして視線を誘導します。

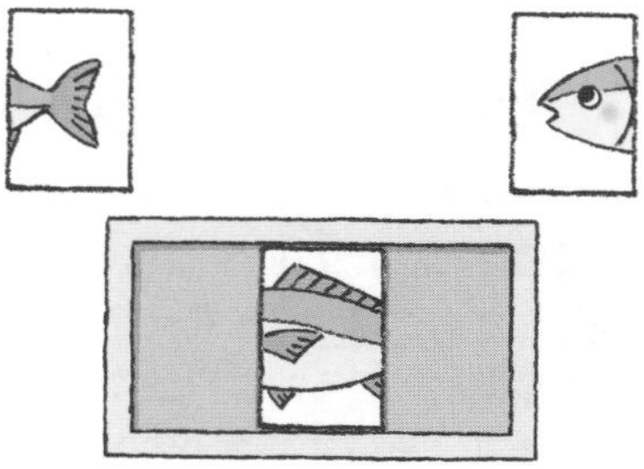

(2) 子どもが 左の切片 を入れる

①絵の構成板の左の部分を指さしして、「ここに入るのはどれですか?」と言います。
②子どもが 左の切片 を見ます。
③見た瞬間に「そうだね」と言ってポインティングします。そして、左の切片 を絵の構成板の左側に移動させます。

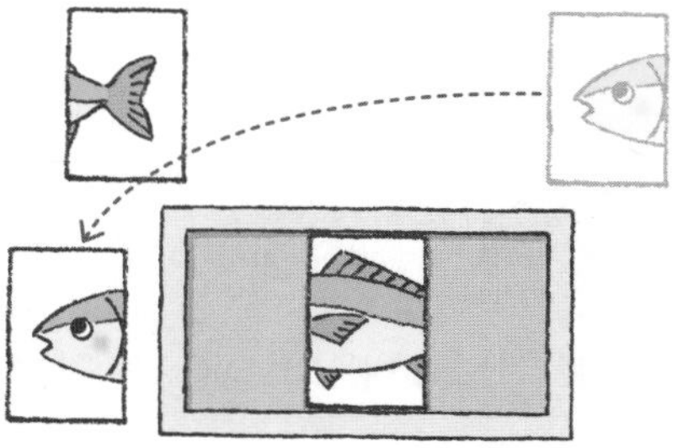

④絵の構成板の左の部分を指さしして、「ここに入れて」と言います。
⑤子どもが入れます。
⑥「上手にできたね」と言って、よくほめます。

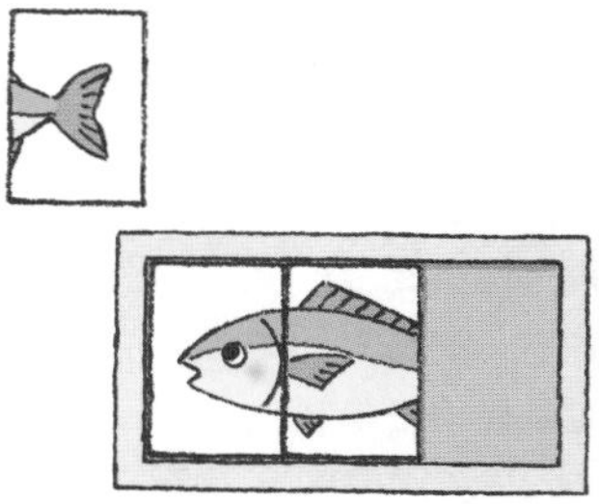

(3) 子どもが 右の切片 を入れる

①絵の構成板の右の部分を指さしして、「ここに入るのはどれですか?」と言います。
②子どもが 右の切片 を見ます。
③見た瞬間に「そうだね」と言ってポインティングします。そして、右の切片 を絵の構成板の右側に移動させます。

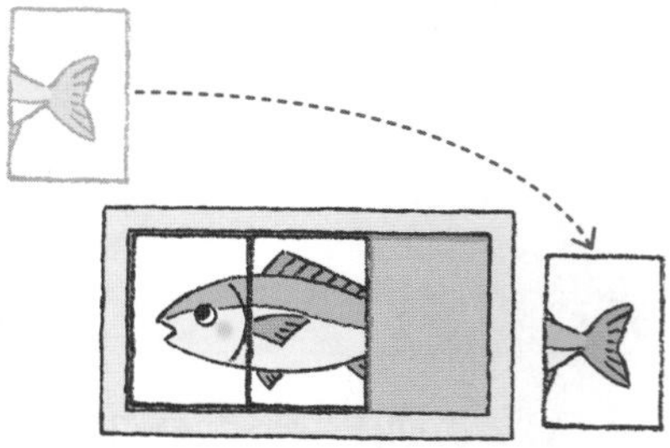

④絵の構成板の右の部分を指さしして、「ここに入れて」と言います。
⑤子どもが入れます。
⑥「さかなの絵ができたね。上手にできたね」と言って、よくほめます。

Step 3：左の切片 を左側先出しで呈示

（1）左の切片 と 右の切片 の呈示

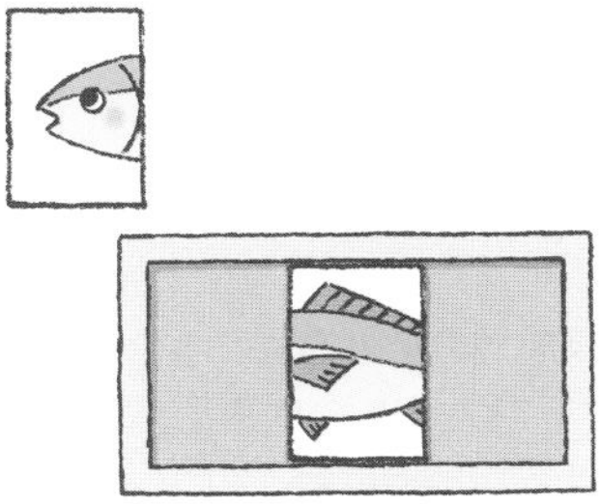

①真ん中の切片 を入れた絵の構成板を呈示します。
②絵の構成板の上の左側、手の届かないところに、左の切片 を正しい向きに呈示します。
「見て」と言い、見たとき「見てるね」と言います。
見ないときは 左の切片 をポインティングして視線を誘導します。
③絵の構成板の上の右側、手の届かないところに、右の切片 を正しい向きに呈示します。
「見て」と言い、見たとき「見てるね」と言います。
見ないときは 右の切片 をポインティングして視線を誘導します。

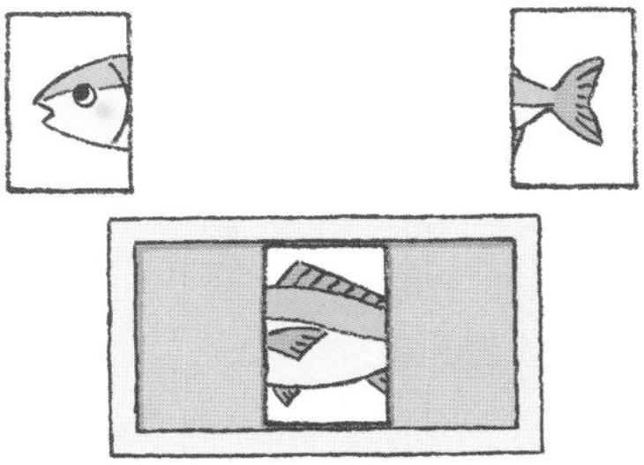

（2）子どもが 左の切片 を入れる

①絵の構成板の左の部分を指さしして、「ここに入るのはどれですか？」と言います。
②子どもが 左の切片 を見ます。
③見た瞬間に「そうだね」と言ってポインティングします。そして、左の切片 を絵の構成板の左側に移動させます。
④絵の構成板の左の部分を指さしして、「ここに入れて」と言います。
⑤子どもが入れます。
⑥「上手にできたね」と言って、よくほめます。

（3）子どもが 右の切片 を入れる

①絵の構成板の右の部分を指さしして、「ここに入るのはどれですか？」と言います。
②子どもが 右の切片 を見ます。
③見た瞬間に「そうだね」と言ってポインティングします。そして、右の切片 を絵の構成板の右側に移動させます。
④絵の構成板の右の部分を指さしして、「ここに入れて」と言います。
⑤子どもが入れます。
⑥「さかなの絵ができたね。上手にできたね」と言って、よくほめます。

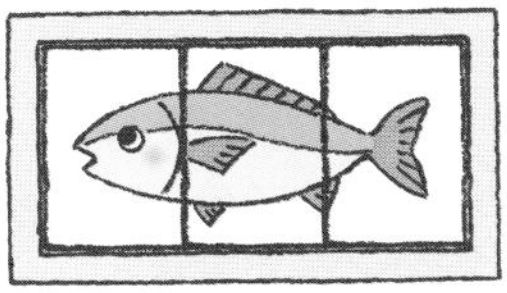

Step 4：左の切片 を左側先出しで呈示

（1）左の切片 と 右の切片 の呈示

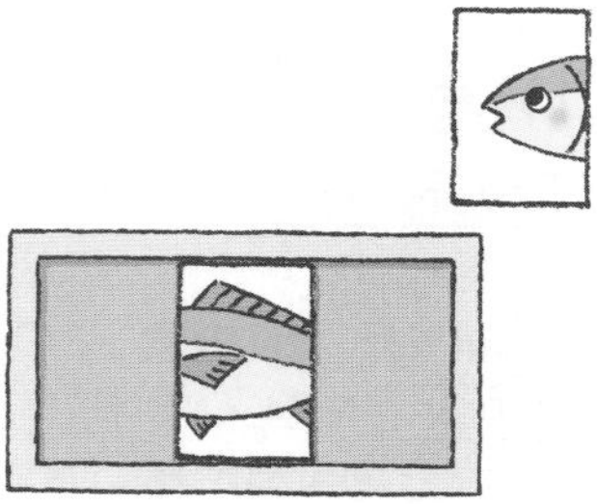

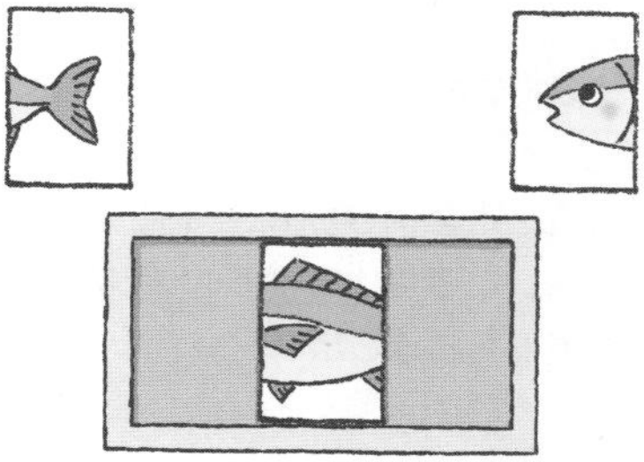

①真ん中の切片 を入れた絵の構成板を呈示します。

②絵の構成板の上の右側、手の届かないところに、左の切片 を正しい向きに呈示します。
「見て」と言い、見たとき「見てるね」と言います。
見ないときは 左の切片 をポインティングして視線を誘導します。

③絵の構成板の上の左側、手の届かないところに、右の切片 を正しい向きに呈示します。
「見て」と言い、見たとき「見てるね」と言います。
見ないときは 右の切片 をポインティングして視線を誘導します。

（2）子どもが 左の切片 を入れる

①絵の構成板の左の部分を指さしして、「ここに入るのはどれですか？」と言います。

②子どもが 左の切片 を見ます。

③見た瞬間に「そうだね」と言ってポインティングします。そして、左の切片 を絵の構成板の左側に移動させます。

④絵の構成板の左の部分を指さしして、「ここに入れて」と言います。

⑤子どもが入れます。

⑥「上手にできたね」と言って、よくほめます。

（3）子どもが 右の切片 を入れる

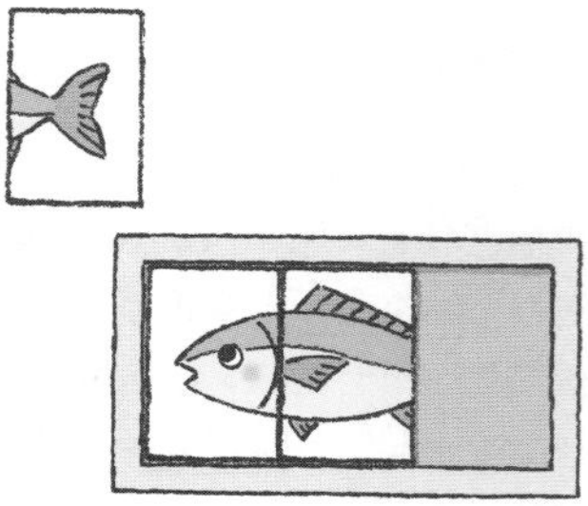

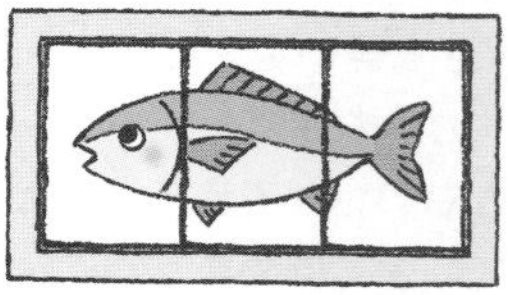

①絵の構成板の右の部分を指さしして、「ここに入るのはどれですか？」と言います。

②子どもが 右の切片 を見ます。

③見た瞬間に「そうだね」と言ってポインティングします。そして、右の切片 を絵の構成板の右側に移動させます。

④絵の構成板の右の部分を指さしして、「ここに入れて」と言います。

⑤子どもが入れます。

⑥「さかなの絵ができたね。上手にできたね」と言って、よくほめます。

系統性の(2)

「真ん中の切片 を入れておき、子どもが 右の切片 を入れてから 左の切片 を入れる」

Step 1：右の切片 を右側後出しで呈示

(1) 絵の全体像を示す

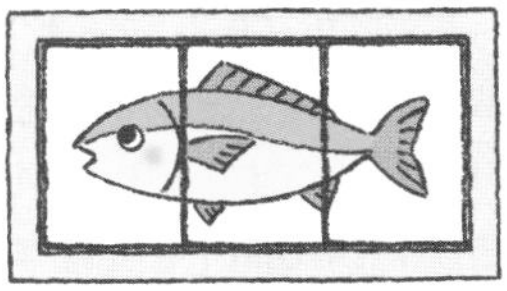

① 左の切片、真ん中の切片、右の切片 を入れた絵の構成板を呈示します。
「さかなの絵をつくる勉強をするよ」と言います。

(2) 左の切片 と 右の切片 の呈示

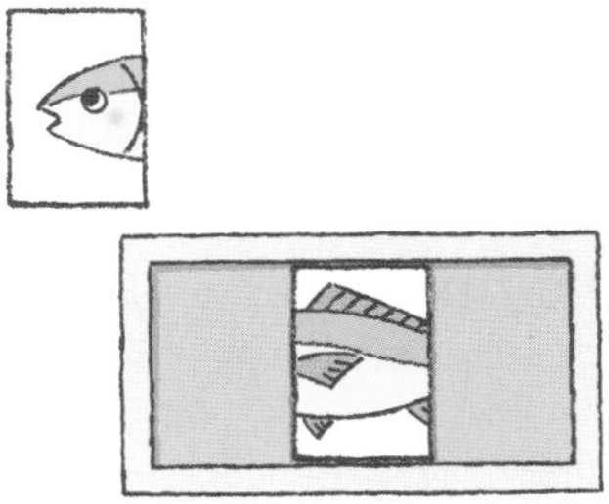

① 真ん中の切片 を入れた絵の構成板を呈示します。
②絵の構成板の上の左側、手の届かないところに、左の切片 を正しい向きに呈示します。
「見て」と言い、見たとき「見てるね」と言います。
見ないときは 左の切片 をポインティングして視線を誘導します。
③絵の構成板の上の右側、手の届かないところに、右の切片 を正しい向きに呈示します。
「見て」と言い、見たとき「見てるね」と言います。
見ないときは 右の切片 をポインティングして視線を誘導します。

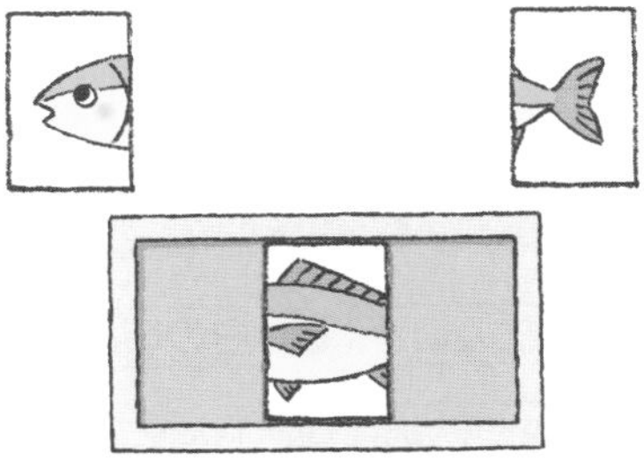

POINT 選択肢の切片は、子どもの手の届かないところに呈示する

選択肢の切片を、子どもの手の届くところに呈示すると、よく見ないで、先に呈示された切片や利き手の近くに呈示された切片を取ってしまうことがよく見られます。よく見て、見比べて選択することが大切です。
選択肢の切片は、子どもの手の届かないところに呈示するようにします。

(3) 子どもが 右の切片 を入れる

①絵の構成板の右の部分を指さしして、「ここに入るのはどれですか？」と言います。
②子どもが 右の切片 を見ます。
③見た瞬間に「そうだね」と言ってポインティングします。そして、右の切片 を絵の構成板の右側に移動させます。

④絵の構成板の右の部分を指さしして、「ここに入れて」と言います。

⑤子どもが入れます。

＊はじめのうちは、横向きや逆さに入れないように、援助して正しい向きに一緒に入れるようにします。間違えさせないことが大切です。間違えてから直したのでは定着しません。援助して、間違えさせないようにすることが理解と定着のポイントです。

⑥「上手にできたね」と言って、よくほめます。

（4）子どもが 左の切片 を入れる

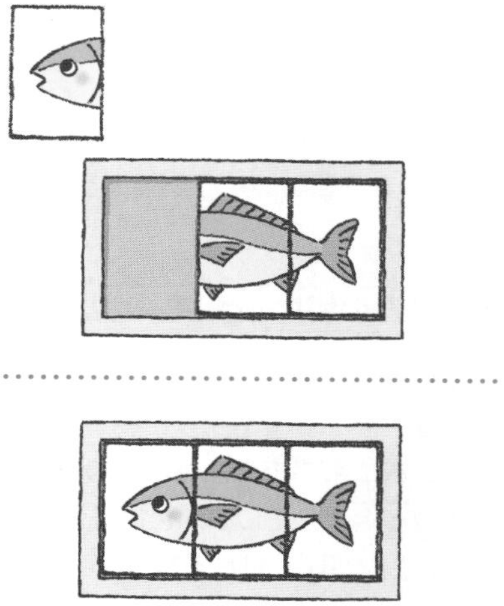

①絵の構成板の左の部分を指さしして、「ここに入るのはどれですか？」と言います。

②子どもが 左の切片 を見ます。

③見た瞬間に「そうだね」と言ってポインティングします。そして、左の切片 を絵の構成板の左側に移動させます。

④絵の構成板の左の部分を指さしして、「ここに入れて」と言います。

⑤子どもが入れます。

＊はじめのうちは、横向きや逆さに入れないように、援助して正しい向きに一緒に入れるようにします。間違えさせないことが大切です。

⑥「さかなの絵ができたね。上手にできたね」と言って、よくほめます。

Step 2：右の切片 を左側後出しで呈示

（1）左の切片 と 右の切片 の呈示

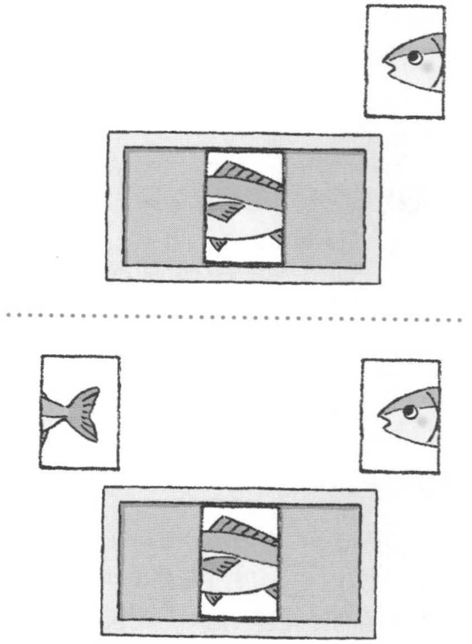

① 真ん中の切片 を入れた絵の構成板を呈示します。

②絵の構成板の上の右側、手の届かないところに、左の切片 を正しい向きに呈示します。
「見て」と言い、見たとき「見てるね」と言います。見ないときは 左の切片 をポインティングして視線を誘導します。

③絵の構成板の上の左側、手の届かないところに 右の切片 を正しい向きに呈示します。
「見て」と言い、見たとき「見てるね」と言います。見ないときは 右の切片 をポインティングして視線を誘導します。

（2）子どもが 右の切片 を入れる

①絵の構成板の右の部分を指さしして、「ここに入るのはどれですか？」と言います。
②子どもが 右の切片 を見ます。
③見た瞬間に「そうだね」と言ってポインティングします。そして、右の切片 を絵の構成板の右側に移動させます。
④絵の構成板の右の部分を指さしして、「ここに入れて」と言います。
⑤子どもが入れます。
⑥「上手にできたね」と言って、よくほめます。

（3）子どもが 左の切片 を入れる

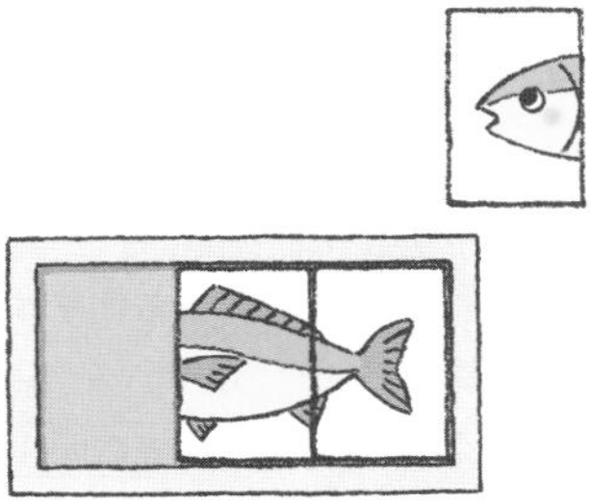

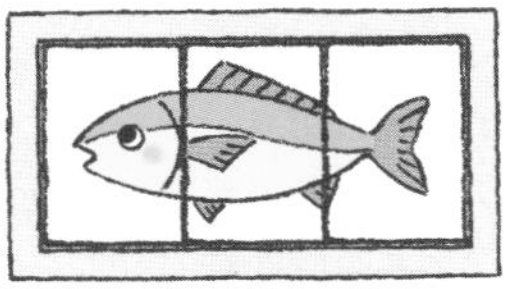

①絵の構成板の左の部分を指さしして、「ここに入るのはどれですか？」と言います。
②子どもが 左の切片 を見ます。
③見た瞬間に「そうだね」と言ってポインティングします。そして、左の切片 を絵の構成板の左側に移動させます。
④絵の構成板の左の部分を指さしして、「ここに入れて」と言います。
⑤子どもが入れます。
⑥「さかなの絵ができたね。上手にできたね」と言って、よくほめます。

Step 3：右の切片 を右側先出しで呈示

（1）左の切片 と 右の切片 の呈示

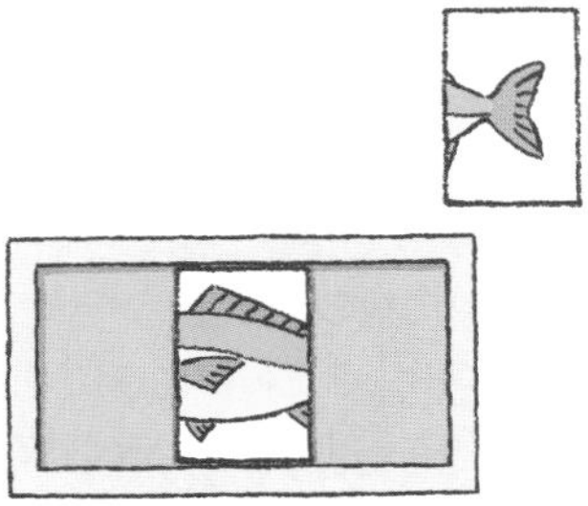

① 真ん中の切片 を入れた絵の構成板を呈示します。
②絵の構成板の上の右側、手の届かないところに、右の切片 を正しい向きに呈示します。
「見て」と言い、見たとき「見てるね」と言います。
見ないときは 右の切片 をポインティングして視線を誘導します。

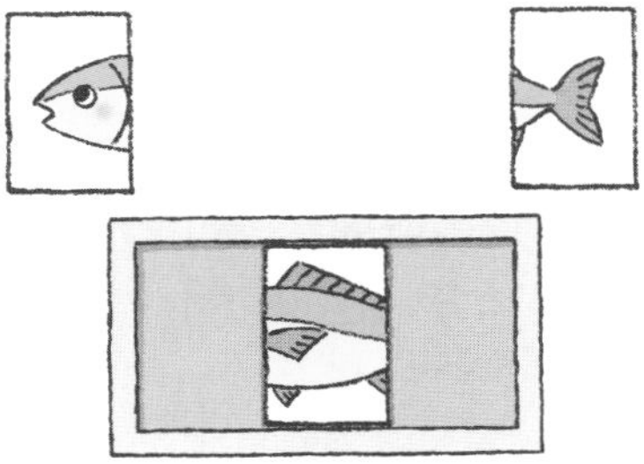

③絵の構成板の上の左側、手の届かないところに 左の切片 を正しい向きに呈示します。
「見て」と言い、見たとき「見てるね」と言います。
見ないときは 左の切片 をポインティングして視線を誘導します。

（2）子どもが 右の切片 を入れる

①絵の構成板の右の部分を指さしして、「ここに入るのはどれですか？」と言います。
②子どもが 右の切片 を見ます。
③見た瞬間に「そうだね」と言ってポインティングします。そして、右の切片 を絵の構成板の右側に移動させます。
④絵の構成板の右の部分を指さしして、「ここに入れて」と言います。
⑤子どもが入れます。
⑥「上手にできたね」と言って、よくほめます。

（3）子どもが 左の切片 を入れる

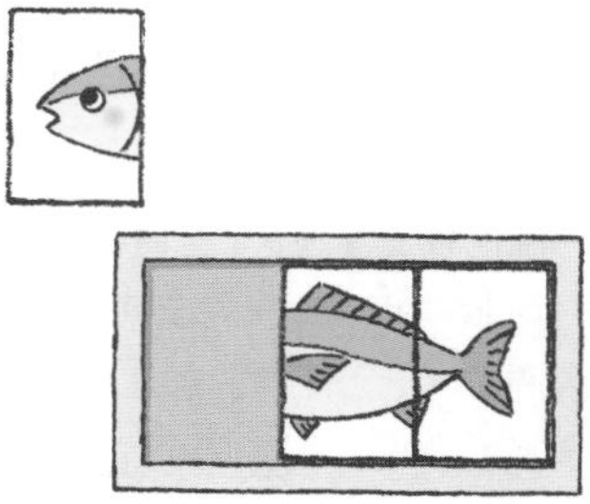

①絵の構成板の左の部分を指さしして、「ここに入るのはどれですか？」と言います。
②子どもが 左の切片 を見ます。
③見た瞬間に「そうだね」と言ってポインティングします。そして、左の切片 を絵の構成板の左側に移動させます。
④絵の構成板の左の部分を指さしして、「ここに入れて」と言います。
⑤子どもが入れます。
⑥「さかなの絵ができたね。上手にできたね」と言って、よくほめます。

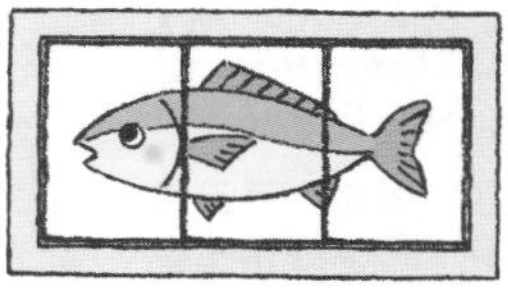

Step 4：右の切片 を左側先出しで呈示

（1）左の切片 と 右の切片 の呈示

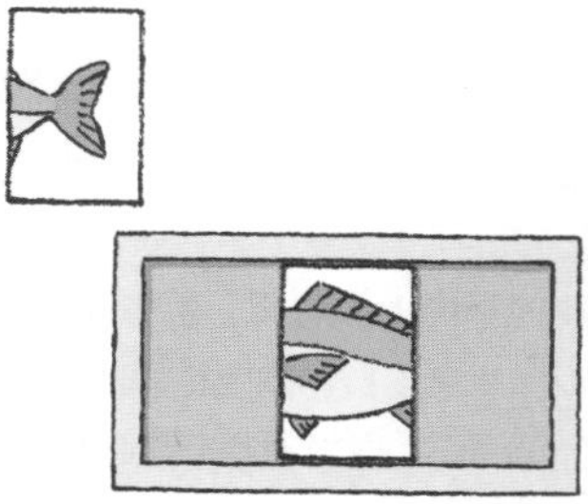

① 真ん中の切片 を入れた絵の構成板を呈示します。
②絵の構成板の上の左側、手の届かないところに、右の切片 を正しい向きに呈示します。
「見て」と言い、見たとき「見てるね」と言います。
見ないときは 右の切片 をポインティングして視線を誘導します。

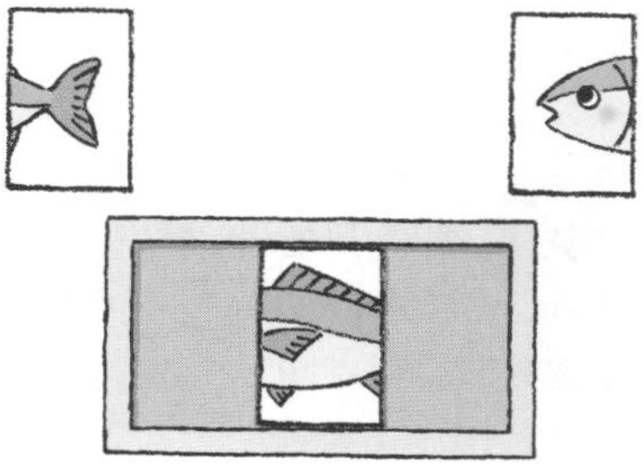

③絵の構成板の上の右側、手の届かないところに 左の切片 を正しい向きに呈示します。
「見て」と言い、見たとき「見てるね」と言います。
見ないときは 左の切片 をポインティングして視線を誘導します。

（2）子どもが 右の切片 を入れる

①絵の構成板の右の部分を指さしして、「ここに入るのはどれですか？」と言います。
②子どもが 右の切片 を見ます。
③見た瞬間に「そうだね」と言ってポインティングします。そして、右の切片 を絵の構成板の右側に移動させます。
④絵の構成板の右の部分を指さしして、「ここに入れて」と言います。
⑤子どもが入れます。
⑥「上手にできたね」と言って、よくほめます。

（3）子どもが 左の切片 を入れる

①絵の構成板の左の部分を指さしして、「ここに入るのはどれですか？」と言います。
②子どもが 左の切片 を見ます。
③見た瞬間に「そうだね」と言ってポインティングします。そして、左の切片 を絵の構成板の左側に移動させます。
④絵の構成板の左の部分を指さしして、「ここに入れて」と言います。
⑤子どもが入れます。
⑥「さかなの絵ができたね。上手にできたね」と言って、よくほめます。

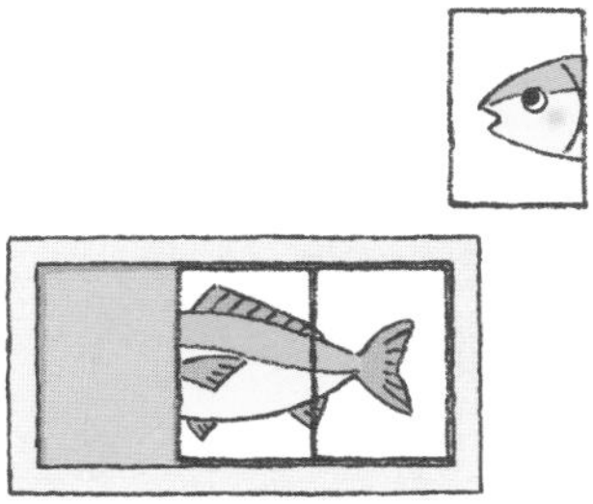

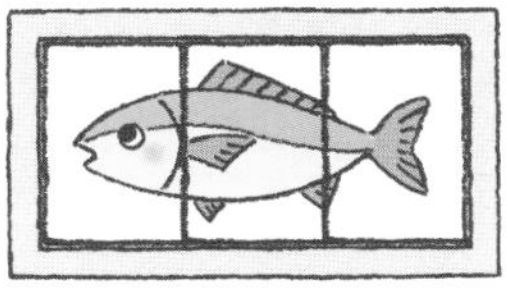

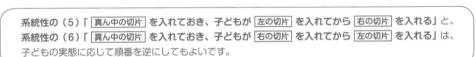

系統性の（5）「 真ん中の切片 を入れておき、子どもが 左の切片 を入れてから 右の切片 を入れる」と、**系統性の（6）「 真ん中の切片 を入れておき、子どもが 右の切片 を入れてから 左の切片 を入れる」**は、子どもの実態に応じて順番を逆にしてもよいです。

系統性の（3）
「左の切片 を入れておき、子どもが 真ん中の切片 を入れてから 右の切片 を入れる」

方法とことばかけは、「**系統性の（1） 真ん中の切片 を入れておき、子どもが 左の切片 を入れてから 右の切片 を入れる**」に準じて行います。（184ページ～）

Step 1：真ん中の切片 を左側後出しで呈示

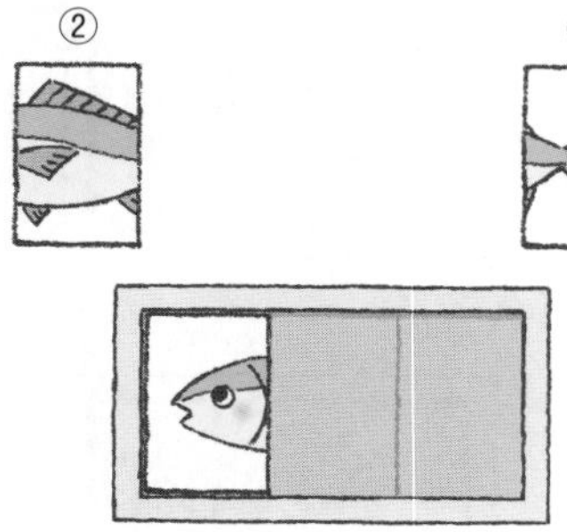

Step 2：真ん中の切片 を右側後出しで呈示

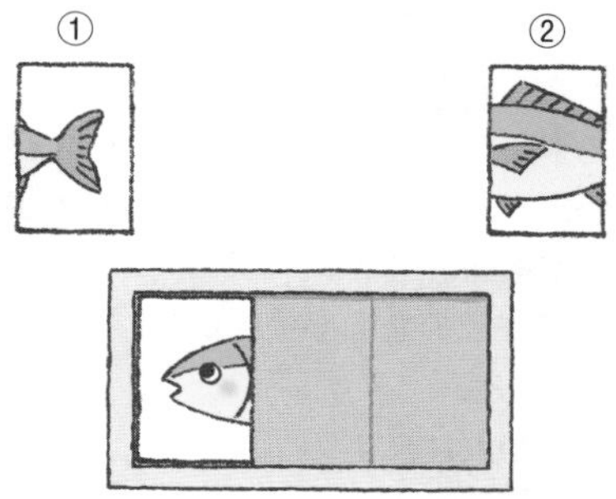

Step 3：真ん中の切片 を左側先出しで呈示

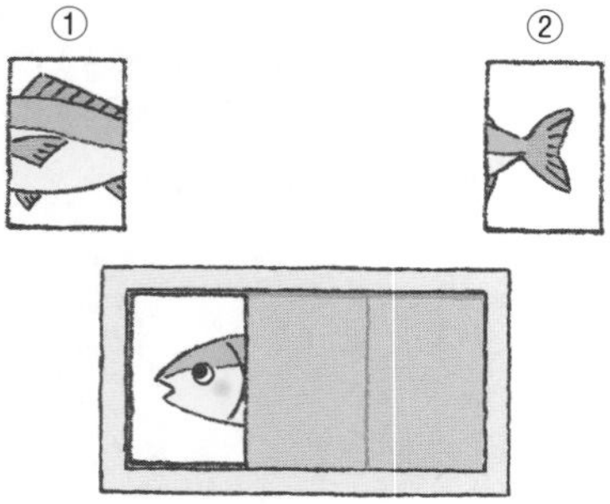

Step 4：真ん中の切片 を右側先出しで呈示

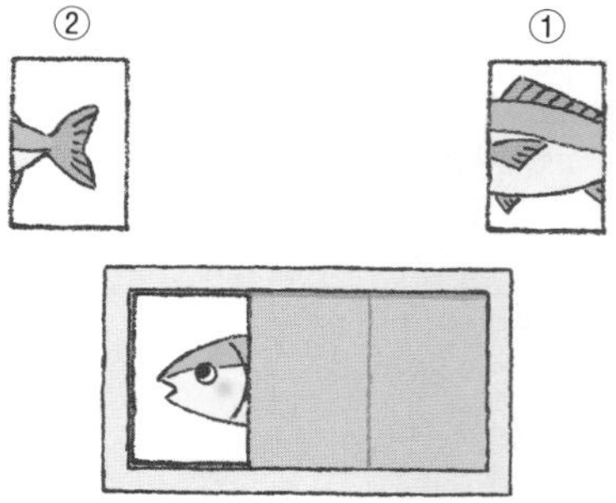

系統性の(4)
「左の切片 を入れておき、子どもが 右の切片 を入れてから 真ん中の切片 を入れる」

方法とことばかけは、「**系統性の（1）真ん中の切片 を入れておき、子どもが 左の切片 を入れてから 右の切片 を入れる**」に準じて行います。(184ページ~)

Step 1：右の切片 を右側後出しで呈示

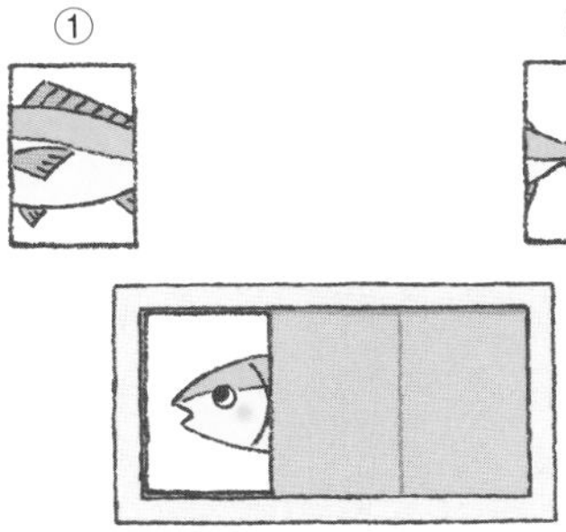

Step 2：右の切片 を左側後出しで呈示

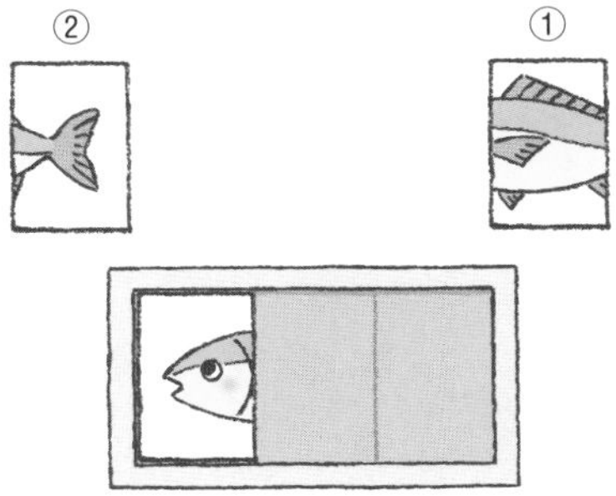

Step 3：右の切片 を右側先出しで呈示

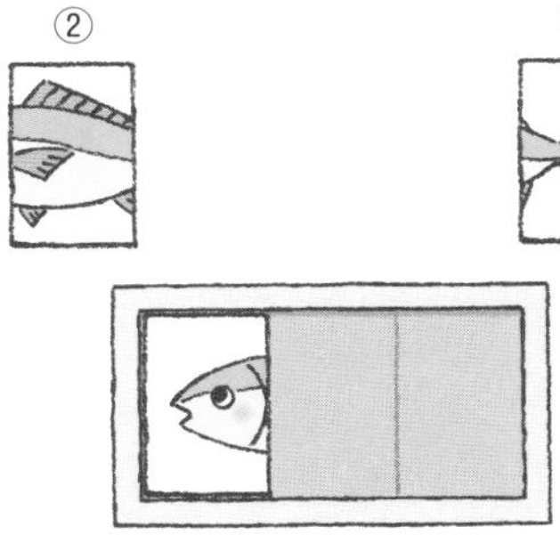

Step 4：右の切片 を左側先出しで呈示

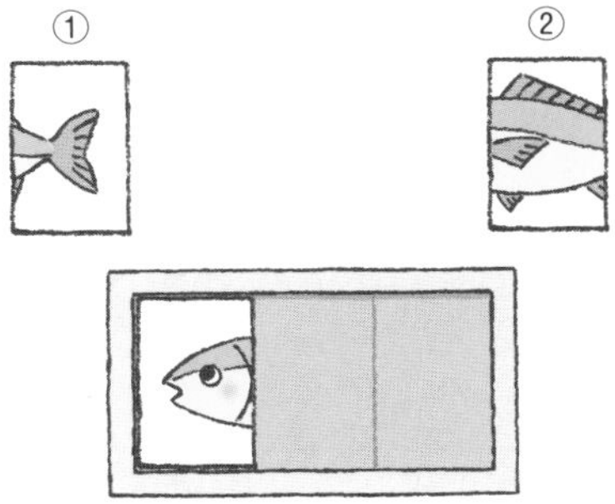

> **系統性の（3）「左の切片 を入れておき、子どもが 真ん中の切片 を入れてから 右の切片 を入れる」**と、
> **系統性の（4）「左の切片 を入れておき、子どもが 右の切片 を入れてから 真ん中の切片 を入れる」**は、
> 子どもの実態に応じて順番を逆にしてもよいです。

系統性の(5)

「右の切片を入れておき、子どもが真ん中の切片を入れてから左の切片を入れる」

方法とことばかけは、「**系統性の(1) 真ん中の切片を入れておき、子どもが左の切片を入れてから右の切片を入れる**」に準じて行います。(184ページ~)

Step 1：真ん中の切片を右側後出しで呈示

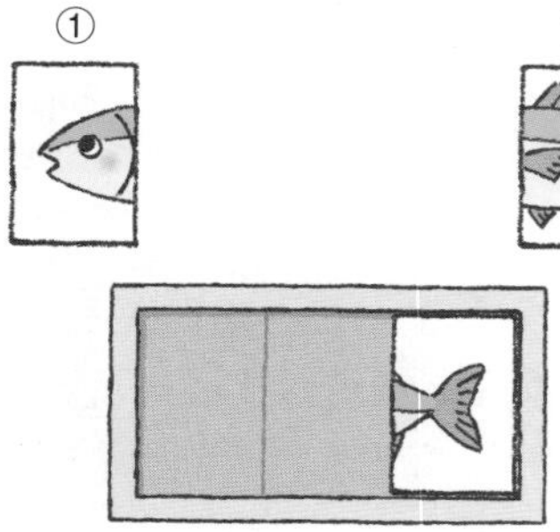

Step 2：真ん中の切片を左側後出しで呈示

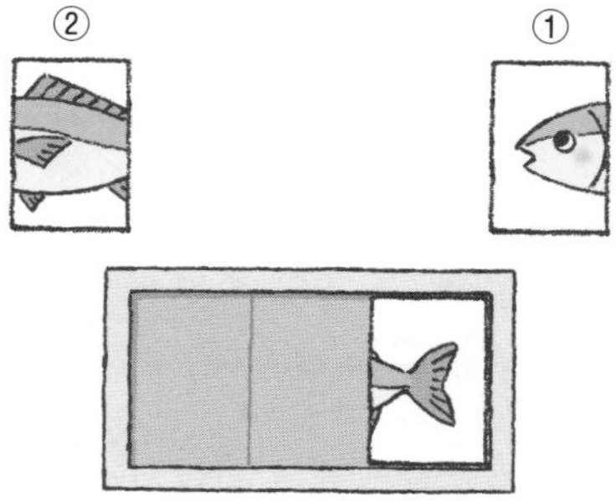

Step 3：真ん中の切片を右側先出しで呈示

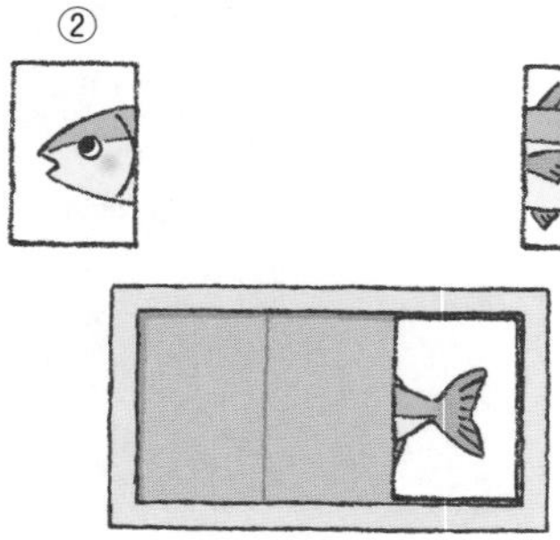

Step 4：真ん中の切片を左側先出しで呈示

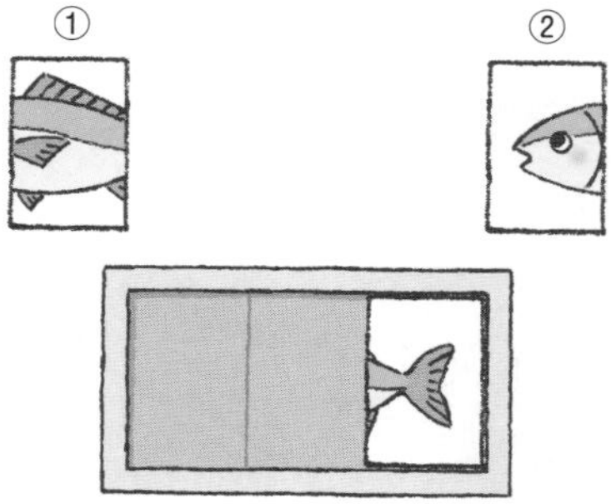

系統性の(6)
「右の切片 を入れておき、子どもが 左の切片 を入れてから 真ん中の切片 を入れる」

方法とことばかけは、「**系統性の（1） 真ん中の切片 を入れておき、子どもが 左の切片 を入れてから 右の切片 を入れる**」に準じて行います。（184ページ～）

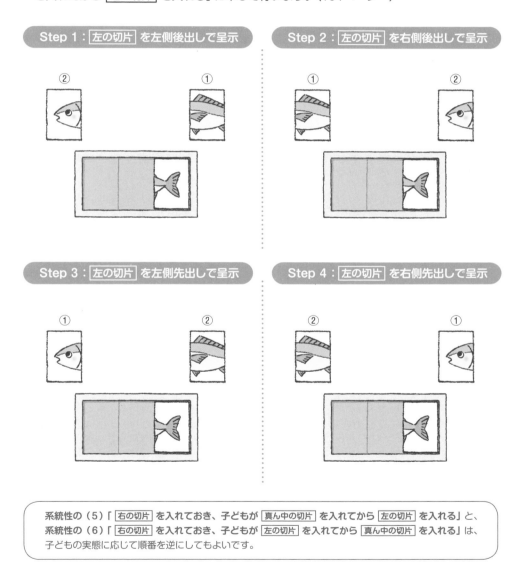

Step 1：左の切片 を左側後出しで呈示

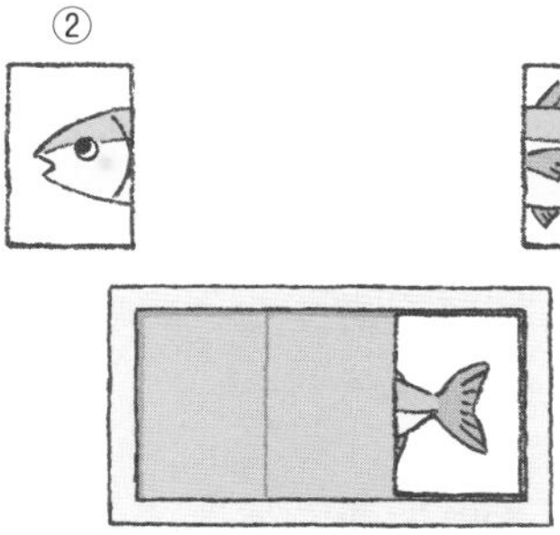

Step 2：左の切片 を右側後出しで呈示

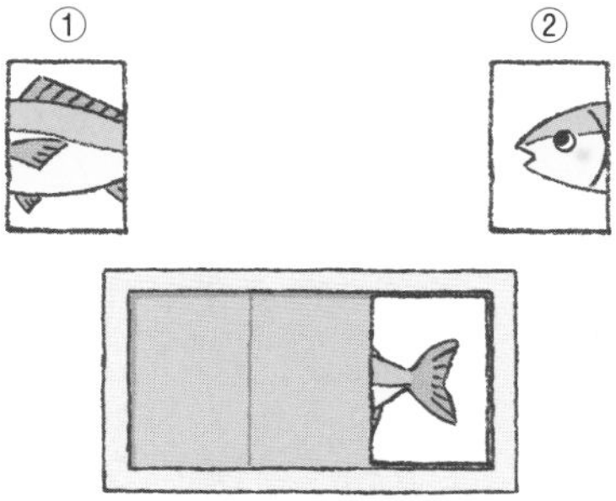

Step 3：左の切片 を左側先出しで呈示

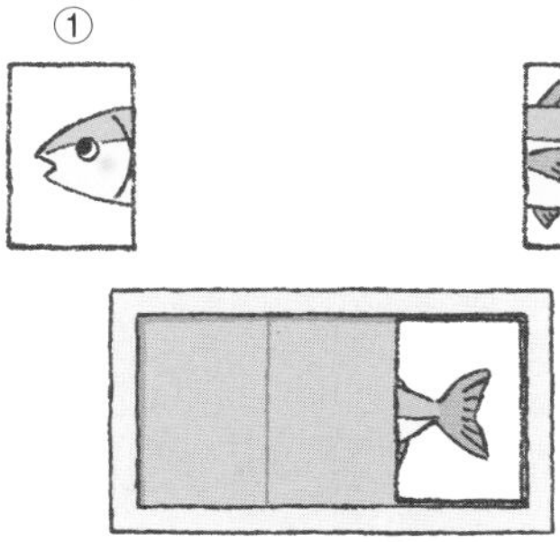

Step 4：左の切片 を右側先出しで呈示

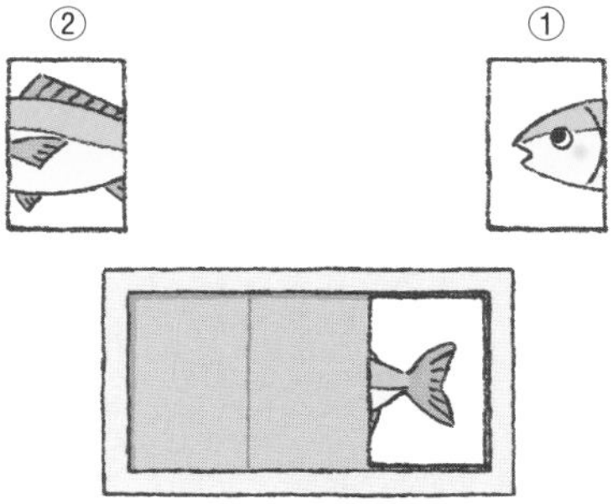

系統性の（5）「右の切片 を入れておき、子どもが 真ん中の切片 を入れてから 左の切片 を入れる」と、**系統性の（6）「右の切片 を入れておき、子どもが 左の切片 を入れてから 真ん中の切片 を入れる」**は、子どもの実態に応じて順番を逆にしてもよいです。

ここまでできるようになったら、絵の構成の学習は終了してもよいでしょう。
応用として、3切片とも呈示して、子どもが3切片とも入れるような学習をしてもよいでしょう。

おわりに

時計やお金を理解することは、日常生活を送るうえでとても大切な要素の一つです。そして、豊かな生活につながります。この本の学習を通して、時計やお金に対する理解が少しでも進めば、とても嬉しく思います。

生活の場面で活用できる子どもが増えることを願っています。

この本の執筆にあたっては、多摩つばき教育研究所所長 宇川和子氏、つばき教育研究所非常勤スタッフ 小林康恵氏に多大なご協力を賜りました。ここに深く謝意を表します。
また、出版にあたりましては、株式会社学研教育みらいの方々、関係者の方々のご尽力に心から感謝いたします。

つばき教育研究所理事長 宮城武久

学研のヒューマンケアブックス

障害がある子どもの
時計・お金の基礎学習
時計を読む　お金を数える　絵の向きや位置を理解する

2020年10月13日　第1刷発行

著者　宮城武久
発行人　甲原 洋
編集人　木村友一
企画編集　相原昌隆
編集協力　太丸伸章
デザイン　長谷川由美・千葉匠子
イラスト　中小路ムツヨ

発行所　株式会社 学研教育みらい
〒141-8416　東京都品川区西五反田2-11-8
発売元　株式会社 学研プラス
〒141-8415　東京都品川区西五反田2-11-8
印刷所　株式会社 リーブルテック

《この本に関する各種お問い合わせ先》
●本の内容については、下記サイトのお問い合わせフォームよりお願いします。
https://gakken-kyoikumirai.co.jp/contact/
●在庫については　Tel 03-6431-1250(販売部)
●不良品(落丁、乱丁)については　Tel 0570-000577
学研業務センター　〒354-0045 埼玉県入間郡三芳町上富279-1
●上記以外のお問い合わせは　Tel 0570-056-710(学研グループ総合案内)

学研の書籍・雑誌についての新刊情報・詳細情報は、下記をご覧ください。
学研出版サイト　https://hon.gakken.jp/
ヒューマンケアブックスのサイト　http://www.gakken.jp/human-care/